中国人力资源开发：基于人口、健康与教育视角

杨晓明　著

知识产权出版社
全国百佳图书出版单位
—北京—

图书在版编目（CIP）数据

中国人力资源开发：基于人口、健康与教育视角 / 杨晓明著．—北京：知识产权出版社，2019.9

ISBN 978-7-5130-6268-8

Ⅰ．①中…　Ⅱ．①杨…　Ⅲ．①人力资源开发—研究—中国　Ⅳ．① F249.21

中国版本图书馆 CIP 数据核字（2019）第 099170 号

内容提要

本书基于国家人力资源开发的层面，主要从人口、健康卫生和教育三个方面，以历史的视角，回顾分析了中华人民共和国成立以来我国人力资源开发历程；以国际比较的视角，通过定量方法，客观评价了中国人力资源开发水平及变化趋势，相对于世界主要国家的位置，以及与发达国家的差距。

本书是国内为数不多的全景式展现中国人力资源开发状况的著作。可以作为大学生国情教育、素质教育相关教材，也可作为国家宏观人力资源开发相关的研究参考书。

责任编辑：李　娟　　　　**责任印制**：孙婷婷

中国人力资源开发：基于人口、健康与教育视角

ZHONGGUO RENLI ZIYUAN KAIFA：JIYU RENKOU、JIANKANG YU JIAOYU SHIJIAO

杨晓明　著

出版发行：知识产权出版社有限责任公司	**网　　址**：http：//www.ipph.cn
电　　话：010-82004826	http：//www.laichushu.com
社　　址：北京市海淀区气象路 50 号院	**邮　　编**：100081
责编电话：010-82000860 转 8689	**责编邮箱**：laichushu@cnipr.com
发行电话：010-82000860 转 8101	**发行传真**：010-82000893
印　　刷：北京九州迅驰传媒文化有限公司	**经　　销**：各大网上书店、新华书店及相关专业书店
开　　本：787mm × 1092mm　1/16	**印　　张**：19.75
版　　次：2019 年 9 月第 1 版	**印　　次**：2019 年 9 月第 1 次印刷
字　　数：265 千字	**定　　价**：68.00 元

ISBN 978-7-5130-6268-8

前　言

人力资源、自然资源与经济资源是经济发展三大基础资源。根据现代经济学生产函数理论，基于生产要素与产出之间的关系，可以将经济发展方式分为两类：一类是要素投入增加对增产的效应，也就是靠增加自然资源、资本和劳动力等资源要素投入来实现的增长，称为外延增长方式（extensive growth，或译为粗放式增长）；另一类是要素生产率提高对增产的效应，也就是依靠生产要素的优化组合，通过提高生产要素的质量和使用效率来实现的增长，称为内涵增长方式（intensive growth，或译为集约式增长）。

中国是世界第一人口大国，总人口约占世界的 1/5，自然资源的发展与人口的增长存在极大的反差，人均自然资源与经济资源远远低于世界平均水平，其中耕地只有世界人均占有量的 1/4，石油只有世界人均占有量的 1/8，森林不及世界人均占有量的 1/5，淡水只有世界人均占有量的 1/3。见表 1~ 表 3。目前普遍共识是：人力资源丰富，自然资源短缺，生态环境脆弱。其中最突出的特点是：中国普通人力资源极其丰富，而人均自然资源贫乏，大大低于世界平均水平，人均经济资源相对贫乏。而且稀缺程度高的资源，例如土地、淡水基本不可能通过国际贸易取得；而有些重要资源，例如石油、粮食，虽可贸易取得，但由于它们的战略资源属性，往往会受到国际政治的限制。这个基本国情决定了中国必须走“扬长避短”，发展低能耗、低资源投入，充分发挥人力资源优势发展道路，也就是走集约型、资源节约型的经济发展道路，走可持续发展道路。

表 1　中国人均拥有淡水量与国际比较

项目	1962 年	1972 年	1982 年	1992 年	2002 年	2012 年	2014 年
低收入国家（立方米）	18989	14912	11546	8939	6032	4601	4372
中低收入国家（立方米）	9377	7396	5799	4482	3724	3141	3049
中高收入国家（立方米）	16098	12407	10296	10050	9052	8371	8239
高收入国家（立方米）	13564	12184	11175	10333	10063	8860	8750
OECD 国家（立方米）	13125	11649	10584	9746	8937	8343	8234
世界（立方米）	13402	10834	8991	8010	6995	6064	5921
中国（立方米）	4225	3263	2789	2415	2197	2083	2062
中国人均淡水量 / 世界人均淡水量	31.53%	30.12%	31.02%	30.14%	31.41%	34.34%	34.83%

数据来源：世界银行世界发展指标（WDI）。

注：世界银行按照人均国民收入（现价美元）将世界各国分成四类：低收入国家、中等偏下收入（或中低收入、中下收入）国家、中等偏上收入（或中高收入、中上收入）国家和高收入国家。划分标准会随着世界经济发展有所提高，2011 年 7 月 1 日起标准为：低收入国家（小于 1005 美元），中等偏下收入国家（1006~3955 美元，中等偏上收入国家（3956~12235 美元）和高收入国家（大于 12235 美元）。中国属于中等偏上（中上收入）国家，后续表同此。

OECD（Organization for Economic Co-operation and Development，经合组织），是由市场经济国家组成的政府间国际经济组织，旨在共同应对全球化带来的经济、社会和政府治理等方面的挑战，并把握全球化带来的机遇。成立于 1961 年，目前成员国总数 36 个，主要是发达国家，总部设在巴黎。本书第 8 章有详细介绍。

表 2 中国森林面积量及占世界比例

项目	1990 年	1995 年	2000 年	2005 年	2010 年	2013 年	2015 年
世界（万平方公里）	4128.27	4091.94	4055.60	4032.74	4015.67	4005.75	3999.13
中国（万平方公里）	157.14	167.07	177.00	193.04	200.61	205.24	208.32
中国占比	3.81%	4.08%	4.36%	4.79%	5.00%	5.12%	5.21%
中国人均占比	21.48%	21.10%	20.64%	20.00%	19.30%	18.90%	18.64%

数据来源：世界银行世界发展指标（WDI）。

表 3 中国农业用地面积及占世界比例

项目	1961 年	1970 年	1980 年	1990 年	2000 年	2010 年	2015 年
世界（万平方公里）	4673.63	4796.97	4892.12	5107.47	4946.89	4863.54	4834.54
中国（万平方公里）	342.35	374.60	427.60	505.69	522.00	514.55	527.83
中国占比	7.33%	7.81%	8.74%	9.90%	10.55%	10.58%	10.92%
中国人均占比	34.11%	35.16%	39.53%	46.09%	51.13%	54.81%	58.56%

数据来源：世界银行世界发展指标（WDI）。

1978 年改革开放以来，我国经济社会持续发展，综合国力显著增强，然而高投入、高消耗、高污染、低效益的资源消耗粗放式增长方式没有得到根本性改变，劳动生产率低于中高收入国家及世界平均水平。作为重要投入要素的能源，其利用效率虽有所提高，但远低于发达国家平均水平，也低于其他收入国家及世界平均水平，见表 4、表 5。人均自然资源不足矛盾日趋突出，能源资源需求和生态环境压力大幅上升。迫切需要经济由资源消耗粗放式增长方式向集约式方式转变。

表 4 中国劳动生产率与国际比较

单位：国际美元 PPP/ 每从业人员（2011 年价）

项目	1991 年	1995 年	2000 年	2005 年	2010 年	2015 年	2016 年
低收入国家（美元 / 人）	2866	2540	2569	2794	3173	3612	3658
中低收入国家（美元 / 人）	7868	8245	9016	10689	13629	15916	16428
中高收入国家（美元 / 人）	12599	12794	14852	18475	24478	29539	30269
高收入国家（美元 / 人）	65251	70403	78142	84269	87133	91206	91932
OECD 国家（美元 / 人）	61222	65566	72731	78212	80188	83239	83851
世界（美元 / 人）	20927	21576	23818	26379	29904	33030	33538
中国（美元 / 人）	2991	4602	6599	10066	16773	23845	25369
中国劳动生产率 / 世界劳动生产率	14.29%	21.33%	27.71%	38.16%	56.09%	72.19%	75.64%

数据来源：世界银行世界发展指标（WDI）。

表 5 能源使用效率（每单位油 GDP 产出）

单位：国际美元 PPP（2011 年价）

项目	1990 年	1995 年	2000 年	2005 年	2010 年	2012 年	2014 年
中低收入国家	5.01	5.56	6.02	6.93	7.95	8.31	9.05
中高收入国家	4.40	4.78	5.61	5.65	6.11	6.28	6.64
高收入国家	6.42	6.59	7.13	7.63	8.11	8.59	8.88
OECD	6.41	6.58	7.17	7.68	8.25	8.75	9.10
世界	5.56	5.88	6.50	6.81	7.26	7.54	7.90
中国	1.99	2.96	4.12	4.10	4.87	5.17	5.70
中国能源使用效率 / 世界能源使用效率	35.80%	50.34%	63.36%	60.24%	67.15%	68.58%	72.18%

数据来源：世界银行世界发展指标（WDI）（低收入国家数据缺失）。

集约式发展的核心是提高全要素生产率（Total Factor Productivity，TFP）水平，也称技术进步率，其一般的含义为资源（包括人力、物力、财力）开发利用的效率，主要指物质资本和劳动力投入量所不能解释的那部分经济增值，它是除去劳动、资本、土地等要素投入之后的“余值”。这个全要素生产率提高主要源于技术进步水平、人力资本积累水平、组织与管理创新以及社会经济制度进步等各方面因素。技术进步水平主要依赖于科技创新，而所有这些因素当中，人力资本是驱动全要素生产率提高的最基础成分。开发人力资源，提高人力资源质量是提高全要素生产率的必要支撑条件。

基于以上原因，中国政府设定的目标是，将经济发展方式转到依靠科技进步、劳动力素质提高和管理创新上来 。这样，建设人力资源强国，成为转变经济发展方式的基础工程；加强人才队伍建设，促进科技创新、管理创新、制度创新，成为转变经济发展方式的基本要素。为此，中国政府提出“人力资源强国战略”“人才强国战略”以及“建设创新型国家战略”，其主要目的就是，发挥我国人力资源规模优势，以提高人力资源质量为基础，加强人才队伍建设，以此推进科技创新、制度创新、管理创新，进入以创新驱动为主的创新型国家，将经济发展方式转变为以提高全要素生产率为主要特征的集约式发展方式。而所有这些都是以整个国家人力资源开发作为支撑基础。

写作本书的目的，就是分析中华人民共和国成立以来，中国人力资源开发演变状况，侧重于人力资源的国情分析，主要有三个目标，一是回顾中华人民共和国成立以来，我国人力资源开发历程，包括成就与经验教训；二是从国际比较的视角，审视中国人力资源开发水平及其在世界的位置；三是中国人力资源开发未来目标及展望。

国家人力资源开发的内容十分广泛，包括人力资源的生产、养护、教育、配置、使用、管理等。本书主要关注新增劳动力的人力资源开发，即进入劳动力市场前的那部分人口的开发，包括人力资源生产、养护和教育，涉及人口、健康、卫生和教育三个方面。本书从三个视角来描述中国人力资源开发状况，一是从历史的纵向视角，分析自中华人民共和国成立以来，我国人口与计划生育事业、卫生健康事业、教育事业发展的主要脉络，包括历史阶段、发展战略、措施、成就及教训，以及当前运行体制；二是从国际比较的横向视角，分析比较中国人力资源开发状况与世界主要国家以及不同类别国家的差异；三是从投入－产出的绩效视角，利用人口、卫生、教育相关发展指标，分析我国人力资源开发系统的绩效。

本书的特点：一是先理论框架，后中国发展实践。先介绍基本概念，相关理论，绩效评价，再以此分析和说明中国人力资源开发实践过程，实现内容自洽。二是基于数据进行绩效评价。利用人口、健康卫生、教育相关发展的投入—产出指标，客观评价中国人力资源开发水平以及与世界的差距。全书共分九章。

本书可以作为大学生国情教育、素质教育相关的公共选修课教材，也可作为国家宏观人力资源开发相关的研究参考书。

本书编写与出版得到北京科技大学教材建设经费资助。书中“人口及学龄人口预测”和“人力资源开发水平评价”内容分别得到全国教育科学规划课题“2030 年我国学龄人口变化趋势预测分析（DGA130252）”和国家社科基金“人力资源强国指标体系建设及实证研究（13BRK020）”项目资助。

由于水平所限，不足之处在所难免，请读者批评指正。

2018 年 10 月于北京

目　录

第 1 章　人力资源与开发概述

人力资源、自然资源与经济资源是经济发展三大基础资源。在这些资源中，唯有人力资源具有能动性，人类的生产活动都是由作为资源的人使用其他资源来实施的。因此，开发人力资源，提高人力资源质量，激发人力资源潜力，对于有效利用其他资源和人力资源本身，进而促进生产力发展具有重要意义。

1.1　人力资源的概念

1.1.1　人力资源内涵

一般地说，资源是指为达到一定目的（例如物质生产过程）的可以利用的要素。在经济学中，资源是指为了提高一个国家竞争力或组织的生产率、为社会创造物质和精神财富，投入生产活动中的一切要素，包括物质资源、金融资源、信息资源和人力资源等。人本来是利用资源的主体，但人或人的劳动能力对于社会、国家或某个组织本身也是一种资源。在人类社会的一切社会活动中，人都是基本要素。

关于人力资源一词的定义，目前我国理论界有几种不同的观点和表述方式，归纳起来主要有两种。

第一种观点认为人力资源是指人，但这种观点对人力资源的涵盖面又有不同的认识。① 狭义论：人力资源是指全部人口中能以合法劳动创造财富、推动社会向前发展并取得相应报酬的那部分人口的总称；② 广义论：人力资源包括从出生到死亡的所有的人；③ 中间论：人力资源只包括从出生到依法退休为止的人（见图 1.1）。

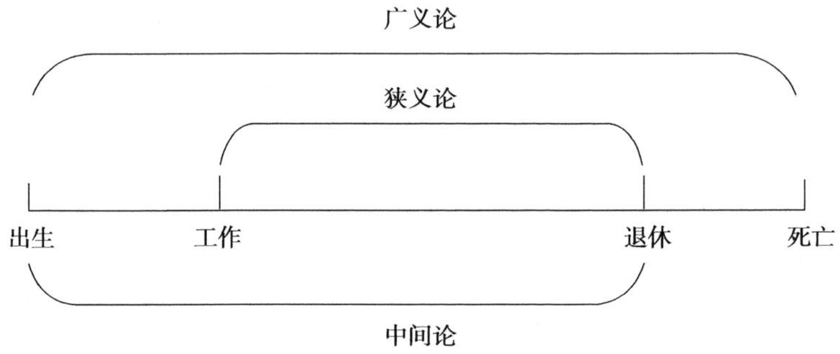

图 1.1　人力资源概念含义图

虽然具体表达方式不同，但基本观点是一致的，即人力资源就是人。

第二种观点认为人力资源是指劳动者的能力，但它也有不同的表述方式。有些学者称："人力资源是指能够推动整个经济和社会发展的劳动者的能力，即处在劳动年龄的已直接投入建设或尚未投入建设的人的能力。"也有学者把人力资源概括为："人力资源是指包含在人体内的一种生产能力，若这种生产能力未发挥出来，就是潜在的劳动生产力，若发挥出来了，就变成了现实的劳动生产力。"总之这种观点认为，存在于人体内的能力是人力资源最根本的内涵。

产生以上分歧的主要原因在于对“人力资源”这个术语中“力”的理解。人力资源在英语中是“human resource”，字面上并没有涉及能力，但我们在使用人力资源这个概念时总是指具有一定的能力的人。所以应该把上面的两种观点综合起来全面地对人力资源进行研究，根据我们研究的不同目的而有所侧重。据此，我们可以定义人力资源的概念。

人力资源是指能够推动整个经济和社会发展、具有劳动能力的人口总和。从个人的角度来看，人力资源指的是一个个体以及附加在其身上的知识、技能、信息、健康、综合素质。从组织的角度看，人力资源是指在组织中的员工。如果他们接受更多、更好的教育与培训，技术和知识能力得到提高，组织的效率和生产率也随之提高。尽管人力资源很重要，但在组织中并不被视为一种资产，因为很难用货币准确衡量其价值。从国家的角度看，人力资源指在国家经济与社会发展中可用的人力或劳动力，指一个国家或地区范围内，处于劳动年龄、未到劳动年龄和超过劳动年龄但具有劳动能力的人口之和。人力资源是具有智力劳动和体力劳动能力的人口的总称，包括数量和质量两个方面（见图 1.2）。

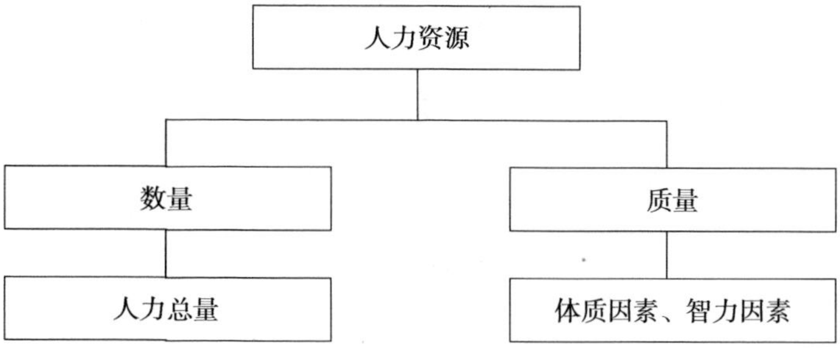

图 1.2　人力资源的构成

1.1.2 人力资源的相关概念

为了能够对人力资源这个概念有更清晰的认识，我们把人力资源与人口资源、劳动力资源、人才资源和人力资本这几个概念作一辨析。

1.1.2.1 人力资源与人口资源

“人口资源”的提法是根据人口经济关系衍生出来的，相当于广义人力资源。人口资源是指一个国家或地区所拥有的人口的总量，它是一个最基本的底数，一切人力资源皆产生于这个最基本的人口资源中，主要表现为人口的数量。

人口资源（总体）包括生产者人口和消费者人口两部分。作为“资源”的人口主要是生产者人口，即适龄劳动人口，更直接的是其中的经济活动人口。但从潜在的和可能性上讲，除了智力不健全者外，都可视为劳动人口。因而从总体看，人口也就成为一种经济资源。但是，这种意义上的人口资源实际上是一种抽象意义上的资源，它为“劳动力”或“人力资源”提供了一个可能的承载量，主要表现为一种数量的规定。如果将人口直接视为或者将人口总体全部转变为具有经济效用的资源，还须有进一步的各种规定。即使如此，它也不能等同于人力资源。人力资源是存在于具体的人口个体中的具有经济效用和价值的各种能力的总和。

人口资源主要表现的是一个数量概念，它是指一个国家或地区的人口总体。一个人从出生到死亡的整个生命存续时期，都可以看作是人口资源的有机组成部分。人口资源是一个最基本的基数，它是人力资源、劳动力资源的基础。

人力资源不是凭空出现的，它也需要生产，其基本载体就是人口。由婴儿到幼年，再到成年成为对经济社会有用的人力资源。所以，本书的人力资源概念，采用中间论“人力资源只包括从出生到依法退休为止的人”。

1.1.2.2　人力资源与“劳动力资源”

劳动力资源指一个国家或地区，在一定时点或时期内，拥有的劳动力的数量和质量、劳动者的生产技术、文化科学水平和健康状况的总和的劳动适龄人口。

国际上通常将 15~64 周岁的人口称为劳动力资源；根据我国劳动就业制度规定，男性 18~60 周岁，女性 18~55 周岁，都列为劳动力资源。

1.1.2.3　人力资源与人才资源

人力资源与“人才资源”的区别，主要是指质量层次划分上的差别。如果说传统意义上的劳动力是比较初级的人力资源的话，那么人才资源就是比较高级的人力资源。根据人力资本理论，人力资源质量高低是由人力资本含量的多少决定的。人力资本含量是通过人力开发投资形成的，人力资本含量的多寡取决于人力形成的先天形态和后天形态及其开发的深度和广度，亦即取决于人力资源形成投资和开发投资的状况。形成投资包括从胎儿的孕育到成长为一个初级劳动者的费用；开发投资是将一个初级劳动者培养成为具有特定经济活动能力的较高级生产劳动者的费用，包括一般（基础）教育培训和特殊（专业）教育培训。人才资源就是在这种教育培训的基础之上，通过深度开发而获得的人力资本含量极高但为数不多的那部分高质量人力资源；也就是指一个国家或地区具有较强研究能力、创新能力和管理能力的人的总称，也就是具有一定的专业知识或专门技能，进行创造性劳动并对社会作出贡献的人的总称，是人力资源中能力和素质较高的劳动者。

人才资源的边界比较模糊，没有确切的对象，往往根据实际需要进行划分。例如我国有专业技术人才的说法，具备该专业技术能力的人员称为专业技术人员。其中较为突出的，熟悉相关技术，并具有自主创新能力的人，被称为专业技术人才。专业技术人员具体指工程技术人员、农业技术人员、科研人员（自然科学研究、社会科学研究及实验技术人员）、卫生技术人员、教学人员（含高等院校、中等专业学校、技工学校、中学、小学）等22种❶。还有技能人才、管理人才、党政人才等；还有科学家与工程师、杰出人才、领军人才等，不同含义对应不同的人力资源集合。

人口资源是指一个国家或地区所拥有的人口的总量，它是一个最基本的底数，一切人力资源、人才资源皆产生于这个最基本的人口资源中，它主要表现为人口的数量。人才资源是指一个国家或地区中具有较多科学知识、较强劳动技能，在价值创造过程中起关键或重要作用的那部分人。人才资源是人力资源的一部分，即优质的人力资源。人口资源、人力资源与人才资源的关系（见图1.3）。

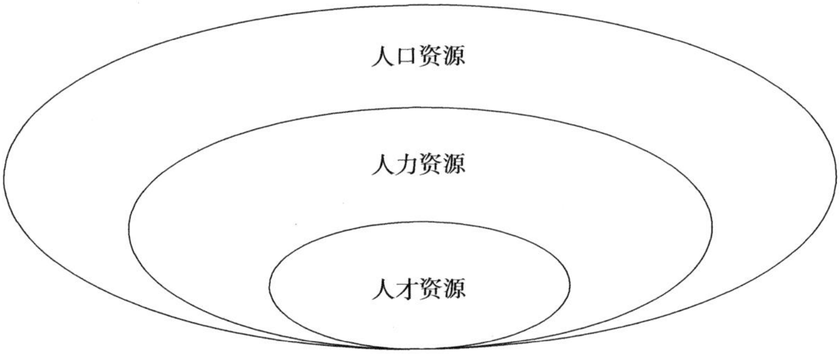

图1.3　人口资源、人力资源、人才资源关系

1.1.2.4　人力资源与人力资本

人力资本与人力资源相类似，更接近于人力资源的质量方面。一般是指通

❶ 国家职业分类修订委员会.中华人民共和国职业分类大典[M].北京：中国劳动社会保障出版社，2015.

过各种形式的投资而提高了人的素质和技能，是内化在个体身上的知识、信息、技术、态度、性格、价值观、健康等。广义地看，人力资本是包括多种形式的投资结果，最基本的，如对卫生和营养的投资可以改善人的健康状况；对个人进行培训可以提高一个人的技能；接受家庭非正规教育和正规学校教育、正式和非正式的教育训练，可以提高人的认知能力并有助于学习能力的增强；而对研究和开发的投资可通过外部的效果来提高个人的技术水平等。

人力资本的价值会随时间而流逝。例如，即使一个人现在获得的是最先进的技术，在一段时间后也可能过时。人力资本随时间而流逝的价值会给个体就业能力、组织生产率、国家竞争力带来严重问题。因此，需要通过系统的计划和不断的投资保持人力资本的质量和数量正成为一个关注热点。但并非人力资本的所有方面都随时间失去了价值，核心知识、信息和技术的交流与整合能够创造出新的知识、信息和技术。这也是人力资源区别于其他物质资源的重要点。

1.1.3　人力资源的外延

根据上面我们对人力资源内涵的考察，我们可以确定人力资源在现实中具体指哪一部分人。

1.1.3.1　人口资源

指一个国家或地区所拥有的所有人口数，也就是人口的总量。

1.1.3.2　人力资源

这里基本与劳动力资源是同一概念。国际上，一般将 15 岁以下人口称为未成年人，65 岁及以上人口称为老年人口，15~64 岁人口称为劳动力人口或劳动适龄人口。人力资源主要由以下几部分组成。

一是处在劳动年龄之内，正在从事社会劳动的人口，它占据人力资源的大部分，可称为“适龄就业人口”。

二是尚未达到劳动年龄、已经从事社会劳动的人口，即“未成年劳动者”或“未成年就业人口”。

三是已经超过劳动年龄、继续从事社会劳动的人口,即“老年劳动者”或“老年就业人口”。

这三部分人构成“就业人口”的总体。

四是处于劳动年龄之内、具有劳动能力并要求参加社会劳动的人口，这部分称为“求业人口”。它与前三部分一起构成经济活动人口。

五是处于劳动年龄之内、正在从事学习的人口，即“就学人口”。

六是处于劳动年龄之内、正在从事家务劳动的人口。现在从家务劳动社会化的角度看，家务劳动也构成社会劳动的一部分。

七是处于劳动年龄之内、正在军队服役的人口。

八是处在劳动年龄之内的其他人口。

前四部分是经济活动人口，构成现实的社会劳动力供给，这是直接的人力资源；后四部分为构成潜在的劳动力供给，他们是间接的、处于潜在形态的人力资源。

1.1.4 人力资源质量要素

人力资源是由个体劳动者组成的集合，而个体劳动者之所以能够从事社会劳动，是因为它有着综合性的劳动能力素质—质量。这种综合劳动能力的构成要素包括体力、能力、知识、技能四部分；四者的不同组合，形成人力资源多样化的丰富内容。人力资源拥有的体力、能力、知识和技能，使其具有推动物质及其他资源的各种具体能力。

1.1.4.1　体力

体力是人的身体素质。从一般意义上说，体力包括力量、耐力（持久力）、速度、灵敏度、柔韧度等人体运动生理指标；从劳动的角度来看，体力还应当包括对外界的适应能力、劳动负荷能力和消除疲劳的能力。

体力是人们劳动、人体做功时能量消耗的物质提供者，也是能量补充的承担者；体力是人体获得能力、知识、技能和在劳动中发挥智力、运用知识技能的基础。一般来说，没有比较健康的身体，难以从事正常的社会劳动，也难以继续提高能力、知识、技能水平。所以说。体力在人力资源能力总体中处于基础的地位。从一般性的劳动来说，不同的人力资源个体，其体力水平一般相差很大。与智力相比，体力这一因素显然是比较简单的。

1.1.4.2　能力

这里所说的“能力”，从心理学的角度讲，是指人们顺利实现某种活动的心理条件。研究人力资源，根本目的是为了运用人的这种能力。能力包括一般能力—智力、特殊能力和职业能力。

（1）智力的含义。智力是一个既非常重要又相当复杂的范畴，心理学关于智力的定义多达数百种。从总体上看，智力是指人认识客观事物、运用知识、解决实际问题的能力，也就是人的“聪明”程度。智力是指人们在不同种类的活动中所具备的共同性能力，也称“一般能力”。从心理学角度看，一般都认为智力包括感知力（特别是其中的观察力）、记忆力、思维力、想象力这四个方面，有的学者还在这四种“力”之外再加上创造力、实践能力等。上述“力”比较全面地反映了人们“认识事物、运用知识、解决问题”的属性，这四种“力”可以说就是智力的内容或者要素，它们在人们头脑中搭配、组合成不同的智力结构。在智力的各要素之中，核心是思维力，其包括判断力、思考力、概括力，或者称为逻辑思维能力、逻辑推理能力。人的智力高低，反映了人力资源一般能力的不同。对于智力水平的衡量，通常采用心理学智力测验结果的“智商”（IQ）指标。一般来说，人的智商水平呈现正态分布状态，100 分为标准平均状态，在 90~109 分之间属于正常智力，分数越高，智力水平就越高。

（2）“特殊能力”，是指人们在某种特殊的、专门的、专业性的活动中所需要的能力。人们从事的各种活动是千差万别的，要从事这些专门的活动，除了“一般能力”以外还必须有特殊的、专门的素质条件，这就是特殊能力。例如，画家要在辨别色彩方面有非常好的能力，工程师要对物体有很好的三维空间想象力，外科医生的手腕和手指要能够进行非常精细的操作。根据《职业岗位分类词典》分类，特殊能力包括以下各项能力（见表 1.1）。

表 1.1　特殊能力表

特殊能力	能力含义
语言表达能力	指理解词语与相关思想的能力以及有效地运用词语的能力
数学计算能力	指迅速而准确地进行算术计算的能力
空间感觉能力	指凭思维想象三维空间物体形状的能力
形体感觉能力	指觉察物体、图画中有关细节的能力
文书事务办公能力	指觉察词语或表格材料中有关细节及避免文字与数字计算错误的能力
动作协调能力	指眼、手和手指快速做出精确动作的能力
手指的灵活性	指迅速而准确地运用手指操作小物体的能力
手的灵巧性	指熟练自如地运用手的能力，从事手的翻转、放置、移动动作
眼、手、脚配合能力	指根据视力所见，而使手、足彼此协调，完成动作的能力
辨色能力	指对于不同色调和同一颜色的不同深浅觉察和辨别的能力

（3）职业能力。从事任何一种职业，都需要特定的一般能力和若干种特殊能力，职业不同就需要不同的能力组合。按照《职业岗位分类词典》的口径，职业对于从业者条件要求的一般项目，包括能向（能力）、普通教育程度、专门

职业培训、环境条件、体力活动、工作职能诸项基本条件和兴趣、性格的参考条件。

上述各项条件，按照各自程度和水平分别打分，区分为不同的等级。“能向”，即人们能力的特性与方向。某种职业对于人们的能向要求，包括智力（一般能力或一般学习能力）和上述“语言表达能力、数学计算能力”等各项特殊能力。每个人必须选择适合自身特点的职业，即要达到人的各项条件与职业的要求相互适应，才能更好地发挥自身作用，为社会作更多贡献。

1.1.4.3　知识

知识是指人们头脑中所记忆的经验和理论，或者说是个人头脑以及社会系统（如图书馆）中储存的信息。知识可以分为“理论”和“经验”两个层次。当知识带有逻辑性、体系性和科学性时，就成为理论或者学说；经验则是形成理论知识之前的东西，它是零碎的、片断的，其正确性也往往较差。经济合作发展组织（OECD）将知识划分为四个方面。

其一，事实知识（know what），指的是人类对某些事物的基本认识和所掌握的基本情况，比如华盛顿的面积、北京市的人口、候鸟的飞行路线等。

其二，原理和规律知识（know why），即对产生某些事物和发生的事件的原因和规律性的认识，比如宇宙的起源、生物进化和价值规律等。

其三，技能知识（know how），也就是说，知道实现某项计划和制造某个产品的方法、技能和诀窍等。

其四，知识产生源头的知识（know who），即知道是谁创造的知识。

从实际应用的角度看，知识可以分为三个部分：一般知识（或者说普通知识）、专业理论知识和工作知识。一般知识它反映了某个人力资源个体的一般文化水平；专业理论知识是指一定范围内相对稳定的系统化的具有普遍意义的知识，理论知识中往往包含了一般知识和专业知识；工作知识包括职业技能操作水平、工作经验知识、职业阅历等。专业理论知识和一般知识的整体层次，基本上由一个人接受教育的等级所决定，这往往构成人力资源个体在人力资源市场上竞争力的主要决定性因素。

1.1.4.4 技能

技能，用通俗的话说就是技术、技巧，其含义是人们从事活动的某种动作能力，是人经过长期实践活动所形成的顺序化的、自动化的、完善化的动作系列。一个人具有某项技能形成的标志，是从事某种劳动的动作具有准确性，包括动作的方向、距离、速度、力量的准确。技能在劳动能力中极为重要，技能有高低不同的层次，所谓“三百六十行，行行出状元”，各行各业的“状元”即是各种职业技能的高层次出类拔萃者。

1.1.5 劳动能力结构

人的劳动能力各个要素的不同组合，形成人力资源的不同能力要素结构。

在人的劳动能力各个要素中，体力是人从事各项活动的基础，是能力、知识、技能得以存在的载体。能力、知识、技能三者之间有紧密的联系，三者之间互相制约、互为影响。能力是一种可能性、一种潜力，它是掌握知识和技能的基础，能力水平在一定程度上制约着知识和技能的获得。也就是说，一个人拥有较强的能力，就能较多、较快、较高深地掌握知识与技能。能力的发展，又是在学习、运用知识和技能的过程中完成的。知识是对具体理论和现实经验的掌握，是思想的内容或者思维的材料；技能是行动方式，是操作技术（见图 1.4）。

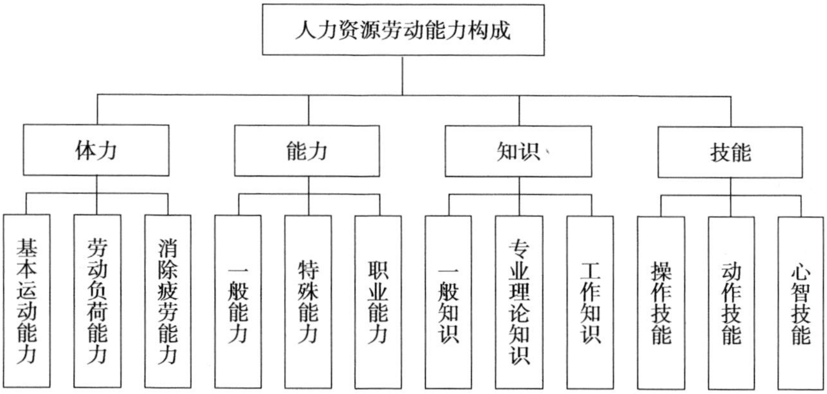

图 1.4　人力资源劳动能力构成

1.1.6　宏观人力资源质量构成

人力资源质量即人力资源的质的规定性，这是区别不同的人力资源个体和总体的最关键方面。人力资源的质量就是在劳动要素个体及群体身上的创造社会价值的能力，主要体现在人力资源或劳动力要素的体质水平、文化水平、专业技术水平以及心理素质的高低等。与人力资源的数量相比，其质量方面更为重要。人力资源的数量能反映出可以推动物质资源的人的规模，人力资源的质量则反映可以推动哪种类型、哪种复杂程度和多大数量的物质资源。经济越发展，技术越现代化，对人力资源质量的要求越高。一般来说，人力资源质量对数量的替代性较强，而数量对质量的替代作用较差，甚至不能替代。人力资源质量既包括能力质量——劳动能力结构综合水平，也包括人力资源精神质量。

人力资源能力质量——劳动能力结构综合水平，也就是推动物质资源、从事社会劳动的能力水平高低，主要体现在一般知识与专业职业知识、操作技能、创造能力、对岗位的适应能力、管理能力等能力水平上。知识与技能水平是人力资源能力质量中最主要、最为人们所关心的方面。从宏观上看，人力资源的知识水平，一般以人力资源文化素质水平为标志，采用人力资源受教育程度以及全社会人口受教育程度指标来表示，通常以文盲、小学、初中、高中、大学以上各个层次的人力资源比例或人口比例来计算。人力资源的技能水平，一般以人们接受专业教育、职业教育的程度来反映，一般采用人力资源队伍中的工人技术等级及比例、专业技术人员职称及比例来表示。

人力资源精神质量，亦即思想素质、心理状态，是人力资源的灵魂。人力资源的精神质量包含思想、心理品质以及道德因素，决定着人的工作态度和动机，因而它成为人们从事社会劳动的动力源泉。它是影响人力资源群体关系、组织的凝聚力、微观和宏观经济效益的重要因素。人力资源能力质量则相当于“硬件”，而人力资源精神质量则一种“软件”（见图 1.5）。

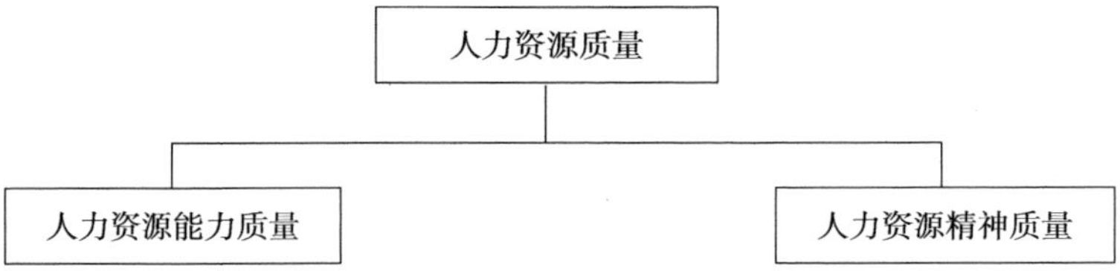

图 1.5　人力资源质量构成

1.2　人力资源开发概念

“人力资源开发”（human resource development，HRD）一词最早在 20 世纪 50 年代提出。随着西方人本管理思想的出现，特别是人力资本理论的形成，人力资源开发这一概念逐渐为人们所接受。

1.2.1　人力资本理论

1979 年度诺贝尔经济学奖得主西奥多 · W. 舒尔茨在 1960 年美国经济学年会上的演说中系统阐述了人力资本理论。在此之前，费雪在 1906 年发表的《资本的性质与收入》一文中首次提出人力资本的概念，并将其纳入经济分析的理论框架中。与舒尔茨同时代及以后对人力资本理论作出突出贡献的主要有贝克尔、明赛尔、丹尼森、卢卡斯等，他们从不同的角度对人力资本进行了论述。

舒尔茨对人力资本的最大贡献在于第一次系统提出了人力资本理论，研究了人力资本形成方式与途径，并对教育投资的收益率及教育对经济增长的贡献作了定量研究;在贝克尔、丹尼森、明赛尔、卢卡斯等学者的不断完善下，使人力资本理论成为经济学一门新的分支。因此，舒尔茨被称为“人力资本之父”。

人力资本理论的主要观点包括：① 人力资源是一切资源中最主要的资源，人力资本理论是经济学的核心问题；② 在经济增长中，人力资本的作用大于物质资本的作用。人力资本投资与国民收入成正比，比物质资源增长速度快；③ 人力资本的核心是提高人口质量，教育投资是人力投资的主要部分。不应当把人力资本的再生产仅仅视为一种消费，而应视同为一种投资，这种投资的经济效益远大于物质投资的经济效益。教育是提高人力资本最基本的主要手段，所以也可以把人力投资视为教育投资问题。

人力资本投资主要包括教育投资、对孩子的养育投资、健康保健投资、寻找工作的投资和劳动力迁移投资。

教育投资是人力资本投资的主要部分。教育投资包括两方面：① 各级正规教育。这种投资形式增加了人力资本的知识存量，表现为人力资本构成中的普通教育程度，即用学历来反映人力资本存量。因此，我们可以依据劳动者接受学校教育的年限、劳动者的学历构成，清楚地判断和比较一个国家或地区、家庭和劳动者在某一特定时期的人力资本存量。② 职业技术培训。职业技术培训投资是人们为获得与发展从事某种职业所需要的知识、技能与技巧所发生的投资支出。这类投资方式主要侧重于人力资本构成中的职业、专业知识与技能存量，其表现是人力资本构成中的专业技术等级。人力资本分为社会一般人力资本和专业化人力资本。社会一般人力资本通过学校教育获得，专业化人力资本通过在实践中学习获得，即干中学。专业化人力资本形成的规模和速度，直接取决于社会一般人力资本已达到的水平。

对孩子的养育投资——对于孩子的培养是人力资本投资的最主要形式。

健康保健投资——用于健康保健、增强体质的费用也是人力资本投资的主要形式，这方面的投资效果主要变现为人口预期寿命的提高和死亡率的降低。

寻找工作的投资——寻找工作是人力资本实现合理配置的重要途径，也是人力资本的投资。

劳动力迁移投资——劳动力迁徙也是实现合理配置的重要途径，也是人力资本投资的主要形式之一。劳动力流动费用本身并不能直接形成或增加人力资本存量，但通过劳动力的合理流动，在宏观上，可以实现人力资本的优化配置，调整人力资本分布的稀缺程度；在微观上，可以使人力资本实现最有效率和最获利的使用。所以，它是人力资本价值和增值的必要条件。

人力资本理论为人力资源开发提供了理论基础。生产力三要素之一的人力资源显然还可以根据人力资本投资水平的高低，进一步分解为具有不同技术知识程度的人力资源。高技术知识程度的人力带来的产出明显高于技术程度低的人力。

1.2.2 基本概念

一般把人力资源开发界定为开发者通过学习、教育、培训、管理等有效方式，为实现一定的组织目标与发展战略对既定的人力资源进行利用、塑造、改造与发展的活动。在这里，开发者既可以是个人（企业雇主、被开发者本人），也可以是组织（机关、学校、团体、协会、私有机构、公共组织等），也可以是政府（国家及地方政府）。

当开发者为被开发者本人时，人力资源开发是指每个个人为提高本人的知识、技能、信息以及自身健康，进而提高自身竞争力而做出的各项活动和努力，开发方式即为学习，开发的目的是力求发展；当开发者为培训组织（学校、教育机构），开发的方式是教育、教学、转化、宣传，开发的目的是提高人才的素质，促进个人发展与社会发展。

当开发者生产组织时，人力资源开发是指组织根据为提高竞争力的需要，有目的、有计划、有组织地对组织中成员进行相关知识、技能、信息、文化以及健康，而做出的各项活动和努力，进而提高组织为竞争力，开发方式一般是培训、管理与文化制度建设等。

当开发者为政府时，特别是国家政府层面上，人力资源开发是指政府通过制定相关政策，以提高公民的工作能力，为提高国家竞争力和经济社会发展提供所需人力资源。也就是政府在经济、社会和总体发展的环境下，为增加公民及其学习和工作能力，增进个人、组织和国家利益，所采取的有利于人类技能认识和开发的所有活动和努力。开发方式一般是移民、教育、医疗、社会保障制度建设与人口发展政策的制定等，开发的目的是提高全民素质，使每个公民具备各种有效参与国民经济发展所必需的体力、智力、技能及正确的价值观与劳动态度，满足国家与社会经济持续发展的需要。例如，例如中国的人才强国战略、计划生育政策、普及九年制义务教育、劳动人事制度、医疗卫生制度与人力资源保障制度改革等。国家政策层面的人力资源开发不仅是发展公民的知识和技能，也包括建立公民的价值意识规范和信任、文化和伦理。价值意识规范和信任有利于人、组织、政府间的相互理解，促进社会的和谐发展；文化和伦理，有利于理解世界文化的多样性，拓宽一个人的人对生活的看法，提高一个国家的文化竞争力。

任何一种人力资源开发的活动，都有其开发主体、开发客体、开发对象、开发手段、开发方式、开发规划与计划等要素。本书重点研究国家政府层面人力资源开发。其开发主体（从事开发活动的领导者、策划者与组织实施者）是政府；开发客体（接受人力资源开发活动的组织或个人，是开发活动的承受者）是全体公民；开发对象是公民的素质与能力，包括体质、品德、智力、技能、知识、其他心理素质等。开发手段（是指人力资源开发活动中所采用的工具与支持行为）是卫生（包括人口生育）、教育、培训、社会保障等。

1.2.3 开发内容

广义人力资源开发一般指，基于国家或地区整体经济社会需要，制定各种政策，实施各种措施，从人口出生到培育、养护、教育，使之成为具有一定体质、智力、知识、技能，具备各种劳动能力的人。将这些生产出来的人力资源合理配置到所需工作岗位。各用人单位或部门合理使用和培训这些人力资源，开发潜能，为社会创造更多的财富。

狭义人力资源开发特指人力资源生产中的教育培养过程，把未成年人逐步培养成具有一定体质、智力、知识、技能，具备各种劳动能力的人。

本书所说的人力资源开发指，从人口出生到培育、养护、教育，使之成为具有一定体质、智力、知识、技能，具备各种劳动能力的人。也就是国家或政府，根据社会、经济发展及其对人力资源需求的要求，合理组织人力资源生产，满足社会需求。

人口生产是指为了维持和延续人类自身而进行的生产，即现有劳动力生产与再生产、新增人口的生命生产与再生产。医疗卫生保健就是为保障和提高人民的健康，治疗疾病，以达到维护和增进健康、保护生命、预防疾病、提高身体素质和提高生活质量的目的所采取的综合防护与治疗措施。教育是根据一定社会的现实和未来的需要，遵循年轻一代身心发展的规律，有目的、有计划、有组织、系统地引导受教育者获得知识技能、陶冶思想品德、发展智力和体力的一种活动，以便把受教育者培养成为适应一定社会的需要和促进社会发展的人。人力资源开发的主要目标就是在新增人力资源的情况下，提高他们的人力资本存量，也就是提高劳动者个体和整体的健康状况、知识水平、技能水平，满足国家经济社会发展需求。

国家人力资源开发的主要目的就是为国家或地区的经济社会发展提供源源不断的各类人力资源，使人力资源数量、质量与经济社会发展需求相适应，达到长期供需平衡，促进经济持续增长与社会良好发展。其主要手段就是持续不断进行人力资本投资，积累人力资本存量，提高整个国家人口及劳动者力整体的健康状况、知识水平、技能水平和自我管理决策水平。

国家人力资源开发的核心内容就是合理配置社会资源，对一个国家进行人口生产及养育，进行医疗卫生保健，进行教育投资，合理规划管理，使人口及人力资源生产与经济社会环境协调发展。

练习与思考

1. 什么是人力资源?

2. 人力资源与人口资源的关系?

3. 什么是人力资本? 人力资本理论的主要观点?

4. 人力资源质量的要素?

5. 什么是人力资源劳动能力结构?

6. 什么是宏观人力资源质量结构?

7. 什么是人力资源开发?

8. 什么是国家人力资源开发? 主要内容?

9. 结合实际，分析我国的大学生人力资源供求问题，试提出几条解决的途径。

参考文献

国家教育委员会教育规划办公室编译 . 职业岗位分类词典 [M]. 高等教育出版社，1988.

陆国泰 . 人力资源管理 [M]. 北京：高等教育出版社，2000.

彭进 . 人口与人力资源概论 [M]. 北京：中国劳动社会保障出版社，2005.

舒尔茨 . 人力资本：教育和研究的作用 [M]. 商务印书馆，1990.

吴敬琏 . 中国增长模式抉择 [M]. 上海：上海远东出版社，2014.

萧鸣政 . 人力资源管理 [M]. 北京：中央广播电视大学出版社，2001.

萧鸣政 . 人力资源开发 [M]. 北京：中国人民大学出版社，2015.

姚裕群 . 人力资源开发利用与管理概论 [M]. 北京：高等教育出版社，2011.

张德 . 人力资源开发与管理 [M]. 北京：清华大学出版社，2001.

朱丹 . 人力资源管理教程 [M]. 上海：上海财经大学出版社，2001.

朱佳生 . 教育系统工程 [M]. 湖南大学出版社，1989.

第 2 章　人力资源生产

一个国家或地区的人力资源包括两部分：一部分是现实的人力资源，即现在就可以使用的人力资源，它由劳动适龄人口中除因病残而永久性丧失劳动能力者以外的绝大多数劳动适龄人口和老年人口中具有一定劳动能力的人口组成；另一部分是后备人力资源，即现在还不能使用、但未来可使用的人力资源，它由未成年人口组成，反映的是一个国家或地区人力资源生产的规模状况。

人口是人力资源的载体，人力资源的生产归根到底是人口的生产，一个国家或地区的人力资源供应最终是由其人口的数量规模和年龄结构决定的。因此，要研究一个国家的人力资源开发，首先就需要研究其人口规模、年龄结构及其发展规律，这样才有助于真实地反映该国人力资源的供应状况。人口规模、年龄结构反映的是人口群体的自然特征，它描述了总人口以及不同年龄人口在总人口中的构成状况或构成比例，并与人口的出生、死亡、迁移以及人口的各种社会经济结构有密切的关系。

2.1 人口规模与年龄结构

2.1.1 人口规模及其影响因素

2.1.1.1 人口规模

人口规模是一个国家或地区的人口总量，其发展变化主要取决于以下几个因素：第一，人口存量，即当前的人口规模；第二，出生人数，即每年新出生的婴儿数；第三，死亡人数，即每年由于各种原因死亡的人数；第四，净迁移人数，即每年由境外（或外地）迁入境内（或本地区）人数减去迁出境外（或本地区）人数。

$$\text{人口规模}=\text{人口存量}+\text{出生人数}-\text{死亡人数}+\text{净迁移人数} \tag{2.1}$$

将上面公式两端除以人口存量，简化得到：

$$\frac{\text{人口规模}-\text{人口存量}}{\text{人口存量}}=\frac{\text{出生人数}}{\text{人口存量}}-\frac{\text{死亡人数}}{\text{人口存量}}+\frac{\text{净迁移人数}}{\text{人口存量}} \tag{2.2}$$

$\frac{\text{人口规模}-\text{人口存量}}{\text{人口存量}}$称为增长率，$\frac{\text{出生人数}}{\text{人口存量}}$称为出生率，

$\frac{\text{死亡人数}}{\text{人口存量}}$称为死亡率，$\frac{\text{净迁移人数}}{\text{人口存量}}$称为净迁移率。

$$\text{人口自然增长率}=\text{出生率}-\text{死亡率} \tag{2.3}$$

$$\text{人口增长率}=\text{人口出生率}-\text{人口死亡率}+\text{人口净迁移率} \tag{2.4}$$

式（2.1）称为人口规模绝对变化公式，式（2.2）称为人口规模相对变化公式。

由此可见，人口规模取决于当前人口存量、出生率、死亡率以及净迁移率。

死亡率与一个国家或地区经济发展水平，尤其是医疗卫生水平、社会保障水平有关，也与整个人口年龄结构有关。死亡率虽然可以通过医疗卫生、社会保障来减少，但死亡是自然规律，可以延缓，但最终都会发生，所以，死亡对人口规模的影响是被动的。

净迁移率主要取决于一个国家或地区的人口流动、国籍户籍政策，与社会、经济、政治因素有关。一个国家或地区，尤其是人口大国，净迁移的作用一般较小。

从式（2.1）看，出生人数是决定人口规模的决定因素，是人口生产的基础，也是人力资源生产的基础。影响婴儿出生人数的最主要因素是一个国家或地区育龄妇女的数量以及每位育龄妇女的生育婴儿数。从生命演化及生育规律看，女性有一个生育期年龄段，根据世界各国女性生育规律，国际医学界将这个生育期年龄段定为 15~49 岁，相应年龄段（15~49 岁）的女性称为育龄妇女。

2.1.1.2　总和生育率

国际人口学界将一个国家或地区平均每个妇女一生当中生育的孩子数称为总和生育率（total fertility rate，简称 TFR）。因为不可能观察到每个妇女一生当中可能的生育的孩子数，实际具体计算时，按每年 15~49 岁育龄妇女数，计算每个年龄段每一千妇女生育的活产婴儿数，然后将 15~49 岁所所有年龄段数据相加。这样

$$\text{总和生育率} = \sum_{i=15}^{49} \frac{xi}{1000}\text{，其中 } xi \text{ 为第 } i \text{ 年育龄妇女生育的婴儿数} \quad (2.5)$$

$$\text{出生人数} \approx \text{一个国家或地区的育龄妇女数} \times \text{总和生育率} \quad (2.6)$$

总和生育率是决定人口规模的最直接因素，它受经济、教育、社会、文化影响。随着一个国家或地区经济、卫生、教育水平不断提高，总和生育率不断提高，然后逐渐降低，呈倒钟形。总和生育率为 2.1 时，称为人口更替水平临界值，此时新生人口刚好弥补生育妇女和其伴侣数量；大于（或小于）2.1，新生人口多于（少于）生育妇女和其伴侣数量，总人口规模就会增加（减少）。国内外学者也有将 TFR ≤ 2.1 称为“低生育率”，TFR ≤ 1.5 称为“很低生育率”，TFR ≤ 1.3 称为“极低生育率”，TFR ≤ 1.0 称为“超低生育率”。

2.1.2 人口年龄结构

人口年龄结构指一定时点、一定地区不同年龄阶段人口数量在全体人口中的比重，又称人口年龄构成。从人力资源开发的角度，0~14 岁一般称为未成年人口，这是未来后备人力资源；15~64 岁成为劳动年龄人口（中国一般为 16~59 岁）；65 岁及以上（中国为 60 岁及以上）为老年人口。依据这个划分，人口通常包括未成年人口比例，指 0~14 岁人口比例；劳动年龄人口比例，一般指 15~64 人口比例；老年人口比例，一般指 65 岁及以上人口比例。

人口年龄结构是过去几十年、甚至上百年自然增长和人口迁移变动综合作用的结果，又是今后人口再生产变动的基础和起点。它不仅对未来人口发展的类型、速度和趋势有重大影响，而且对今后的社会经济发展也将产生一定的作用。人口年龄分组还可以根据不同的分析目的进行不同的划分，例如，不同教育层次适龄人口：小学适龄人口比例、中学适龄人口和大学适龄人口。

按照不同的年龄构成，学界一般把一个国家或地区整个人口资源分成不同的类型：年轻型、成年型和老年型（见表 2.1、图 2.1）。

表 2.1 人口年龄结构类型

年龄结构类型	老年人口比例	未成年人口比例	老少比	年龄中位数
年轻型	5% 以下	40% 以上	15% 以下	20 岁以下
成年型	5%~10%	30%~40%	15%~30%	20~30 岁
年老型	10% 以上	30% 以下	30% 以上	30 岁以上

人口年龄结构类型并不是永远不变的。它随着出生率、死亡率的变动，特别是人口预期寿命的延长而变化，但是在相当时期内又是相对稳定的。根据上述指标的数值确定人口年龄结构的类型，有时虽会遇到不完全一致的现象，但基本趋向则是一致的。

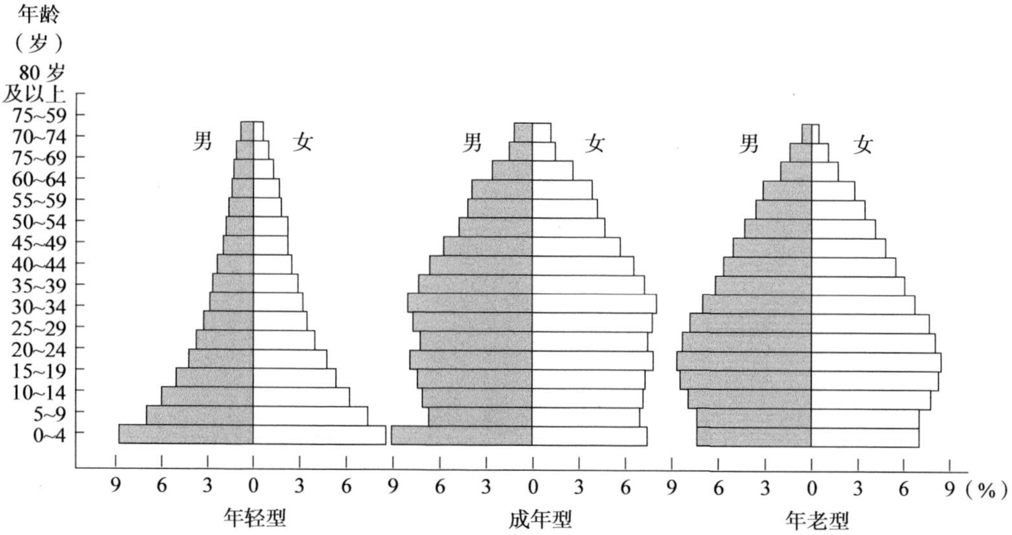

图 2.1　不同年龄结构人口金字塔

不同年龄结构类型的人口，具有不同的人口再生产的规模、速度和发展趋势，具有不同的社会经济和人口问题。20 世纪 80 年代，绝大多数发展中国家及地区的人口属于年轻型。这些国家及地区的少年儿童比重较高，育龄妇女人群大，即使在妇女生育率水平不变的情况下，未来人口的增长速度仍然是较快的。因此，全社会的抚养比高，而且少年儿童抚养比高于老年抚养比甚多。未成年人口的社会经济问题，如儿童、少年和青年的抚养、教育、就业以及住宅等问题，成为这些国家及地区所面临的主要人口问题。大多数发达国家及地区的人口属于年老型，他们的老年人口比重相对较高，育龄妇女人群小，若妇女生育率水平不变，未来人口的增长速度仍然是很低的。这样，老年人的照顾、赡养、医疗保健和未来劳动力是否充裕等问题，则成为这些国家及地区的主要人口问题。

人口年龄结构是一个静态时点指标。对于同一地区不同时点上的人口年龄结构进行分析对比，可以看出其发展趋势和规律。对于不同地区的人口年龄结构进行对比研究时，原则上只有在同一时点上统计的年龄结构才具有可比性，即适用于同一时点不同地区人口年龄结构之间的分析研究。在实际运用中，人们对于相隔时间不太长久的不同地区的人口年龄结构，也进行比较研究，以此来评价它们之间的差异和特征，分析未来人口发展的类型和趋势。

2.2 人口发展主要理论

2.2.1 人口转变理论

人口转变是指随社会经济条件的发展，各种人口现象处于同一相互联系的体系中，呈有规律地阶段性递进、转变的现象。人口转变理论是美国人口学家汤姆逊（Thomson）于 1929 年首先提出，法国人口学家兰德里（Landry）加以补充，后又为美国人口学家诺特斯坦（Notestein）全面发展为一套人口理论。它试图解释 19 世纪以来发达国家的人口变动情况。根据这一理论，随着经济发展和医疗生活条件的变化，世界人口的增长大体经历了高出生率与高死亡率并存、死亡率下降但出生率仍维持较高水平和出生率与死亡率同时下降三阶段，直至极低出生率与死亡率导致极低人口增长乃至负增长第四阶段（见表 2.2）。

该理论认为死亡率长期稳定地下降是人口转变的动因；农业、工业和卫生革命，导致食物供应充足、生活水平和医学健康水平提高，促使死亡率下降；人口高速增长阶段是由于生育率上升和死亡率下降所致；生育率的最终下降是由于原来促成高生育率的社会经济条件的改变。

表 2.2　人口转变阶段表

阶段	特征	人口变化结果
第一阶段	高出生率和高死亡率	极慢的增长或无增长
第二阶段	高出生率和低死亡率	高增长
第三阶段	下降的出生率，相对低的死亡率	低增长
第四阶段	低出生率，低死亡率	极低的人口增长、负增长

就人口转变的具体情况而言，比较典型的有三种人口转变模式：自发人口转变模式、社会自觉控制人口转变模式、自发自觉相结合的人口转变模式，我们也可依据不同转变模式的不同地区将其分为欧洲模式、日本模式和中国模式。

2.2.1.1　自发的人口转变模式

这种人口转变模式以欧洲发达国家为代表，其过程的实现并不是社会干预的结果，而是由人们自发节制生育而实现的人口转变。19 世纪末的欧洲，随着生产力的发展及生活水平的提高和人们健康状况的改善，死亡率首先出现了下降。随后，在妇女就业率提高、老年人晚年生活社会保障程度提高、孩子生育抚养成本上升及消费愿望上升等一系列综合效应下，人们的生育观也发生了改变。生育观最终导致人们的生育意愿和生育行为也发生了变化，由早婚多育转向为晚婚少育，最终导致了全社会生育水平自发地大幅度下降。可见，随着社会经济的高度发展，及由此引起的没有社会干预其间的各种因素相互作用的综合效应，会在客观上形成一种自发模式，从而造成出生率自发的不可逆转的大幅度下降，最终实现其人口转变。

2.2.1.2 自发与自觉相结合的人口转变模式

这种人口转变模式以日本最为典型，其主要表现是随着社会的发展，人们的生育观念已开始了转变，自发地要求节制生育。在此基础上，政府制定控制人口增长的政策，实现其人口转变。在20世纪二三十年代，日本民间自发的节制生育活动就已经较为活跃，到1934年，人口的出生率已由1920年36.2‰下降到29.9‰，随后又降到26‰~27‰之间。但这一进程被第二次世界大战打断，战后所产生的补偿性生育使得出生率猛增，1947年上升到34.3‰，加上日本战后经济的崩溃，人口问题已成为日本当时严重的问题，为此，日本政府实行了控制人口增长的政策，推行节制生育的活动。这样，政府的措施和群众在战前就产生的节育要求结合起来，导致出生率又迅速下降，最终在亚洲第一个实现了人口转变。

2.2.1.3 社会自觉控制的人口转变模式

这种转变模式的典型代表就是中国，主要表现就是社会生产力在客观上还没有发展到使人民的生育观念和生育意愿自发转变的过程，是国家制定各种政策、措施，来自觉控制人口增长，实施干预，促成人口转变。中国人口转变的过程首先是由中华人民共和国成立前的高出生、高死亡、低增长，转变为中华人民共和国成立后的高出生、低死亡、高增长。20世纪70年代以来，随着中国计划生育人口政策的有效实行，中国的人口转变进而再向低出生、低死亡、低增长发展。

2.2.2 人口红利理论

人口红利问题发端于“人口变化如何影响经济增长”这一命题。对人口红利（demographic dividend）的研究始于日本人口学家黑田俊夫1984年提出的著名命题“黄金年龄结构”。David E. Bloom 等在研究人口转变对东亚经济增长的推动作用时首次提出“demographic gift”，即人口礼物或红利，后明确提出人口转变将产生有利于经济增长的人口红利，指出生率上升、死亡率的降低和人口年龄结构的变化给绝大多数发展中国家提供了一个经济快速发展、生活水平迅速提高的机会窗口。1998 年，联合国人口基金在《世界人口现状（1998）》中正式使用人口红利一词，使人口红利这一概念逐渐被学界认同和使用。

为了定量描述这个人口红利期，人口学界引入总抚养比、少儿抚养比和老年抚养比三个指标：

总抚养比 =（0~14 岁人口 + 65 岁及以上）/（15~64 岁人口数量）。

少儿抚养比 =（0~14 岁人口）/（15~64 岁人口数量）。

老年抚养比 =（65 岁及以上人口）/（15~64 岁人口数量）。

基于这三个指标，根据人口与经济社会的关系，可将人口结构类型分为三种类型：人口红利结构、盈利平衡结构和人口负债结构（见表 2.3）。用最简洁的标准来判断，人口红利期就是指一个国家或地区的人口总抚养比小于 50% 的时期。人口红利包含两大基本要素：一是劳动力数量和比例相对较大；二是抚养负担相对较轻。

表 2.3 基于瑞典 1957 年生命表人口基础上的人口类型划分标准

单位：%

人口类型	以 65 岁作为老年起始年龄			备注
	总抚养比	少儿扶养比	老年扶养比	
人口红利	< 44	< 25.5	< 18.5	人口暴利
	44~47	25.3~27.0	18.5~20.0	人口高利
	47~50	27.0~28.5	20.0~21.5	人口红利
	50~53	25.5~30.0	21.5~23.0	人口微利

续表

人口类型	以 65 岁作为老年起始年龄			备注
	总抚养比	少儿扶养比	老年扶养比	
盈利平衡	53~59	30.0~33.0	23.0~36.0	—
	> 59	> 33.0	> 26.0	
	59~62	33.0~34.5	26.0~27.5	
人口负债	62~65	34.5~36.0	27.5~29.0	人口负债
	65~68	36.0~37.5	29.0~30.5	人口高债
	> 68	> 37.5	> 30.5	人口爆债

数据来源：陈友华 . 人口红利与人口负债 [J]. 人口研究，2005（6）：21-27.

2.2.2.1　人口红利与人口负债的阶段性

在人口转变过程中，人口再生产类型转变使人口年龄结构变化依次形成从高少儿、低老年型的高人口抚养比，到低少儿、低老年型的低人口抚养比，再到低少儿、高老年型的高人口抚养比的三个不同阶段。

由于出生率与死亡率下降初始时间与速度不同步，后者先于前者发生。因而在人口转变的前一阶段，易出现人口年轻化趋势，少年儿童快速增长，而老年人口增长缓慢，其结果是总抚养比、主要是少儿抚养比快速上升，经济增长将深受其累，这时会形成所谓的人口负债。

而在人口转变的第二阶段，会出现人口老龄化倾向。由于出生率下降速度和人口老龄化速度不是同步发生的，前者先于后者发生。在出生率下降初期，出生率下降速度快于人口老龄化速度，在这一人口变动过程中，会形成一个有利于经济发展人口年龄结构，也就是少儿抚养比与老年抚养比在一个时期内都比较低的局面，并会持续较长一段时间。总人口呈中间大、两头小的结构，使得劳动力供给充足，而且社会负担相对较轻。年龄结构的这种变化将带来劳动力增加、储蓄和投资增长、人力投资增加和妇女就业机会增加等，从而对社会经济发展有利，这一人口年龄结构最富生产性的过渡时期通常被称为人口红利期，也就是人口学家所称“人口机会窗口”或“人口红利”的真正含义。人口年龄结构对经济增长的这种潜在贡献就是人口红利。

在进入人口转变第三阶段，少年儿童数量在继续减少的同时，老年人口数量则快速增加，此时老年抚养比的上升速度大大快于少儿抚养比的下降速度，总抚养比上升较快，经济增长将受阻。这时重又出现人口负债。在人口转变的早期和晚期，当少年儿童和老年人口快速增长的时候，将出现人口负债，经济增长将深受其累。

在人口转变的早期和晚期出现的人口负债，其性质是完全不同的。在人口转变早期出现的人口负债，可看作是对未来的一种人力投资，是未来人口红利产生的基础与前提条件；而在人口转变晚期出现的人口负债，主要是老龄化（老龄人口比例增加）带来的负债，则可视作是在偿还前期所享有的部分人口红利，因而可视作真正意义上的负债。

人口红利与人口负债是在人口转变过程中出现的。在人口转变的初期，总抚养比将逐年上升，并逐渐达到顶峰，随着人口转变的继续进行，总抚养比在达到峰值后开始逐渐下降，并逐渐进入谷底，随后总抚养比又从谷底逐年向上爬升，当爬升到峰顶后，又开始下降至盈亏平衡区，并最终在盈亏平衡区稳定下来。在人口转变的早期和晚期，将出现人口负债。只有在人口转变的中期，人口红利才会出现。因此，“人口红利”只是一个相对短暂的历史机遇，“人口负债”将是长期的、持续的。

2.2.2.2　人口老龄化

人口老龄化是指人口生育率降低和人均寿命延长导致的总人口中因年轻人口数量减少、年长人口数量增加而导致的老年人口比例相应增长的态势。它有两个含义：一是指老年人口相对增多，在总人口中所占比例不断上升的过程；二是指社会人口结构呈现老年状态，进入老龄化社会。国际上通常看法是，当一个国家或地区 60 岁以上老年人口占人口总数的 10% 以上，或 65 岁以上老年人口占人口总数的 7% 以上，即意味着这个国家或地区的人口处于老龄化社会。

当今世界几乎所有的国家，都正在步入老龄社会。发达国家已经进入老龄社会，发展中国家正在迈向老龄社会。联合国的一份报告归纳了人类社会老龄化的 4 个特征：

（1）相较于人类历史上大部分时代人口结构比较年轻和寿命比较短来说，人口老龄化现象是前所未有的，是人类历史上没有发生过类似的情况。

（2）它是普遍性的，是影响每个人的一种全球现象。

（3）人口老龄化对人类生活的所有方面都产生重大的后果和效应。在经济领域，人口老龄化将对经济增长、储蓄、投资与消费、劳动力市场、养恤金、税收及世代间转接发生冲击；在社会层面，人口老龄化影响了保健和医疗照顾、家庭组成、生活安排及住房与迁徙。

（4）人口老龄化是持续的。

一般认为人口老龄化会抑制经济增长，甚至会导致经济的衰退。但美国国家科学院的研究报告却作出了不一样的结论，美国人口老龄化对政府开支会有显著影响，但对劳动生产率和创新的影响很小，对资产价格也不会有大的影响，甚至有可能对经济产生积极作用。整体来说，人口老龄化对生活水平的影响是有限的，对于整个宏观经济的影响是温和的。

2.2.3 低生育率陷阱理论

20 世纪 90 年代，欧洲一些国家的总和生育率相继下降到 1.3 以下，开创了生育转变的一个全新时代——极低生育率时代。1993 年，意大利和西班牙率先进入极低生育水平，随后保加利亚、捷克、拉脱维亚和斯洛文尼亚几个国家的生育率降到 1.3 以下。随着时间的推移，极低生育水平进一步扩散，到 90 年代末，南欧、中欧和东欧共 14 个国家（总人口达到 3.7 亿）的生育率降到了 1.3 以下。到 2003 年，除了有更多欧洲国家迈入极低生育水平外，亚洲的一些国家（如日本、韩国、新加坡），也先后进入这个行列。

极低生育率现象引起了人口学家、政府及公众的深深担忧，因为总和生育率长期维持在 1.3 或以下，那么不到 45 年总人口将减少一半。在这样的背景下"低生育率陷阱"的概念和理论应运而生。荷兰人口学家 Lutz 和 Shirbekk（2005）首次提出"低生育率陷阱"概念，它指的是当总和生育率降到 1.5 以下后，低生育率会自我强化，如同掉入陷阱，扭转生育率下降趋势将会变得很困难甚至不可能。Lutz 等（2006）进一步论证"低生育率陷阱"的三个"自我强化机制"，于 2007 年再次提出佐证"低生育率陷阱"理论的实证依据。

2.2.3.1 "低生育率陷阱"的自我强化作用机制

它主要指人口学机制、社会学机制和经济学机制，在此三个机制作用下，未来生育率会持续下降而不是回升。

人口学机制指的是人口的负增长惯性使未来出生人数越来越少，低生育率会使未来的育龄妇女规模不断缩减，出生人数持续下降。这个过程是个出生人数不断下降的恶性循环过程。

社会学机制围绕个人理想家庭规模建立，年轻一代生活在家庭孩子数比较少的环境中，通过社会化过程，受父辈生育孩子数少的影响，他们的理想孩子数也会减少，从而影响实际生育行为。

经济学机制建立在相对收入假设基础上。一方面，随着低生育率的持续，人口老龄化加剧，经济发展前景和形势不容乐观，年轻人的预期收入降低；另一方面，在现代社会，年轻人的物质消费要求和欲望较高。这两者之间差距的扩大使得年轻人认为未来自身经济状况具有较大的不稳定性，因此减少生育数量，推迟生育年龄，从而降低了生育率。

自我强化机制将是决定未来生育率走势的主要力量，对于低生育率国家，急需制订相关政策阻止这些机制的深入强化作用，将生育率拉回到一定水平以上。

2.2.3.2 低生育率陷阱对社会经济的负面影响

一个国家低生育率如果长期持续下去，未来将在养老体系、医疗体系、经济竞争力、政治和文化影响力等相应领域都面临巨大挑战。具体来说，有下面6个方面的影响。

（1）减少劳动力供给。低生育率的直接影响就是新生儿童数量的减少，由此导致未来劳动力供给的减少。

（2）弱化社会创新能力，降低社会劳动生产率。青年是社会创新的主力军，青年劳动人口急剧减少，将减少创新人才总量，严重弱化社会创新能力；同时，劳动力老化也将导致社会劳动生产率降低。

（3）降低消费能力，影响内需，因为青年人口的消费力比较旺盛，是内需的主力军。青年人口的减少必然导致消费水平的降低，进而降低内需。

（4）社会养老及医疗体系压力巨大。随着生活及医疗水平的不断提高，老年人口不断增长，养老及其医疗所需资源也在不断增长。劳动力供给的不断减少，从事生产的人力越来越少，而老年消费人群越来越多，使养老危机爆发，届时既缺乏养老所需财力也缺乏养老所需人力。未来，一个劳动力供养老年人的数量将不断增长，面临巨大压力。

（5）对人口结构的影响。主要体现在如下两个方面：一是人口老龄化与家庭结构小型化加速，家庭养老功能急剧弱化，从而给老年社会保障及其可持续性构成了严峻的挑战；二是在有性别偏好与实现偏好技术手段情况下必然导致出生性别比例的失衡，出生性别比升高对婚姻市场平衡起到破坏作用。

（6）对人口素质的影响。在生育率转变过程中，不同社会群体间生育率转变速度不同，将形成群体间生育率差异，来自中高社会阶层群体的生育率要低于中下社会阶层群体的生育率。一方面，中高阶层家庭对子女的培养要求要普遍高于中下阶层家庭对子女的培养要求；另一方面，中高阶层家庭给孩子后天所能提供的抚养与教育条件普遍好于中下阶层家庭。因此，生育率转变过程中出现的不同社会阶层间生育率的差异对人口素质的提高不利。人口素质逆淘汰是自人口转变开始后世界各国普遍出现的人口现象。

练习与思考

1. 解释以下概念：

人口出生率、人口死亡率、人口迁移率、人口增长率、妇女总和生育率。

2. 分析人口规模的影响因素，最重要因素是什么？

3. 分析一下妇女总和生育率的影响因素。

4. 什么是人口年龄结构？人口年龄结构类型标准？其变化规律是什么？

5. 什么是人口抚养比？老年抚养比？少儿抚养比？

6. 人口转变理论主要观点？你有什么看法？

7. 人口红利理论主要观点？你有什么看法？

8. 低生育陷阱理论主要观点？你有什么看法？

9. 根据以上三个理论，尝试推测未来世界人口的变化趋势？

参考文献

蔡昉 . 人口转变、人口红利与经济增长的持续性 [J]. 人口研究，2004（12）：2-8.

蔡昉 . 人口转变、人口红利与刘易斯转折点 [J]. 经济研究，2010（4）：4-13.

郭志刚，等 . 中国的低生育率与人口可持续发展 [M]. 北京：中国社会科学出版社，2014.

国家人口发展战略研究课题组 . 国家人口发展战略研究报告 [M]. 北京：中国人口出版社，2007.

靳永爱 . 低生育率陷阱：理论、事实与启示 [J]. 人口研究，2014（1）：3-17.

陆国泰 . 人力资源管理 [M]. 北京：高等教育出版社，2000.

孙爱军，刘生龙 . 人口结构变迁对经济增长效应分析 [J]. 人口与经济，2014（1）：37-64.

汪伟 . 经济增长、人口结构变化与中国高储蓄 [J]. 经济学（季刊），2010（1）：29-52.

王德文，蔡昉，张学辉 . 人口转变的储蓄效应和增长效应 [J]. 人口研究，2004（5）：2-11.

王阳 . 我国人口结构变化对经济社会发展的影响研究综述 [J]. 西北人口，2012（5）：1-6.

郭志刚 . 时期生育水平指标的回顾与分析 [J]. 人口与经济，2000（1）：3-10，64.

BLOOM，CANNING. How demographic change can bolster economic performance in developing countries [J]. World Economics，2003（4）：1-14.

BLOOM，WILLIAMSON. Demographic transition and economic miracles in emerging asia [J]. World Bank Economic Review，1998（3）：419-455.

FEYRER. Demographics and productivity [J]. The review of economics and statistics，2007（1）：100-109.

LINDH，MALMBERG. Age structure effects and growth in the OECD，1950—1990 [J]. Journal of Population Economics，1999（3）：431-449.

UNITED NATIONS POPULATION DIVISION． World population aging：1950—2050[M].New York：United Nations Publications．2002.

NATIONAL RESEARCH COUNCIL. Aging and the macroeconomy: long-term implications of an older population[M]. Washington, DC: NRC.2013.

第 3 章　中国人口与人力资源发展

中国是当今世界上人口最多的国家。截至 2016 年，全世界各国人口总和为 74.42 亿，年末全国总人口 13.9 亿人，占世界人口总数的 18.53%。中国人口的变化对世界人口的影响举足轻重，几十年以来，中国人口经历了迅速的转变，特别是 20 世纪 70 年代以来发生的生育率转变更是举世瞩目。现今中国的生育率稳定在更替水平以下，人口自然增长率低于 6‰，人口寿命大幅度提高，预期寿命已经超过 76 岁，实现了“低生育率—低死亡率—低增长”的现代型人口再生产模式。中国的人口迅速转变堪称世界人口史上的一个奇迹，它不仅改变了中国乃至整个世界人口的增长轨迹，而且是在社会经济尚不发达的条件进行的，为社会经济的快速发展创造了有利条件。但生育率的快速下降，人均寿命的不断延长，也使我国老龄化状态快速发展，劳动力资源逐步减少，人口抚养水平日趋严重，使我国经济社会发展面临巨大挑战。

3.1 中国人口发展历程

中华人民共和国成立之时，中国大陆的人口为5.4亿人。之后，死亡率的迅速下降，开启了新中国人口转变的历程，并进入了中华民族有史以来人口增长最为迅速的时期。中国人口发展经历了两个不同的时期：一是实行计划生育政策之前，人口发展处于无计划、自发的高增长时期；二是实行计划生育政策之后，人口发展逐步走向有计划、可控制的平稳增长时期。这两个不同发展时期的区别，不仅表现在出生率、死亡率的变化上，而且还表现在人口发展模式的转变以及人口年龄结构的变化上。

3.1.1 人口总量发展

1949—2016年以来，随着人口转变进程的演进，中国的人口总量及增长经历以下六个阶段，见图3.1~图3.3。

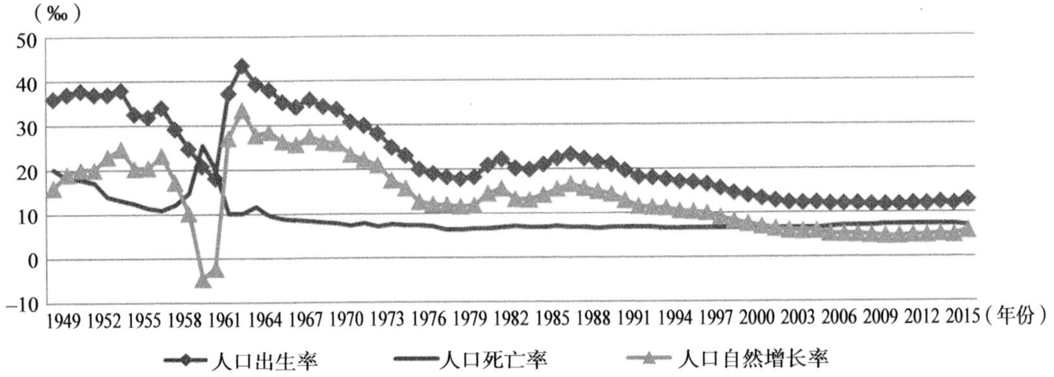

图3.1 1949—2016年中国人口出生死亡自然增长率变化情况

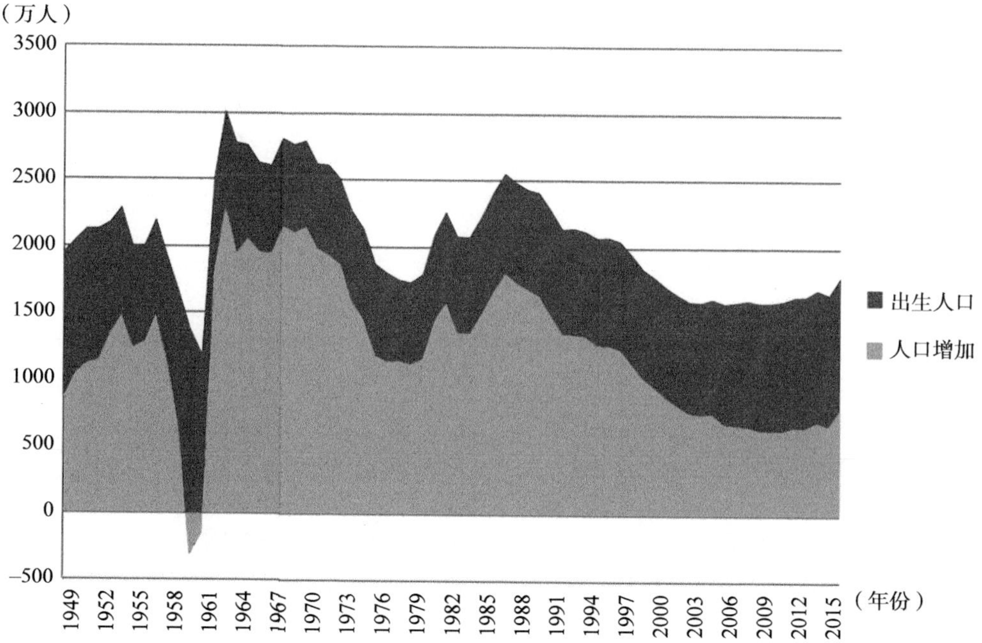

图 3.2　中国人口出生数、净增加数变化情况

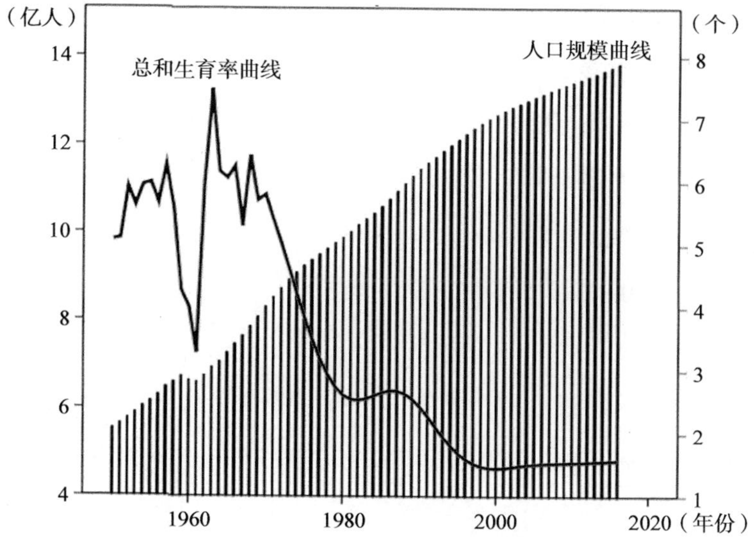

图 3.3　中国人口总量、总和生育率变化情况

数据来源：基于国家统计局数据测算。

3.1.1.1 第一个人口高增长阶段（1949—1957 年）

中华人民共和国成立之前，由于战乱频繁，社会动荡不安，经济得不到发展，人口发展缓慢，明显呈现出高出生、高死亡、低增长的特征。中华人民共和国成立后，社会安定，经济发展，人民的生活水平及医疗卫生条件不断得到改善，人口的发展也出现了新的特征，死亡率大幅度下降，出生率维持在高水平，从而出现了人口自然增长率高的人口高增长状况，也就是高出生、低死亡、高增长阶段。

（1）死亡率。

20 世纪 40 年代末 50 年代初，中国人口的死亡率还处于比较高的水平。1949 年，人口粗死亡率（crude death rate）为 20‰，而联合国人口司所估计的死亡率水平更高，1950—1955 年期间为 25.1‰，平均预期寿命为 40.8 岁，其中男性为 39.3 岁，女性为 42.3 岁，婴儿死亡率则高达 19.5%（UN，2007）。中华人民共和国成立后，结束了多年的战乱和社会动荡，给人民的生产和生活创造了一个安定的社会环境；经济的恢复和发展使物质生活资料的供给有了很大的改善，人民的生活水平有所提高；医疗卫生和妇幼保健事业快速发展，增进了人民的健康水平，威胁人类生命和健康的传染性疾病得到了有效的控制，使死亡率水平大幅度下降。在短短不到 10 年里，人口死亡率水平从 1949 年的 20‰下降到 1957 年的 10.8‰，差不多下降一半。

（2）出生率。

在死亡率不断下降过程中，出生率一直保持较高水平。1949 年，全国人口出生率为 36‰，1949—1957 年平均每年都在 35‰以上，多数年份都在 37‰以上。

（3）总人口。

死亡率大幅度下降，出生率维持在高水平，从而出现了人口自然增长率高的人口高增长状况。1949 年，全国人口出生率为 36‰，死亡率为 20‰，自然增长率为 16‰，年底全国总人口为 5.42 亿。到 1957 年，死亡率下降到了 10.8‰，而自然增长率上升为 23.2‰，总人口达到 6.47 亿。1949—1957 年的八年间，人口净增 1.05 亿。这是中华人民共和国成立后出现的“第一次人口生育高峰”。

3.1.1.2　人口低增长特殊阶段（1958—1961 年）

1959—1961 年，连续三年的严重困难，使经济发展出现了波折，人民生活水平受到影响，致使人口死亡率突增，出生率锐减。1959 年人口死亡率上升到了 14.6‰，1960 年进一步上升到 25.4‰，而人口出生率只有 20.9‰，人口自然增长率大幅度下降，其中 1960 年、1961 年连续两年人口出现负增长。人口处于下降特殊阶段。

3.1.1.3　第二个人口高增长阶段（1962—1970 年）

三年困难时期过后，经济发展状况逐渐好转，人口发展的不正常状态也迅速得到改变，人口死亡率又开始大幅度下降，强烈的补偿性生育使人口出生率迅速回升，人口增长进入了前所未有的高峰期，并一直持续到 20 世纪 70 年代初。

（1）死亡率。

人口死亡率重新下降到 10‰ 以下，并逐年稳步下降，1970 年降到 7.6‰。

（2）出生率。

这一时期，人口出生率最高达到 43.6‰，平均水平在 36.8‰。

（3）总人口。

出生率的上升和死亡率的下降，使这一阶段的人口年平均自然增长率达到 27.5‰，年平均出生人口达到 2688 万人，增加人口 1900 万以上，8 年净增人口

1.57亿，1969年年末中国总人口达到8.07亿人，比1949年增加了2.65亿人，这是中华人民共和国成立以后出现的“第二次人口生育高峰”。

20世纪70年代以前，总体来看是我国人口快速增长阶段。在短短20年间我国人口净增差不多3亿人。人口快速增长带来的问题，致使人们开始不断进行反思，在有计划控制人口增长方面，始终没有形成一个明确的政策和行动。这一时期人口总量的剧增不但直接影响了当时国民经济的健康运行，而且还对以后相当长时间内的中国人口发展与经济运行产生了巨大影响。

3.1.1.4 人口有控制增长阶段（1971—1980年）

20世纪70年代，特别是70年代后期，是中国人口发展出现根本性转变的时期。人口高速增长带来的压力，使人们认识到人口控制已迫在眉睫。中国政府开始实行计划生育，并陆续制定和完善了明确的计划生育政策，使人口高出生、高增长的势头得到迅速控制。人口由无计划、自发的高增长进入了有计划、可控制的增长时期。这一时期，人口出生率和自然增长率迅速下降。

（1）死亡率。

由于死亡是一个自然过程，死亡率不可能一直下降，会有个下限。20世纪70年代，死亡率下降的速度减缓。在1970—1979年期间，死亡率从7.6‰下降到6.21‰。在经济的高速发展和社会进步的有力推动下，人民的收入水平和生活质量不断提高，使中国不仅成为世界上死亡率转变最快的国家之一，也成为世界上死亡率水平最低、平均预期寿命最长的发展中国家之一。

（2）出生率。

由1971年的30.7‰下降到1980年的18.2‰。

（3）总人口。

自然增长率由1971年的23.4‰下降到11.9‰，人口增量也从70年代初的

2200 万以上减少到不足 1300 万。然而，由于总人口基数庞大，这一阶段中国人口净增的绝对数仍相当可观。1971—1980 年，全国总人口由 8.52 亿增加到 9.87 亿，净增 1.35 亿，超过了第一次生育高峰时期的净增人口。

3.1.1.5　第三个人口高增长阶段（1981—1990 年）

进入 20 世纪 80 年代后，国家把实行计划生育、控制人口增长提到了战略高度，计划生育被确定为一项基本国策，控制人口增长的措施更加严格。但是，由于 20 世纪 60 年代初"第二次人口生育高峰"中出生的人口陆续进入生育年龄，加之 20 世纪 80 年代初婚姻法的修改，造成许多不到晚婚年龄的人口提前进入婚育行列，使得人口出生率出现回升。

（1）死亡率。

1981—1990 年，人口死亡率一直保持 6.3‰~6.9‰，平均 6.65‰ 左右，始终处于较低水平。

（2）出生率。

人口出生率由 1980 年的 18.2‰、1981 年的 20.9‰，达到 1987 年 23.3‰ 的峰值，始终保持 20‰ 以上水平。

（3）总人口。

人口自然增长率从 1981 年的 11.61‰ 上升到 1987 年 16.61‰，到 1989 年仍然保持在 15% 以上。1980—1989 年期间，出生人口从 1786 万人增加到 2400 万人以上，人口增量从 1980 年 1163 万人增加到 1987 年的 1793 万人，其后两年也保持在 1700 万左右的规模，1981—1990 年净增 1.43 亿，平均年增长人口 1584 万，1990 年总人口达到 11.43 亿。形成了中华人民共和国历史上的第三次人口增长高峰。与前两次人口增长高峰所不同的是，这次人口增长高峰形成的最主要原因是人口周期性变化的结果。

3.1.1.6 人口平稳增长到低增长阶段（1991年至今）

进入20世纪90年代，特别是1992年以来，随着计划生育工作的不断加强和完善，中国人口的生育率水平结束了80年代的波动和徘徊，出现了新一轮的下降，高出生率得到有效控制，总和生育率降到替代水平以下，人口进入了惯性增长阶段，2000年后逐步进入“低出生、低死亡、低增长”阶段，走向人口低增长阶段。

（1）死亡率。

人口死亡率保持在6.41‰~7.16‰之间，一直处在较低水平。

（2）出生率。

从1991起，我国人口出生率基本呈下降趋势，且都低于20‰，特别是2000年以后都低于13‰，处在很低水平。

（3）总人口。

较低的死亡率和较低的出生率，使得人口自然增长率也逐步下降。从1991年的12.98‰，到1998年人口自然增长率首次降到10‰以下。

进入21世纪，中国的人口增长也开始了“低出生、低死亡、低增长”的时代。自然增长率逐步下降，处在很低水平。2000年7.58‰，再到2008年5.08‰，以后各年基本在5‰上下变动。从2000年开始，年净增人口低于1000万，2000—2016年平均每年净增人口不到700万，中国人口进入平稳低增长阶段。

3.1.2 人口再生产类型的转变

人口再生产类型是与社会生产力发展的一定阶段相适应的人口出生率、死亡率和自然增长率三者相结合而形成的人口再生产的特征。随着社会经济的不断发展，人口的发展一般要经历一个由高出生、高死亡、低自然增长的传统型人口再生产类型，发展到高出生、低死亡、高自然增长的过渡型，然后向低出生、低死亡、低自然增长的现代型转化的过程。

3.1.2.1　中国人口再生产类型的转变过程

几十年以来，随着社会经济、人民生活水平和国家人口政策的变化，中国人口的再生产类型发生了两次重大的转变。

（1）第一次转变。

中华人民共和国成立前，中国的人口再生产类型处于高出生、高死亡、低自然增长阶段。中华人民共和国成立后，人民生活水平不断提高，医疗卫生事业不断发展，许多恶性传染病得到控制，人口死亡率迅速下降。同时，社会的安定也给生育提供了较好的环境，除三年困难时期外，人口出生率一直居高不下，导致了中国人口再生产类型发生了历史上第一次重大的转变——由旧中国的高出生、高死亡、低自然增长阶段进入了高出生、低死亡、高自然增长的阶段。这个阶段一直持续到 20 世纪 70 年代初，横跨了中华人民共和国成立以来人口增长的前三个阶段、两次生育高峰期。

（2）第二次转变。

进入 20 世纪 70 年代，随着计划生育工作的广泛开展和不断加强，出生率开始不断下降，死亡率继续稳定下降，人口再生产类型又出现了新的转变。在这次人口转变过程中，生育率转变是继死亡率转变出现的人口转变第二个阶段，也是人口转变的核心过程。如果以 1949 年为起点的话，中国的生育率转变要比死亡率转变推迟 20 年左右。从人口出生率的变化来看，中国生育率的转变应该是从 20 世纪 70 年代初开始的，1970 年，当死亡率已经降到 7.6‰ 的水平时，人口出生率却仍然维持在 33‰ 以上的高水平。这一阶段，人口死亡率一直处于较低水平，由1971年的7.3‰逐步降低到1977年的6.9‰。以后，死亡率一直保持在7‰以下的水平。

从图3.1具体数据看，20世纪50年代至今我国人口出生率整体上可划分为五个明显的阶段，其中三个下降阶段。

第一阶段（1958—1961年）为灾害型下降阶段。虽然这一时期我国处于人口转变的加速增长阶段，但受到自然灾害的影响，我国人口生育水平出现非正常下降，人口出生率从1957年的34‰急速下降至1961年的18‰，降幅近50%，年均下降4个千分点。

第二阶段（1970—1979年）为非强制引导型下降阶段。这一阶段属人口转变过程中增长减缓阶段。自然灾害后我国人口出生率出现报复性反弹，加之人口、经济发展矛盾日益凸显，控制人口过快增长逐渐成为当时我国重要的政策选项，并通过舆论引导而非强制性的政策控制影响家庭生育行为。受此影响我国人口出生率从1970年的34‰快速下降至1979年的18‰，降幅近50%，年均下降1.8个千分点。这个时期生育率的大幅度下降，不仅迅速开启了人口转变的新阶段，也为后来中国人口增长趋势的重大转折奠定了重要基础。该阶段出现生育率的大幅度下降有两个原因：其内在动因是死亡率的大幅度下降和婴幼儿存活率的大幅度提高，人们已经无需用高生育率来抗衡死亡率，因而实行计划生育已经成为一种社会需求；其直接原因是自1972年开始，中国政府开始实行鼓励“晚、稀、少”的计划生育政策，并向全国城乡育龄夫妇提供避孕和节育服务，使当时群众实行计划生育的需求在一定程度上得到了满足。

第三个阶段（1980—1987年）：生育率水平波动阶段。在这个阶段，生育率呈现波动中小幅下降的变化，但一直在20‰以上。导致这一时期生育率波动的原因是多方面的，既有计划生育政策调整、农村经济改革、新婚姻法的颁布等方面因素的影响，也有年龄结构及婚姻生育年龄效应等因素的作用。

第四阶段（1988—2004 年）为综合型下降阶段。这一阶段属人口转变过程中低增长阶段。1980 年我国在政策层面上开始推行实施“独生子女”政策，累积了巨大的负增长惯性，加之市场经济进程中社会经济发展对家庭生育行为的抑制，我国人口出生率继续下降至低水平；从 1988 年的 22.37‰ 下降到 1999 年的 14.64‰，首次低于 15‰，以后各年均在 13‰ 以下，2005 年为 12.29‰。

第五阶段（2005 年至今）为自愿性下降阶段。随着我国第一次人口转变进程的完成，我国也进入后人口转变阶段，人口出生率维持在 12‰ 左右。需要强调的是，这一阶段我国人口生育水平整体上逐步接近甚至低于政策水平，低生育已具有自愿性特征。近年来，随着生育政策的调整，尤其是“全面二孩”政策实施，我国人口出生率有小幅上升，但到目前为止我国已持续多年的低生育水平状态没有发生实质性变化。

生育率水平的这一轮下降给中国人口发展带来重大影响，不仅使人口实际增长率持续下降，而且人口内在增长率出现了历史性转折，改变了未来人口增长的轨迹。这一轮的生育率下降具有深刻的社会和经济背景：一是中国政府从 1992 年开始确立了以市场经济为目标的经济体制改革，在市场经济大潮的推动下，人们的就业方式、生活方式和价值观念都出现了深刻的变化；二是教育事业的发展，青年人的受教育程度普遍提高；三是抚育孩子的直接成本和机会成本都大幅度提高；四是社会流动和竞争都在增强；五是国家和地方政府建立了计划生育利益导向机制，并大力推行计划生育优质服务。这些因素促进了人们的生育观念进一步转变，使人们对生育的态度变得更为理性和审慎。

总和生育率变化。中国妇女总和生育率的变化和各个历史时期的经济形势、人口政策有很强相关性。中华人民共和国成立后，妇女总和生育率经历了迅速上升（1950—1957），大幅下降（1958—1961），猛烈反弹（1962—1963），高位震荡（1964—1970），快速下降（1971—1980），低位徘徊（1981—1986）、平缓下降（1987—2000），超低位徘徊（2001 年以后）几个阶段。其中 1992 年首次降至 2.11，已降低到人口更替水平以下，1995 年起，开始低于 1.8 这个警戒线，1998 年起开始低于 1.6，2005 年以后始终在 1.5 上下低位徘徊。

在中华人民共和国成立初期，随着经济形势的好转和“一五”计划的大规模实施，人口增长迅速，总和生育率持续攀升，从 1950 年的 5.07 上升至 1957 年的 6.27；在三年困难时期，经济形势严峻，人口非正常死亡大量增加，粮食异常紧张，所以总和生育率大幅下降，由 1957 年的 6.27 降至 1961 年的 3.28；随着自然灾害的结束，人口和总和生育率猛烈反弹总和生育率急速提升至 1963 年的 7.48，其幅度要大大高于经济恢复的速度，之后总和生育率一直保持在高位徘徊；由于 70 年代就业困难，加上国家开始实行计划生育政策，推广避孕药具，所以总和生育率开始逐步下降，由 1970 年的 5.8 降至 1982 年的 2.53；80 年代，由于开始强制性计划生育，总和生育率一直在低位徘徊；到 90 年代以后，中国实行社会主义市场经济体制，市场机制内在地具有调节人口增长的功能，抚养孩子的成本大幅上升，迫使居民尤其是城镇居民和进城农民工降低生育率，所以妇女总和生育率始终在超低位徘徊。

我国 2000 年人口普查、2005 年 1% 的人口抽样调查以及 10 多年间的每年人口变动抽样调查及生育调查均显示，20 世纪末期以来中国的总和生育率一直低于 1.5。2000 年人口普查结果显示，2000 年的总和生育率甚至低到 1.22。2005 年 1% 抽样调查结果显示，2005 年总和生育率也只有 1.34，2010 年全国人口普查总和生育率仅为 1.18，不到世界平均水平的一半，而且比发达国家（高收入国家、OECD 国家）的平均水平还要低许多。由于存在漏报等因素，对于 2010 年以来，我国妇女总和生育率具体是多少，一直是学术界研究的热点，结论不一。总的来看，对于目前我国真实的生育水平估计，主流结论基本在 1.5 以上，1.6 左右，介于 1.5~1.7 之间。联合国人口司估计是 1.6，世界银行估计在 1.55~1.6 之间（见图 3.4）。

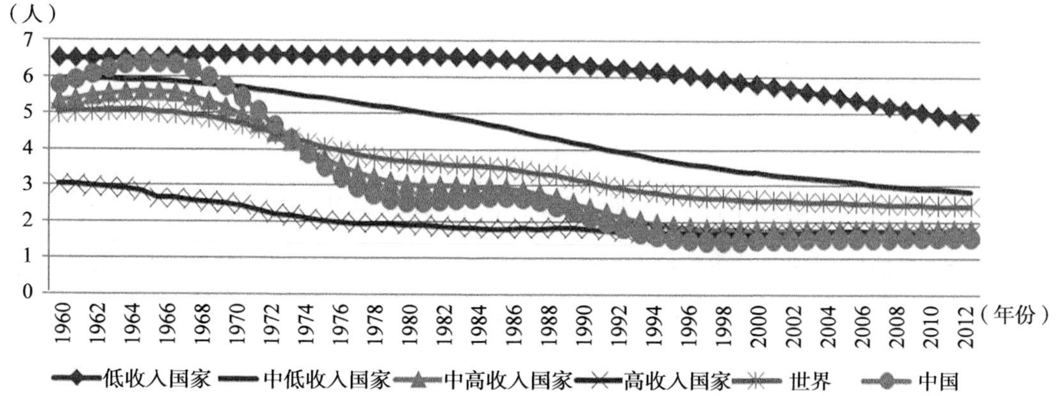

图 3.4　1960—2015 年中国与世界各经济体国家妇女总和生育率变化趋势

注：基于世界银行 WDI 数据。

可以判断，中国虽然长期处在低生育水平，但尚未突破临界点 1.3，目前至少还没有掉入“低生育率陷阱”。中国目前的生育水平是在生育政策抑制下的水平，有研究者利用世界 140 多个国家的数据模拟在没有计划生育政策条件下经济社会变量与人口变量之间的关系，结果表明，在无计划生育政策情况下，2008 年我国生育率水平应在更替指 2.1 之上。这说明，我国当前的低生育水平是政策影响下的生育水平，如果政策进行调整，生育率还有相当大的回升空间。

3.1.2.2　中国人口再生产类型的转变特点

中国作为一个发展中的人口大国，人口再生产类型的重大转变，都是在经济发展水平不高的条件下发生的，特别是由过渡型向现代型的转变，政府推行的计划生育政策在其中起到了决定性的作用。因此中国人口再生产类型的转变并非经济发展带来的自然转变，与其他国家相比具有自己的特殊性。中国是世界上人口转变最为迅速的国家之一，也是少数几个实现了“低出生、低死亡、低增长”人口再生产模式的发展中国家之一。中国的人口转变具有以下特点：

第一，转变进程历时短，速度快。发达国家的人口转变，是随着经济发展程度的不断提高、死亡率和生育水平的缓慢下降而逐步实现的，经历了一个漫长的自然转变过程。20世纪下半叶中国的人口转变呈现出一个完整过程，从1949年的死亡率迅速下降开始到20世纪90年代中后期总和生育率降到1.8左右的水平，中国的人口转变历时不到50年，比欧美国家人口转变所用的时间少2/3以上。特别是作为一个人口大国，仅仅用了1/4世纪的时间就完成了生育率的转变，是世界人口发展史上的一个奇迹。

中国人口再生产类型的第二次转变，表现为生育水平由高到低的转变。与其他国家相比，这一转变同样体现了速度快的特点。20世纪70年代前，中国妇女的生育水平一直较高，1949—1969年妇女总和生育率平均为5.8，进入20世纪70年代后生育水平开始迅速下降，1972年总和生育率下降到5.0以下，到1977年，总和生育率进一步下降到3.0以下，20世纪末总和生育率下降到1.8左右，2015年下降到1.569左右（世界银行估计）。中国人口出生率的下降速度之快，从人口学上看可以说是一个奇迹。总和生育率水平从1995年以后，一直低于中高收入国家、高收入国家、OECD国家平均水平。

第二，人口转变是在经济还非常落后的情况下启动的，整个转变过程也是在经济尚不发达的条件下展开的。1995年总和生育率下降到1.8，而人均GDP只有600美元左右。当20世纪初中国人口进入低增长时代，人均GDP还不到1000美元时，总和生育率已下降到1.5左右（见表3.1、表3.2）。中国人口转变的成功经验成为发展中国家（特别人口大国）的一个范例。

表 3.1　1960—2015 年中国妇女总和生育率和国际比较

单位：人

项目	1960 年	1970 年	1980 年	1990 年	2000 年	2010 年	2012 年	2014 年	2015 年
低收入国家	6.50	6.60	6.56	6.36	5.92	5.18	5.01	4.85	4.77
中低收入国家	5.93	5.75	5.13	4.28	3.46	2.99	2.92	2.86	2.83
中高收入国家	5.32	5.14	3.10	2.67	1.81	1.79	1.79	1.80	1.80
高收入国家	3.01	2.51	1.96	1.85	1.71	1.72	1.70	1.68	1.69
OECD 国家	3.24	2.80	2.17	1.97	1.81	1.79	1.77	1.75	1.75
世界	4.98	4.78	3.72	3.28	2.66	2.50	2.48	2.46	2.45
中国	5.75	5.73	2.61	2.43	1.45	1.54	1.55	1.56	1.57

数据来源：世界发展指标（WDI）。

表 3.2　1960—2015 年中国人均 GDP 和国际比较

单位：美元（当年价）

项目	1960 年	1970 年	1980 年	1990 年	2000 年	2010 年	2012 年	2014 年	2015 年
低收入国家	—	—	320	299	268	519	596	656	618
中低收入国家	97	145	422	473	575	1669	1945	2073	2002
中高收入国家	185	272	933	1297	1956	6332	8050	8737	7954
高收入国家	1399	2795	9541	18842	25664	39186	41992	42780	39945
OECD 国家	1358	2675	8861	17473	23635	35822	38045	38739	36095
世界	451	802	2513	4267	5485	9511	10539	10864	10112
中国	90	113	195	318	959	4561	6338	7684	8069

数据来源：世界发展指标（WDI）。

第三，社会发展和计划生育政策是促进中国人口快速转变的关键因素。中华人民共和国成立后，中国政府采取了一系列稳定社会和改善民生的政策，稳定物价，增加粮食供给，大力发展医疗卫生事业和妇幼保健事业，提高妇女地位等社会发展政策，有力地促进了死亡率的迅速转变。生育率转变对经济和社会发展有着更高要求，而中国的生育率转变具有特殊性。在生育率转变肇始之时，人均GDP只有110美元，当总和生育率下降到更替水平之时，人均GDP为420美元。严格的人口控制和计划生育政策是经济欠发达情况下启动和推进生育率转变的直接原因，而改革和开放以来，特别是1992年确立了市场经济为目标的经济改革以来，经济的高速增长、社会的转型与发展则成为推动中国生育率转变的内在因素。

伴随着中国低生育水平实现而来的是大量的独生子女的出现，一方面，“独柴难烧、独子难教”；另一方面，对独生子女易出现教育过度与教育偏差。目前中国在教育方面存在的许多突出问题与大量独生子女不无关系。例如，教育竞争过度，从幼儿园开始就出现了非常激烈的竞争。由此可见，长期地看，低生育率对人口素质的影响可能更多是负面的。

3.2 劳动人口情况

中华人民共和国成立以来，我国劳动人口规模、劳动人口比例持续增长。特别是改革开放以来，中国的人口转变与改革开放进程非常契合，人口发展的迅速转变给社会经济发展和资源环境都带来了巨大和深远的影响：一方面开启了“人口机会窗口”及时地为改革开放以来经济的高速增长提供了一个长达40年左右的“人口红利”期；另一方面，人口增长势头得到了有效的遏止，改变了未来人口增长的轨迹，为摆脱贫困、实现小康和进一步向富裕社会发展创造了有利条件，大大缓解了人口增长对资源和环境的压力，为中国的可持续发展奠定了重要基础。

3.2.1　劳动年龄人口规模

劳动年龄人口（15~64 岁）的绝对规模与相对规模是影响一个国家社会和经济发展最重要的人力资源因素（见图 3.5），1960—2016 年（1950—1959 年数据暂缺）中国劳动年龄人口的增长趋势有以下特点：

第一，1961—2016 年的 55 年间，我国劳动年龄人口规模基本呈增长趋势。从 1961 年的 3.719 亿增长到 2013 年的最高点 10.056 亿人，随后略有回落至 2016 年的 10.025 亿人。

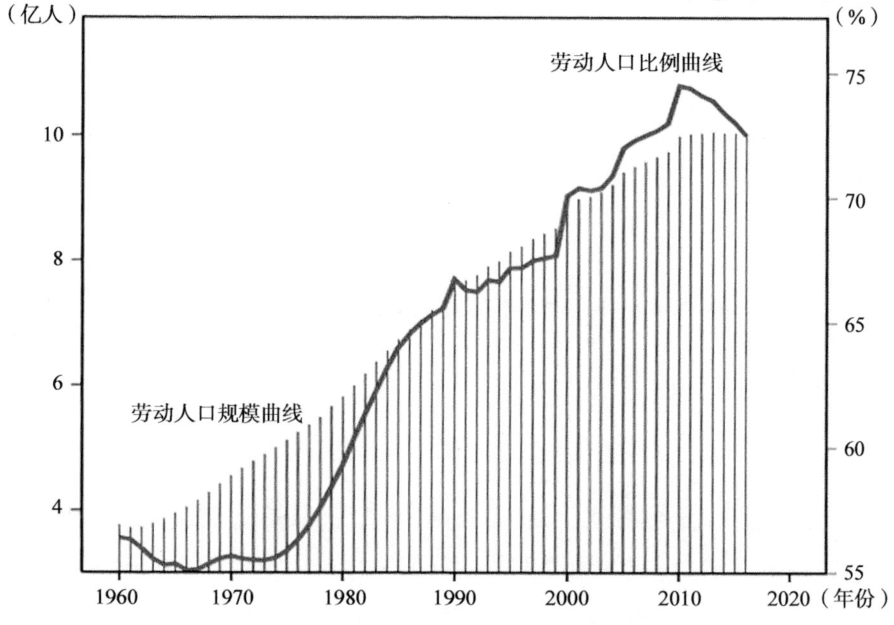

图 3.5　中国劳动人口规模结构变化

注：1960—1989 年数据为世界银行 WDI 数据，1990—2016 年年国家统计局数据。

第二，劳动人口变化呈阶段性发展。1961—1990年的30年呈快速增长，平均每年增加1350万人；1990—2013年平缓增长，平均每年增加1054万人；2013—2016年慢速递减阶段，平均每年减少930万人。

第三，劳动年龄人口占总人口比例基本呈“先降后升”变化趋势。

1960—1966年，递减；1966—1975年，呈略微上升至略减波浪变化；1975—1990年呈大幅度上升；1990—2000年平缓增长；2000年之后快速增长。从1980年以后，劳动人口比例超过60%，之后一路攀升2010年的74.5%，随后平缓下落至2016年的72.5%。

中国劳动年龄人口占世界始终超过20%，超过人口所占比例；劳动力占比始终在23%以上，超过劳动年龄人口占比，具有较高的劳动参与水平（见图3.6）。

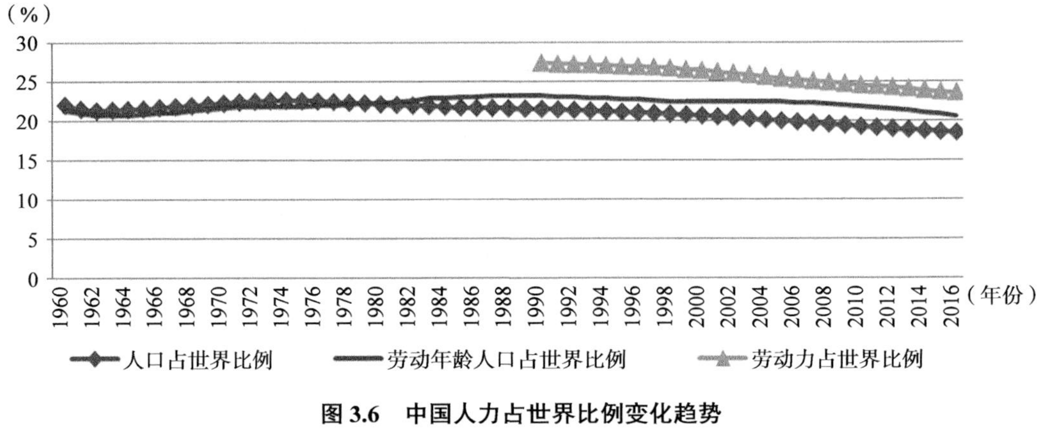

图3.6 中国人力占世界比例变化趋势

3.2.2 人口红利期与人口抚养比的变化

中国生育率转变是在一代人身上完成的，高出生群体的低生育水平造就了中国当前及未来人口年龄结构的两个重大变化：一是人口年龄抚养比的大幅度下降和人口机会窗口的开启；二是人口老龄化的快速发展。虽然这两个变化几乎是同步发生的，但是从对社会和经济的实质性影响看，人口红利效应要先于老龄化效应出现（见图 3.7）。

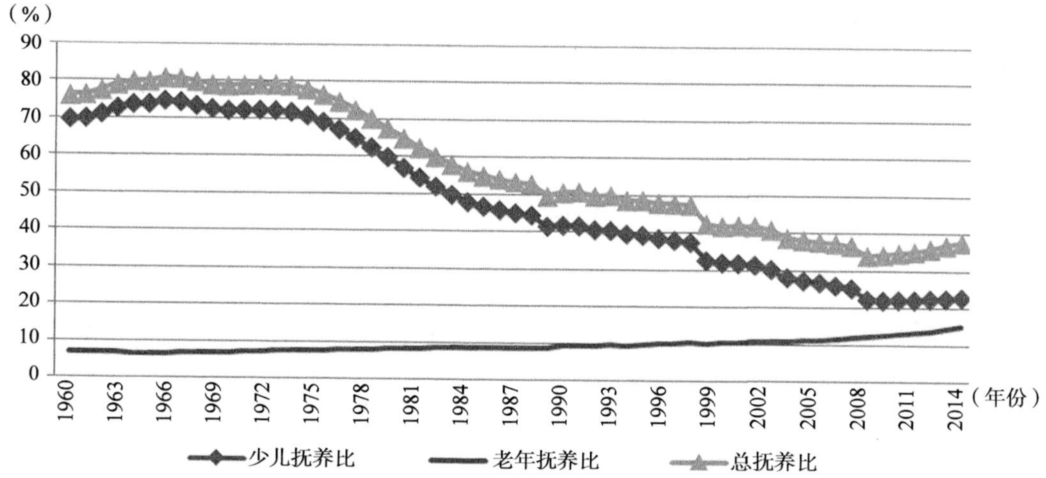

图 3.7　1960—2016 年中国抚养比变化趋势

我国人口抚养比的变化可以分为三个阶段：

第一阶段（1960—1975）：高抚养比持续阶段。人口抚养比高达 75% 以上，其中 1963—1974 年人口抚养比更是接近或超过 80%。

第二阶段（1975—1994）：抚养比持续下降阶段。随着生育率的转变，由于出生人口的绝对规模和相对规模的减少，抚养比也出现了大幅度的下降，直至进入人口红利机会窗口。

第三阶段（1994—2016）：抚养比低水平的人口红利期。如果以人口抚养比值 50% 为人口机会窗口的最低标准（相当于 2 个劳动力人口抚养 1 个闲置人口），那么中国人口机会窗口是 1994 年开启的，1994—2011 年抚养比持续下降，

2004 年人口年龄抚养比降到了 40 以下，进入了中国历史上劳动年龄人口负担最轻的时期，2011 年达到最低点的 34.5，随后开始提升至 2016 年的 37.5。目前人口红利期已持续 22 年。

从 1975—1994 年抚养比的快速下降，到 1994 年进入 22 年的人口红利期。这个时间段恰与我国 1978 年开始的改革开放相重合。人口红利与制度红利相碰撞，带来了我国长达 40 年的高速增长期。特别是中国在 2001 年进入 WTO 后，更是产生巨大的经济红利。

中国人口抚养比变化的另一个重要方面是抚养比的结构变化，即少儿抚养比的下降和老年抚养比的提高。2011 年之前，少儿抚养比将持续下降，从 1960—1976 年的 70% 以上，降至 1985 年的 50% 以下，再到 1996 年的 40% 以下，最低至 2011 年的 20% 左右；随后，随后几年略有提高，升至 2016 年的 22% 左右。

而老年人抚养比，除 1960—1967 年时段在 6.2~6.5% 之间徘徊外，1967 年开始，老年人抚养比因老年人口的迅速增长而一直处于上升趋势，从 1967 年的 6.34% 提高到 2016 年的 13.75%。从每 100 个劳动力人口抚养 6.34 老人，提高到 13.75 个人。

3.3　人口老龄化

生育率的迅速下降，人均寿命的不断延长，启动了中国的人口老龄化进程。中国的人口老龄化是在 20 世纪 70 年代紧随生育率的下降而开始的，其后老龄化速度在不断加快。

3.3.1　老龄化水平与规模

65 岁及以上老年人占总人口的比重从 1960 年的 3.65% 提高到 1976 年的

4.09%，16 年间只增长 0.35 个百分点；1985 年 5.06%，比 1976 年增长约 1 个百分点，用了 9 年时间；从 1996 年的 6.02% 到 2002 年 7%，增长约 1 个百分点，用了 6 年时间；2002 年 7% 到 2009 年 8.07%，增长约 1.07 个百分点，用了 7 年时间；从 2009 年 8.07% 到 2014 年 9.18%，增长约 1.11 个百分点，用了 5 年时间；再到 2016 年 10%，增长约 0.82 个百分点，用了仅仅 2 年时间。

与此同时，老年人口规模也开始加快增长。除 1960—1965 年期间在 2074 万 ~2174 万人之间波动外，从 1965 年起一直处于不断增长的趋势。1965—1990 年 25 年间，65 岁及以上的老年人口由 2401 万，增长到 6368 万，增长了 1.65 倍以上，平均每年增长 158 万多；1990—2005 年快速增长，2005 年首次超过 1 亿人，达到 1.01 亿人，比 1990 年增长 1.58 倍以上，平均每年增长 247 万人。2005 年以后，中国老年人口和老龄化水平都进入了一个迅速增长和提高的时期，老年人口的规模和比重都出现大幅度的增长，2016 年达到 1.49 亿人，比 2005 年增长近 0.5 倍，平均每年增长 442 万多人（见图 3.8）。

3.3.2　国际比较

根据国际人口老龄化定义：65 岁以上老年人口占人口总数的 7%，即意味着这个国家或地区的人口处于老龄化社会。我国 2000 年已基本已经进入老龄化社会，此后老龄化程度一直高于中高收入国家平均水平，但远低于高收入国家和 OECD 国家的平均水平（见表 3.3）。考虑到中国在 1997 年及以前一直都属于低收入国家，1998 年进入中等偏下收入国家行列，2010 年进入了中等收入国家行列，2014 年后年跨入中高收入国家，我国老龄化程度高于相应经济发展水平的国家。

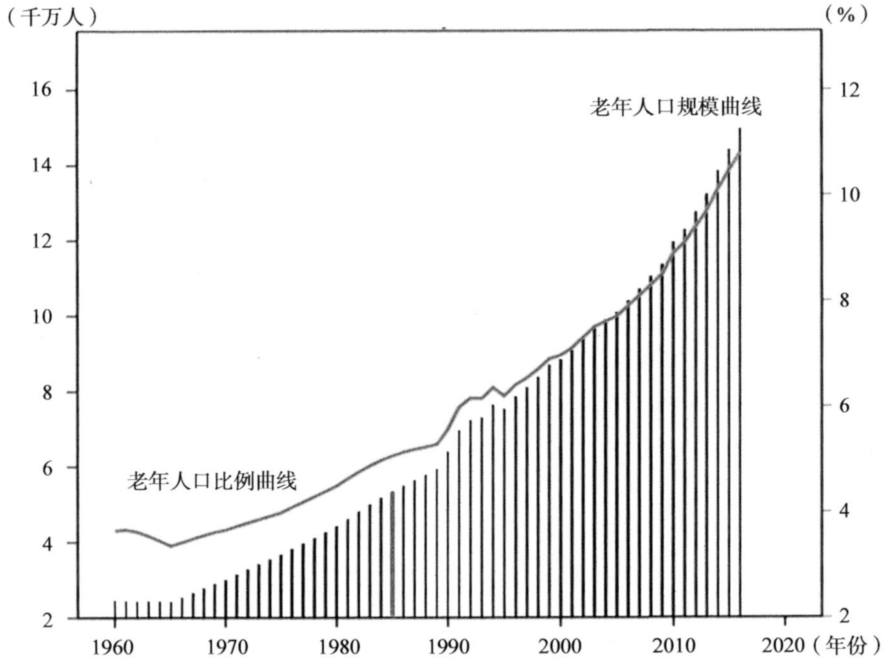

图 3.8　中国老年人口规模、老龄化趋势

表 3.3　中国老龄化水平与世界经济体比较

单位：%

项目	1980	1990	2000	2005	2010	2013	2015	2016	1980—2016 增量	2005—2016 增量
低收入国家	3.01	3.09	3.16	3.21	3.32	3.36	3.38	3.39	0.38	0.18
中低收入国家	3.91	4.01	4.49	4.74	4.93	5.08	5.21	5.32	1.41	0.58
中高收入国家	5.03	5.52	6.72	7.47	8	8.48	8.96	9.34	4.31	1.87
高收入国家	11.41	12.32	13.81	14.61	15.53	16.49	17.22	17.55	6.14	2.94
OECD 国家	10.78	11.57	12.97	13.74	14.68	15.58	16.26	16.58	5.8	2.84
世界	5.84	6.08	6.83	7.27	7.62	7.95	8.26	8.47	2.63	1.2
中国	4.49	5.34	6.96	7.49	8.25	8.89	9.55	10	5.51	2.51

从老龄化增长速度看，从 1980 年我国实行计划生育政策以来，我国老龄化增长在加速发展。陶涛、杨凡（2011）基于联合国的人口数据进行测算的结果表明,如果在 80 年代以来不实行强约束性的“一胎化”计划生育政策的条件下，中国 2010 年 60 岁及以上老年人口比例将是 11.39%，比 2010 年实际的比例降低 1.87 个百分点。60 岁及以上老年人口比例的年均增量比实际值减少 0.09 个百分点。可见，计划生育政策一定程度加速了中国的人口老龄化进程，使得我国目前的老龄化程度增加了近 2 个百分点。

无论是近 36 年（1980—2016 年），还是近 11 年（2005—2016 年），老龄化增长速度仅低于 OECD 国家和高收入国家，而远高于低收入、中低收入和中高收入国家。高收入国家和 OECD 国家老龄化水平在 20 世纪 80 年代处在我国现在水平，那时这些国家已经是发达国家了，而我国 2016 年人均 GDP（GNP）不到 9000 美元,离高收入国家尚有一段距离,可以说,我们现在是“未富先老”。

3.4　中国人口及人力资源发展预测

伴随着经济的发展，城镇化进程的推进，社会的转型，人们观念的转变以及生育政策的调整完善，未来几十年间，中国人口的规模和结构都将处于较大变化之中。对这一时期人口的发展态势进行前瞻性的预测分析意义重大，以往已经有不少学者对我国未来中长期的人口变动趋势进行过预测、探究、分析以及描述,例如杜鹏等人(2005)以 2000 年全国第五次人口普查数据为基础，对我国人口未来 100 年里的老龄化趋势进行了预测；陈卫（2006）利用 2000 年全国第五次人口普查数据和 2004 年国家统计局公布的全国总人口数，对未来一直到 2050 年的全国人口发展趋势进行了预测；翟振武等利用 2015 年 1%

抽样调查数据，对中国 2015~2100 年人口规模及结构的变动趋势进行了预测分析。

由于影响人口变动的因素众多，人口态势将处于不断变化之中。因此，人口预测是个需要针对这些影响因素的变化而不断调整、完善、校正的过程。为了及时、准确地反映我国人口的变动趋势，结合新形势考虑参数的变化，运用新数据进行经常、定期的人口预测十分必要。例如，联合国人口司每隔两年便会发布一版《世界人口展望》(World Population Prospect)，综合考虑世界各国经济社会发展新形势对各国人口态势的新影响，并结合世界各国发布的最新官方人口统计数据对各国人口变动的新趋势进行预测。

人口预测是对未来人口变动趋势的一种模拟，未来充满了不确定性和不可控因素，而且时间越久远，不确定性越大，不可控因素越多，因而当前越近的人口预测结果往往越准确，而越远的人口预测结果的准确程度则会有所降低。但是，准确程度的降低并不会影响人口预测结果在反映未来中长期人口变动整体趋势时的可靠性，为了及时把握经济社会发展新形势下，我国未来中长期人口变动，特别是劳动年龄人口的新趋势，需要充分考虑人口政策调整因素和经济社会发展因素的影响，对我国 2050 年前的人口规模和结构的变动趋势进行预测。

3.4.1　数据与方法

本预测运用目前国际上主流的人口预测方法——队列要素法，借助 PADIS-INT 人口预测软件对我国 2050 年前人口与劳动人口变动趋势进行模拟预测。进行人口预测时，需要对起始人口以及生育、死亡、迁移等预测参数进行设定，本研究对于各个预测参数的具体设定如下：

3.4.1.1　起始人口

本研究将人口预测的起始年份设定为2016年，以2010年全国第六次人口普查数据推算之2016年，结合国家统计局历年人口数据，特别是2015年1%人口抽样调查数据，得到的分年龄分性别人口数作为设定起始人口所依据的主要数据。

3.4.1.2　生育参数

人口预测的生育参数具体包括生育水平（总和生育率）、生育模式（分年龄生育比例）以及出生性别比。

（1）生育水平——总和生育率。

分三个阶段进行，第一个阶段是2017—2022年间的总和生育率，这一时期生育政策调整后的出生堆积时期，伴随全面两孩政策的2016年1月1日正式实施，我国育龄妇女累积了二三十年的生育势能将在大约5年集中释放，会抬升这一时期的生育水平。2022年前后，我国的总和生育率将会降至近1.65的水平。第二个阶段是2023—2035年间的总和生育率，当全面两孩政策带来的累积生育势能释放完毕后，由于政策空间得到扩展，总和生育率预计将会略高于政策启动实施前的水平，总和生育率将回落至1.6左右。此后，根据国际人口发展经验和规律，伴随着我国经济社会发展水平的不断提升以及人们生育观念的进一步转变，我国的总和生育率将会继续波动下降至1.57左右，接近目前的水平。

（2）生育模式。

本研究将基于"六普"生育模式及2015年"小普查"汇总的年龄别生育率，经调整后计算出的分年龄生育比例作为预测期间的生育模式。

（3）出生性别比。

出生人口性别比是指活产男婴数与活产女婴数的比值，通常用女婴数量为

100 时所对应的男婴数来表示。正常情况下，出生性别比是由生物学规律决定的，保持在 102~107 之间。考虑到在预测期间，伴随着生育政策的调整完善、人们生育观念的逐渐转变，民众的男孩偏好将会进一步弱化，本研究假设我国的出生性别比将从 2016 年国家统计局公布的 113.51 的水平逐步下降，到 2035 年回归到正常水平 107，之后一直到保持在 107 的水平上。

3.4.1.3 死亡参数

人口预测的死亡参数具体包括死亡水平（平均预期寿命）和死亡模式（生命表）。在死亡水平的设定上，本研究以 2015 年国家统计局公布的分性别平均预期寿命为基础（男性为 73.64 岁，女性为 79.43 岁），按照联合国人口预测中采用的平均预期寿命中速提升方案进行推算，进而得到预测期间每年的分性别平均预期寿命。在死亡模式的设定上，按西区模式。

3.4.1.4 迁移参数

考虑到我国并非传统意义上的移民国家，国际迁移量一直比较小，相比于我国庞大的人口规模而言微不足道，基本可以忽略不计，而且可以预见在整个 21 世纪前 50 年内，这一局面也不太可能会有很大的变化，可以将预测期间的迁移水平设定为 0，且无需对迁移模式进行设置。

3.4.2 总人口规模和结构变动趋势

从总人口的规模来看，预测结果显示，我国的总人口规模将于 2029 年左右迎来峰值，峰值人口规模约为 14.26 亿人。此后，我国将步入人口负增长时期，总人口规模将会持续缩减，于 2040 年左右重新跌破 14 亿人，2050 年左右跌至 13.24 亿人（见图 3.9）。

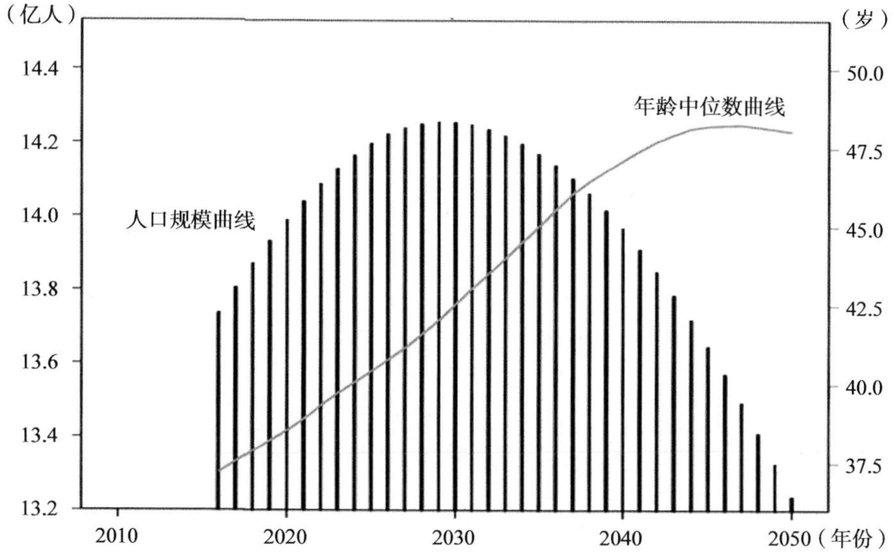

图 3.9　2016—2050 年中国人口变化趋势预测

从总人口的年龄结构来看，未来我国人口的年龄结构将呈现出不断老化的趋势。我国总人口中，少儿人口和劳动年龄人口所占比重将逐渐缩小，而老年人口所占比重则将不断扩大，人口老龄化程度将持续加深，年龄中位数持续增长，到 2047 年达到顶峰 48.24 岁，此时，全国半数以上人口年龄超过 48.24 岁，然后 2050 年回落至 48.03 岁（见表 3.4、表 3.5）。

表 3.4　2016—2050 我国人口规模预测

单位：亿人

年份	总人口	年龄中位数（岁）	0~14 岁	18~44 岁	15~59 岁	15~64 岁	60 岁及以上	65 岁及以上
2016	13.734	37.2	2.28	5.62	9.17	9.97	2.29	1.49
2017	13.804	37.54	2.31	5.51	9.11	9.93	2.38	1.56
2018	13.870	37.88	2.34	5.42	9.07	9.89	2.46	1.64
2019	13.931	38.2	2.36	5.33	9.08	9.85	2.50	1.73
2020	13.987	38.53	2.37	5.25	9.07	9.81	2.54	1.81

续表

年份	总人口	年龄中位数（岁）	0~14 岁	18~44 岁	15~59 岁	15~64 岁	60 岁及以上	65 岁及以上
2021	14.039	38.89	2.37	5.18	9.10	9.78	2.56	1.88
2022	14.086	39.32	2.37	5.14	9.05	9.74	2.66	1.97
2023	14.128	39.71	2.37	5.09	8.93	9.73	2.83	2.04
2024	14.165	40.06	2.36	5.04	8.85	9.74	2.95	2.06
2025	14.197	40.41	2.37	5.01	8.75	9.73	3.08	2.10
2026	14.223	40.78	2.35	4.97	8.67	9.76	3.21	2.12
2027	14.239	41.15	2.32	4.90	8.61	9.72	3.31	2.20
2028	14.250	41.58	2.29	4.84	8.50	9.61	3.46	2.35
2029	14.255	42.03	2.26	4.80	8.41	9.53	3.58	2.46
2030	14.254	42.54	2.23	4.76	8.30	9.45	3.73	2.57
2031	14.247	43.04	2.19	4.70	8.21	9.37	3.85	2.68
2032	14.235	43.52	2.15	4.60	8.13	9.32	3.96	2.76
2033	14.218	44	2.10	4.52	8.06	9.22	4.06	2.89
2034	14.196	44.51	2.06	4.41	7.99	9.14	4.14	3.00
2035	14.169	45.01	2.02	4.30	7.94	9.03	4.21	3.12
2036	14.138	45.54	1.98	4.25	7.89	8.94	4.26	3.22
2037	14.102	46.05	1.95	4.20	7.86	8.85	4.29	3.31
2038	14.061	46.44	1.91	4.16	7.82	8.76	4.33	3.39
2039	14.016	46.78	1.88	4.13	7.76	8.68	4.37	3.45
2040	13.966	47.1	1.86	4.10	7.72	8.62	4.39	3.49
2041	13.909	47.42	1.83	4.09	7.66	8.55	4.42	3.53
2042	13.848	47.71	1.81	4.09	7.57	8.50	4.47	3.54
2043	13.784	47.93	1.79	4.08	7.51	8.44	4.48	3.56
2044	13.716	48.12	1.77	4.08	7.44	8.37	4.50	3.58
2045	13.644	48.2	1.76	4.07	7.37	8.31	4.52	3.58
2046	13.569	48.23	1.74	4.06	7.27	8.23	4.55	3.59
2047	13.491	48.24	1.73	4.05	7.14	8.14	4.62	3.62
2048	13.409	48.18	1.72	4.04	7.02	8.06	4.66	3.62
2049	13.324	48.11	1.71	4.02	6.88	7.99	4.73	3.62
2050	13.236	48.03	1.70	3.99	6.73	7.91	4.81	3.62

表 3.5　2016—2050 我国人口结构预测

年份	结构年龄（%）						抚养比（%）		
	0~14 岁	15~59 岁	15~64 岁	60 岁及以上	65 岁及以上	18~44 岁	少儿抚养比	老年抚养比	总抚养比
2016	16.6	66.74	72.58	16.66	10.82	40.95	22.87	14.9	37.77
2017	16.74	66	71.93	17.26	11.33	39.94	23.28	15.76	39.04
2018	16.89	65.39	71.3	17.73	11.82	39.05	23.68	16.58	40.26
2019	16.91	65.17	70.69	17.92	12.39	38.24	23.93	17.53	41.46
2020	16.93	64.88	70.13	18.19	12.94	37.54	24.14	18.45	42.59
2021	16.9	64.84	69.68	18.26	13.42	36.87	24.25	19.25	43.5
2022	16.85	64.24	69.18	18.91	13.97	36.49	24.36	20.2	44.56
2023	16.76	63.23	68.84	20.01	14.4	36.04	24.34	20.92	45.26
2024	16.65	62.5	68.77	20.85	14.58	35.61	24.21	21.2	45.41
2025	16.67	61.61	68.51	21.72	14.82	35.26	24.33	21.64	45.97
2026	16.49	60.94	68.63	22.57	14.88	34.91	24.03	21.68	45.71
2027	16.28	60.48	68.24	23.24	15.48	34.39	23.86	22.69	46.55
2028	16.06	59.68	67.43	24.26	16.5	33.95	23.82	24.47	48.29
2029	15.84	59.03	66.89	25.13	17.27	33.68	23.68	25.82	49.5
2030	15.62	58.24	66.33	26.14	18.06	33.42	23.55	27.23	50.78
2031	15.39	57.62	65.78	26.99	18.83	32.97	23.4	28.62	52.02
2032	15.09	57.12	65.5	27.79	19.41	32.32	23.04	29.63	52.67
2033	14.8	56.67	64.87	28.53	20.33	31.76	22.81	31.34	54.15
2034	14.52	56.3	64.37	29.18	21.1	31.06	22.56	32.78	55.34
2035	14.27	56.04	63.73	29.69	22.01	30.34	22.39	34.54	56.93
2036	14.03	55.81	63.22	30.16	22.75	30.06	22.19	35.99	58.18
2037	13.81	55.74	62.74	30.45	23.45	29.82	22.01	37.38	59.39
2038	13.62	55.58	62.31	30.8	24.08	29.57	21.85	38.64	60.49
2039	13.44	55.39	61.94	31.16	24.61	29.44	21.7	39.73	61.43
2040	13.29	55.26	61.69	31.45	25.02	29.36	21.55	40.55	62.1

续表

年份	结构年龄（%）						抚养比（%）		
	0~14 岁	15~59 岁	15~64 岁	60 岁及以上	65 岁及以上	18~44 岁	少儿抚养比	老年抚养比	总抚养比
2041	13.15	55.09	61.48	31.76	25.38	29.42	21.38	41.28	62.66
2042	13.05	54.7	61.39	32.25	25.56	29.51	21.26	41.63	62.89
2043	12.97	54.49	61.22	32.53	25.81	29.58	21.19	42.16	63.35
2044	12.92	54.27	61.02	32.81	26.07	29.74	21.17	42.72	63.89
2045	12.88	54.02	60.87	33.1	26.25	29.82	21.16	43.12	64.28
2046	12.86	53.58	60.68	33.56	26.46	29.9	21.19	43.6	64.79
2047	12.85	52.93	60.31	34.22	26.84	30.02	21.31	44.5	65.81
2048	12.85	52.36	60.13	34.79	27.02	30.14	21.38	44.93	66.31
2049	12.86	51.64	59.94	35.5	27.2	30.16	21.46	45.38	66.84
2050	12.88	50.82	59.74	36.3	27.38	30.18	21.56	45.84	67.4

3.4.3 劳动年龄人口规模和比例变动趋势

国际上通常将 15~64 岁的人口界定为劳动年龄人口，由于我国退休政策都将 60 岁界定为可以开始领取养老金的法定退休年龄，故在人口统计时习惯将 15~59 岁的人口界定为劳动年龄人口。伴随着我国经济社会的快速发展，我国人口的平均预期寿命和身体健康水平有明显提升，未来我国的退休年龄必将会逐渐延迟，接近甚至将超过 65 岁。另外，18~44 岁人口称为青年劳动年龄人口。

从劳动年龄人口规模来看，预测结果显示，一直到 2050 年，我国的劳动年龄人口规模都将处于持续下降之中。其中，15~59 岁劳动年龄人口规模将于 2023 年左右跌破 9 亿人，2034 年左右跌破 8 亿人，2049 年左右跌破 7 亿人。15~64 岁劳动年龄人口规模将于 2036 年左右跌破 9 亿人，2049 年左右跌破 8 亿人。18~44 岁青年劳动年龄人口规模将于 2026 年左右跌破 5 亿人，2050 年左右跌破 4 亿人（见图 3.10）。

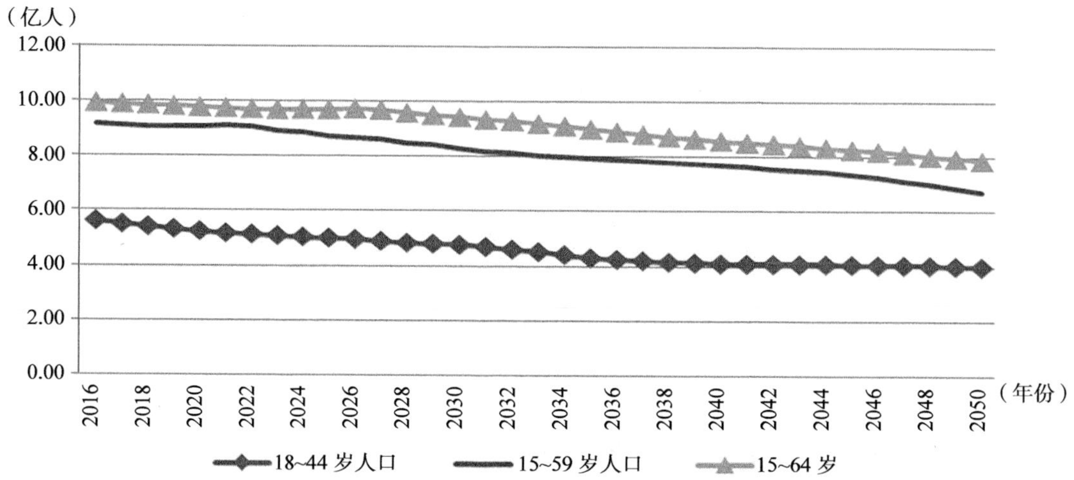

图 3.10　2016—2050 年中国各类劳动年龄人口总量变化

从劳动年龄人口比例来看，预测结果显示，在 2050 年前，我国 15~59 岁、15~64 岁劳动年龄人口比例将呈现较为快速的下降趋势。其中，15~59 岁劳动年龄人口比例将于 2028 年左右跌破 60%，并于 2050 年降至近 50% 的水平。15~64 岁劳动年龄人口比例在整个 21 世纪前半叶虽然也将快速下降，大部分时间直保持在 60% 以上。2021 年左右跌破 70%，2048 年跌破 60%，随后 2 年在 59% 以上。

18~44 岁青年劳动人口比例在 2040 年前一直下降，2035 年跌破 30%，2039 年达到最低点 29.36%，然后，将出现小幅回升，2050 年 30.18% 的水平（见图 3.11）。

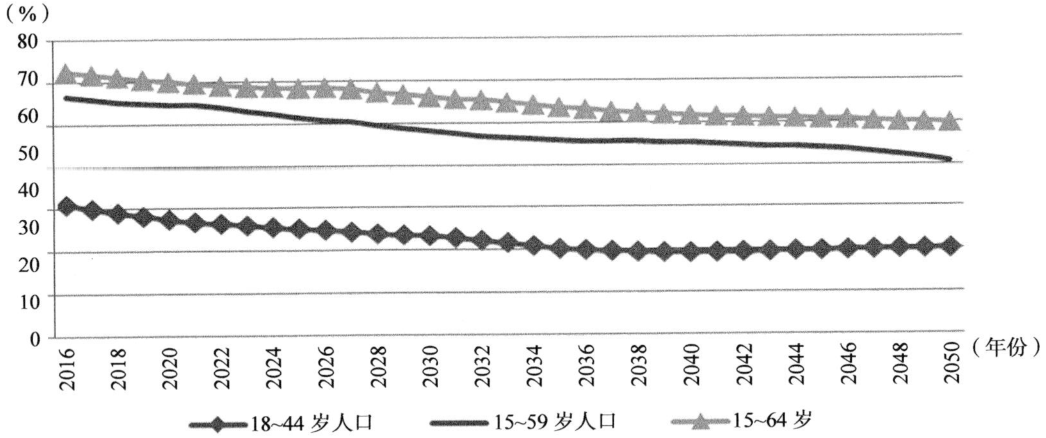

图 3.11　2016—2050 年中国各类劳动年龄人口占比变化

3.4.4　老年人口规模和比例变动趋势

对应于劳动年龄人口的两个界定标准（15~59 岁和 15~64 岁），老年人口的预测结果也分两个标准来呈现，即 60 岁及以上老年人口和 65 岁及以上老年人口。

从老年人口规模来看，预测结果显示，2050 年前我国的老年人口规模将以较快的速度持续攀升，先有一个增速时段（大约在 2022—2040 年），然后增速减缓（2040—2050 年）。其中，60 岁及以上老年人口规模将于 2025 年左右突破 3 亿人，2033 年左右突破 4 亿人，最终将于 2050 年攀升至 4.81 亿人（见图 3.12）。

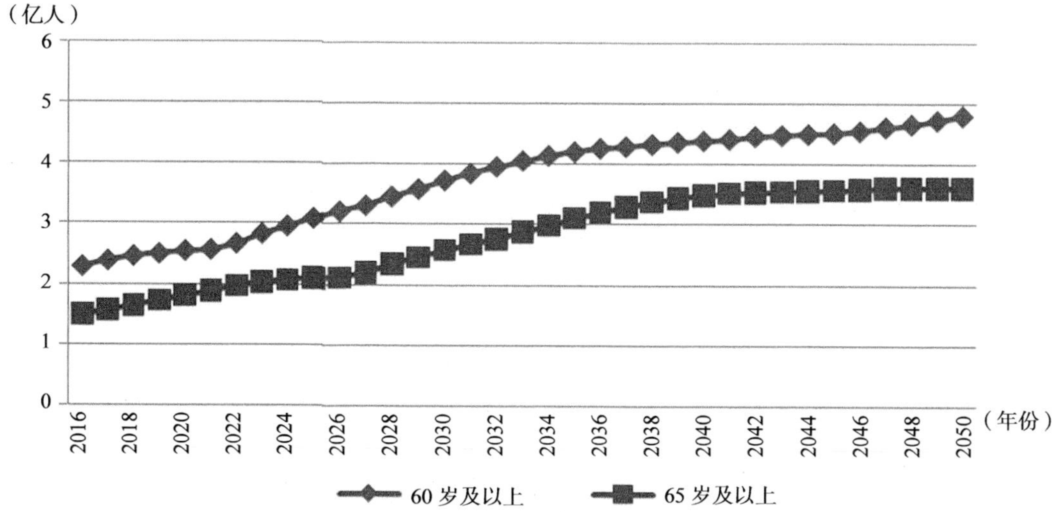

图 3.12　2016—2050 年中国老龄人口规模变化趋势

65 岁及以上人口将于 2023 年左右突破 2 亿人，2034 年左右突破 3 亿人，最终将于 2050 年左右攀升至 3.62 亿人。

从老年人口比例也即老龄化程度来看，预测结果显示，2050 年前，我国老年人口比例将呈现较为快速的抬升趋势。其中，60 岁及以上老年人口比例将于 2023 年左右突破 20%，2029 年左右突破 25%，2036 年左右突破 30%，2049 年左右突破 35%，2050 年达到 36.3%。

65 岁及以上老年人口比例将于 2027 年左右突破 15%，2033 年左右突破 20%，2040 年左右突破 25%，2050 年 27.38%。整个 21 世纪前半叶，65 岁及以上老年人口比例都没有突破 30%，但高龄人口（80 岁及以上）规模及比例都在快速增加（见图 3.13、图 3.14）。

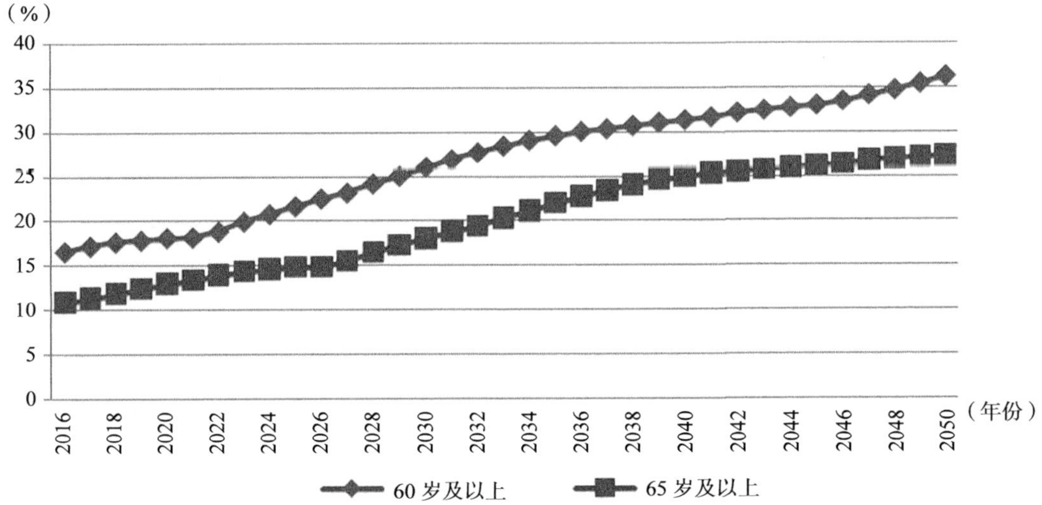

图 3.13　2016—2050 年中国老龄化趋势

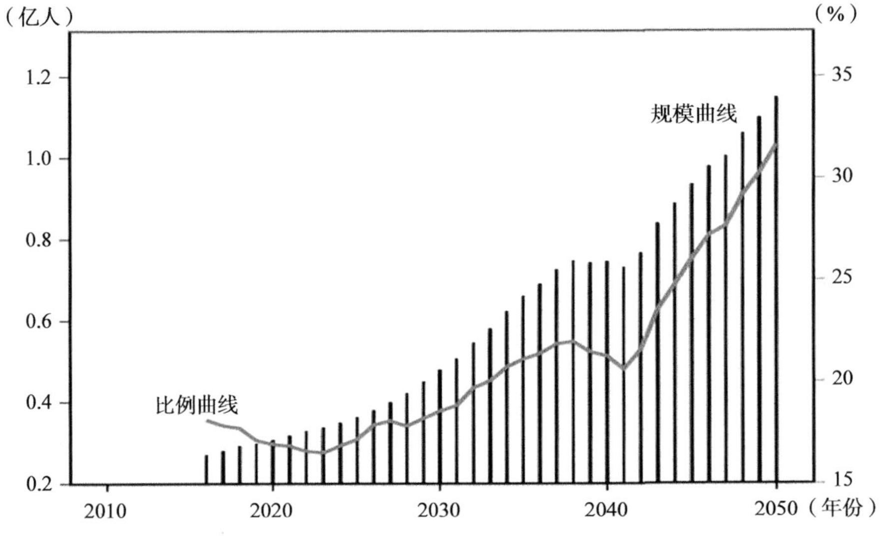

图 3.14　高龄人口规模及比例变化趋势

3.4.5 抚养比变动趋势

抚养比是从人口结构的视角量化每个劳动年龄人口平均承担的社会抚养压力的指标，也是划分人口红利期的主要指标，准确划分出总人口中的劳动年龄人口和非劳动年龄人口是计算抚养比的前提。在界定劳动年龄人口时，15~64 岁比 15~59 岁更为符合未来中长期我国经济社会发展以及人口变动的现实情况。

受生育政策调整带来的出生人口高峰的影响，我国的少儿抚养比在未来短期内也将迎来一个明显的小高峰，于 2022 年左右达到 24.36% 的峰值。此后，少儿抚养比将持续下降，于 2045 年左右降至最低值 21.16%，接着又将出现小幅回升，于 2050 年左右抬升至 21.56%（见图 3.15）。

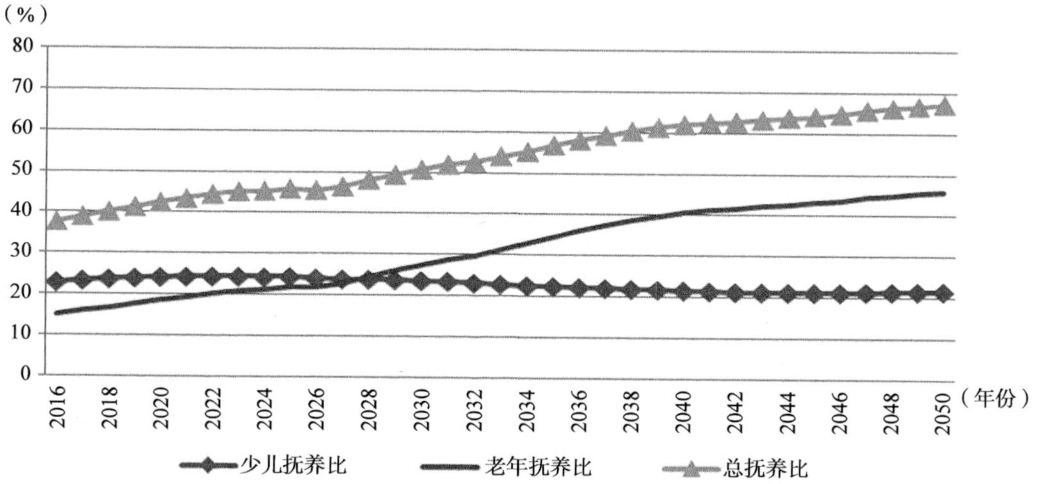

图 3.15　2016—2050 年中国抚养比变化趋势

伴随着老年人口规模和比例的快速攀升，在 2050 年前，我国的老年抚养比也将呈现大幅提升之势，于 2022 年突破 20%、2029 年突破 25%、2033 年突破30%、2036年突破35%、2041年突破40%、2049年突破45%、2050年突破45.84%。

在少儿抚养比和老年抚养比的双重影响下，我国的总抚养比在21世纪前半叶将处于持续快速的攀升中，于2018年左右突破40%、2023年左右突破45%、2030年左右突破50%，2034年左右突破55%、2038年左右突破60%、2047年左右突破65%、2050年左右突破67.4%。

此外，由于少儿抚养比和老年抚养比的变动趋势不同，因而导致不同时期劳动年龄人口所承受的总抚养负担的内部构成不同。在2028年之前，由于少儿抚养比尚处在高峰时期，且老年抚养比尚未出现大幅度抬升，故少儿抚养比略高于老年抚养比，这意味着这一时期劳动年龄人口肩负着相对更重的“抚幼”负担。2028年之后，老年抚养比将开始超过少儿抚养比，且二者间差距将不断拉大，“养老”负担将逐渐成为总抚养负担中的绝对“主角”，这一情况将一直持续到2050年。

从2030年起，总抚养开始超过50%，我国将关闭从20世纪1994年开始的长达35年左右的红利期，加上过渡期5年，差不多可以到2035年，大约是40年的人口红利期。

3.5 基本结论

中华人民共和国成立后不久，我国迅速由“高出生、高死亡、低增长”向“高出生、低死亡、高增长”转变，并持续了20年。自1973年全面推行计划生育以来，生育率迅速下降，实现了人口再生产类型的历史性转变。在不到30年的时间内，人口再生产类型由“高出生、低死亡、高增长”转向“低出生、低死亡、低增长”。总和生育率从20世纪70年代初的5.8下降到更替水平以下，之后逐渐下降到1.6左右，已低于发达国家平均水平，进入较低生育率阶段。

人口的迅速转变给中国带来了以下结果：一是人口增长率迅速下降，妇女总和生育率进入较低生育率阶段；二是带来了一个长达40年的人口红利期，劳动年龄人口规模和比例迅速增加，为经济社会发展提供了源源不断的劳动力；三是启动了人口快速老龄化的进程，老龄人口规模和老龄化速度将保持快速增长。这三个人口结果给中国的社会经济发展和资源环境的可持续利用带来了重大和深远的影响。在改革开放以来的40年间的政策红利条件下，人口增长压力的减缓和人口年龄的黄金结构为中国经济的高速发展创造了非常有利的条件。

人口转变对中国人口变化的影响仍在继续，并将在更多和更深的层面上显现出来。中国人口发展已经进入了一个新的时代，未来的人口形势更加复杂。

在低生育水平下，中国人口增长已经转变为惯性增长，把中国人口规模推向14.2亿~14.5亿左右的高峰，并将在20世纪30年代初转变为负增长，届时人口增长的压力将彻底消除。另一方面，劳动年龄人口负增长的时间将会更早地来临，加之老年人口的迅速增长和人口老龄化水平的不断提高，20世纪30中后期人口机会窗口将逐渐关闭，人口结构性矛盾将会更加突出，老龄化的程度将快速提高。我国仍然是一个发展中国家，人均收入尚处在中等偏上水平，但我们人口老年化水平已接近发达国家水平，老年抚养水平逐步加大，面临未富先老状态。人口与社会经济发展的关系更加紧密和复杂，对资源和环境的影响更加显著，人口发展面临的任务也更具挑战性。高度关注和统筹解决人口问题，促进人的全面发展和人口的均衡发展，是实现把中国建成富强民主文明和谐的社会主义现代化国家伟大目标的重要保证。

练习与思考

1. 中华人民共和国成立以来，中国人口发展第一阶段“高出生率和高死亡率”、第二阶段“高出生率和低死亡率”、第三阶段“下降的出生率，相对低的死亡率”和第四阶段“低出生率，低死亡率”分别出现在哪个时间段？人口规模有什么变化？
2. 中国人口再生产类型转变的特点？其政治经济社会背景是什么？
3. 中国人口红利期大约在哪个时间段？其政治经济社会背景是什么？
4 改革开放 40 年，中国经济快速发展，与人口红利期有关系吗？找出证据？
5. 试分析一下中国妇女生育率变化的影响因素？
6. 搜集中国历年出生人数和整体妇女人数和 15~49 岁妇女人数，分析其变化规律。
6. 结合国内外人口发展现状与趋势，估计“全面二孩”或者“全面放开生育”的可能结果。
7. 中国面临劳动年龄人口逐步减少、老年人口逐步增加的趋势，抚养水平逐年提高，中国整体经济负担水平越来越高，怎么解决这个问题？
8. 理想的人口状态是什么？

参考文献

蔡昉．中国的人口红利还能持续多久 [J]. 经济学动态，2011（6）：3-7.
蔡泳．教育统计真的是估计生育水平的黄金标准吗？ [J]. 人口研究，2009（4）：22-43.
郭志刚，等．中国的低生育率与人口可持续发展 [M]. 北京：中国社会科学出版社，2014.
郭志刚．时期生育水平指标的回顾与分析 [J]. 人口与经济，2000（1）：3-10，64.
国家统计局国民经济综合统计司．新中国六十年统计资料汇编 [M]. 北京：中国统计出版社，2010.

胡鞍钢．中国：2020一个新型超级大国[M]．杭州：浙江人民出版社，2012.
胡鞍钢，中国人口长期发展（1950-2050）[R]．国情报告第十八卷，2015.？
李桂芝，等．全面两孩政策对我国人口总量结构的影响分析[J]．人口研究，2016（4）：52-59.
李建民．当代人口转变：新中国人口60年[J]．人口研究，2009（5）：42-67.
李建民．中国的人口新常态与经济新常态[J]．人口研究，2015（1）：3-13.
林富德，翟振武．走向二十一世纪的中国人口、环境与发展[M]．北京：高等教育出版社，1996.
陶涛，杨凡．计划生育政策的人口效应[J]．人口研究，2011（1）：103-112.
王广州，等．到底能生多少孩子—中国人口政策生育潜力估计[J]．社会学研究，2012（5）：119-140.
王桂新．生育率下降与计划生育政策的作用[J]．南京社会科学，2012（10）：66-70.
邬沧萍，等．从全球人口百年审视我国人口国策的抉择[J]．人口研究，2003（4）：6-12.
杨凡，赵梦晗．2000年以来中国人口生育水平的估计[J]．人口研究，2013（2）：54-65.
翟振武，郑睿臻．人口老龄化与宏观经济关系的探讨[J]．人口研究，2016（2）：75-87.
翟振武,等．2015—2100年中国人口与老龄化变动趋势人口研究[J]．人口研究,2017(4):60-71.
赵进．中国人口转变与经济增长的实证分析[J]．经济学（季刊），2004（4）：819-838.
中华人民共和国国家统计局．中国统计年鉴[M]．北京：中国统计出版社，1988—2016.

第 4 章　健康与人力资源开发

健康是人类永恒的追求。一个人的健康，关系一个家庭的命运，也决定一个国家和民族的前途。一个国家或地区的现实人力资源和潜在人力资源的健康，决定着这个国家或地区的劳动力的质量与活力水平，从而也就决定着其生产力发展水平。没有人力资源健康，就没有生产力的健康发展。人力资源健康是人力资源开发的主要内容之一，要研究一个国家的人力资源开发，就要研究人力资源健康问题。医疗卫生是全民健康的基石，也是人力资源健康发展的基本保障。保障人力资源健康问题，本质上就是加强健康投资，大力发展医疗卫生事业，积累健康资本，提高一国人力资源的健康水平。

4.1　基本概念

4.1.1　健康

作为个体，健康是指一个人在身体、精神和社会等方面都处于良好的状态。健康包括两个方面的内容：一是主要脏器无疾病，身体形态发育良好，体形均匀，人体各系统具有良好的生理功能，有较强的身体活动能力和劳动能力，这是对健康最基本的要求；二是对疾病的抵抗能力较强，能够适应环境变化，各种生理刺激以及致病因素对身体的作用。

世界卫生组织提出“健康是一种躯体、精神与社会和谐融合的完美状态，而不仅仅是没有疾病或身体虚弱。健康不仅是躯体没有疾病，还要具备心理健康、社会适应良好和有道德”。此定义改变了人们长期坚持的“无病就是健康”的陈旧观念，倡导我们从生物—心理—社会医学模式的宽广领域角度，全方位地去思考人类的健康。因此，现代人的健康内容包括：躯体健康、心理健康、心灵健康、社会健康、智力健康、道德健康、环境健康等。健康是人的基本权利，健康是人生的第一财富。

4.1.2　健康资本

健康资本是一种重要的人力资本。由于人力资本与人的不可分割性，因此人的体能、精力及健康状况与生命长短将会直接影响一个人的人力资本投资效率和收益率以及人力资本生产效率的发挥。人们主要是通过医疗、保健、营养和身体锻炼以及闲暇和休息等途径获得健康资本。健康资本是人力资本存在和效能发挥作用的前提。一般来说，健康资本存量的变化最终受到人的年龄变化的影响，一个人的健康资本存量与年龄的关系呈现一种倒“U”形分布。一个人在壮年之后，随着年龄的增长健康资本存量将逐渐减少。

4.1.3　卫生服务

卫生服务也称医疗卫生服务，是指一个国家或地区为该国家或地区内所有公民提供健康保障、疾病预防与治疗的人员、组织、系统、过程的总和。医疗卫生属于服务行业，医疗卫生服务就是国家或地区通过特定的医学技术组织（医疗机构）以病人和一定社会人群为主要服务对象，以医学技术为基本服务手段，向社会提供能满足人们医疗保健需要，为人们带来实际利益的医疗产出和非物质形态的服务。医疗产出主要包括医疗及其质量，它们能满足人们对医疗服务使用价值的需要；非物质形态的服务主要包括服务态度、承诺、医院形象、公共声誉等，可以给病人带来附加利益和心理上的满足及信任感，具有象征价值，能满足人们精神上的需要。

医疗卫生服务有五个主要的要素：对所有人开放、服务质量、效应与效果，经济性、病人和工作人员的满意，主要涉及医疗卫生机构、人员和设施。

4.1.4 卫生系统

卫生系统也称医疗卫生系统。世界卫生组织（World Health Orgnization，WHO）定义为涉及卫生行动的所有组织、机构及资源。凡是对个人卫生保健服务、公共卫生服务以及其他非卫生部门与改善人民健康有关的行动，均可称为卫生行动（health action）。凡是以改善健康为目的所有行动均属于卫生系统。因此，凡是以改善健康为目的所有行动均属于卫生系统。

在我国，卫生组织机构包括医疗机构、疾病预防控制中心（防疫站）、采供血机构、卫生监督及监测（检验）机构、医学科研和在职培训机构、健康教育所等。医疗机构是依法成立的从事疾病诊断、治疗活动的卫生机构。医疗机构主要以开展疾病诊断、治疗活动为主；疾病预防控制中心（防疫站）、采供血机构、卫生监督及监测（检验）机构也称专业公共卫生机构，主要以开展卫生防疫、疾病预防和控制活动为主。我国医疗机构的主要形式是医院、卫生院，此外，还有疗养院、门诊部、诊所、卫生所（室）以及急救站等，共同构成了我国的医疗机构。

卫生人员指在医疗、预防保健、医学科研和在职教育等卫生机构工作的职工，包括卫生技术人员、其他技术人员、管理人员和工勤人员。卫生技术人员又称医务人员（medical personnel），指卫生事业机构支付工资的全部职工中现任职务为卫生技术工作的专业人员，是卫生机构从事医疗卫生服务人员的主体，主要包括中医师、西医师、中西医结合高级医师、护师、中药师、西药师、检验师、其他技师、中医士、西医士、护士、助产士、中药剂士、西药剂士、检验士、其他技士、其他中医、护理员、中药剂员、西药剂员、检验员和其他初级卫生技术人员。

卫生设施主要指进行卫生服务时所需要的软硬件设备，包括卫生器械、设备、使用的工作场所等。

4.2　健康资本理论

1960 年，美国经济学家舒尔茨在出任美国经济学会会长时发表的就职演说《人力资本投资》中提出：人的知识、技能、健康等人力资本的增加对经济增长的贡献远比物质资本、劳动力数量的增加更为重要。正是对人力进行投资的结果，形成了人的知识、技能和良好的健康，从而形成人力资本。人力资本是通过对人力的投资而获得的，这种投资表现在货币形态上就是提高人力资本的各项开支，包括保健支出、教育支出和劳动力迁移的支出等。依据已有的人力资本理论，劳动者的人力资本存量主要由健康、知识、技能和工作经验等要素构成。虽然这些要素的增进都会提高个人的生产率，即改善个人获得货币收入和生产非货币产品的能力，但唯有其中的健康存量，决定着个人能够花费在所有市场活动和非市场活动上的全部时间。

Mushkin 博士在 1962 年提交的“Heath as an investment”一文中，将“教育

与健康”并列为人力资本框架下的孪生概念，劳动者的人力资本存量主要有健康、知识、技能和工作经验要素构成。他计算出了美国在1900—1960年期间由于人口死亡率的下降带来的经济收益约为8200亿美元，从而归纳出了由于疾病对人力资本和劳动生产率造成损失的“3D”框架（death，disability，debility）。

4.2.1 健康资本的特点

4.2.1.1 长期性与渐减性

从人力资本理论角度看，健康资本是人力资本的主要组成部分之一。人生下来就具有的身体状况就是健康资本。健康是健康投资的结果，在生命周期的不同阶段，通过健康投资可以改变健康人力资本。健康资本的投入具有很强的时间性，即具有长期投资性的特点。一般来说，随着个体不断的成长，个人健康投资的资本存量不像教育资本一样会随着时间流逝而升值，而是随着时间流逝而贬值。并且当达到一定的年龄后，健康资本的折旧率会随着年龄的增加而快速增加。同时，健康资本和教育资本共同组成了人力资本，两者是相互联系的。一个孩子为了接受正式的教育，那他必须要足够健康去学习知识。由于身体健康问题而不能上学会降低教育投资的效率，并且在上学年龄死亡会增加每单位有效劳动力的教育成本，这是因为健康改善带来的预期寿命的延长能降低教育资本的折旧率并增加教育投资的收益。

4.2.1.2 投资性与消费性

健康投资或健康资本投入不仅是一种人力资本投资，也是个人生活中不可缺少的一种服务性消费品，其具有投资和消费双重属性。首先，健康人力资本是一种投资品。因为人在要素市场上是生产者，健康水平的提高不仅能使人们工作更长的时间，还能使人们在工作期间的劳动效率更高。其次，健康人力资本是一种消费品，因为人在产品市场上是消费者，人们通过消费健康这种商品可以拥有更高的生活质量和幸福指数，从而获得更大的效用。这种双重性具体表现为：为了维持身体健康而接受的健康服务既是为了获得良好的健康这种商品而进行投资，也是为了保持和恢复现有的身体健康水平而消费的产品。具体其中哪一部分是消费，哪一部分是投资，现有的研究方法还无法区分开。

4.2.1.3　私有性和公共性

健康投资由具有私有性和公共性双重特性。首先，从个人角度看，健康这种产品是私人投资的结果，其具有排他性和竞争性。也就是说，健康这种产品一旦生产出来，就只能由特定的个人拥有，其他人是无法消费该产品的。而且，在资源有限的条件下，某人为获得健康而投入的资源必然会排斥其他人获得该种生产健康的资源。则此时的健康投资应该由个人提供。然而，从公共角度看，健康是公共投资的结果，其又具有公共产品的性质。例如，某些疾病具有传染性，当个人购买该种医疗服务时，可以有效预防疾病的蔓延。也就是说，当一个人进行健康投资时，不仅他本人可以享受良好身体状态带来的收益，同时整个社会也会因为其社会成员健康水平的提高而受益。这种预防服务的作用有点类似于国防，具有准公共产品的性质。此时，消费者会倾向于避免生病和购买健康服务。如果此时政府没有及时有效地参与而使该疾病到处蔓延就会引发公共健康危机。为了有效地预防这种公共健康危机的发生，政府应参与健康投入。从这个角度看，健康投资也应该由政府提供，因为健康这种特殊的资源形式具有需求量和供给质量的不确定性，即对疾病的发生不确定和病人的康复程度不确定，而且有的人有需求但因为没有钱而买不起，这些都给市场发出错误的讯号而使市场失灵。如果医疗卫生服务完全由市场提供，则失灵的市场不能正确发挥其调节功能和正确配置健康资源的功能，因此需要政府进行干预；如果完全由政府投资医疗卫生事业，个人则有可能在医生的指导下尽可能多消费，造成卫生保健服务的过度使用和无效率使用。出于上述原因,需要公共部门和私人部门共同介入医疗产品的提供，参与健康投资。

4.2.2 健康资本对经济增长的作用机制

健康人力资本与经济增长关系的研究属于人力资本理论和经济增长理论的范畴。新经济增长理论认为，影响经济增长的四大因素是物质资本、人力资本、劳动力数量和技术进步，这四个生产要素共同作用于总产出的增长。无论是从微观层面还是从宏观层面，健康人力资本都会通过各种渠道直接或者间接地作用于经济增长。在整个经济发展过程中,健康会通过其他各种因素影响经济发展，比如教育、科技发展、文化发展和医疗卫生事业等。但作为人力资本的一个重要组成部分，其会通过健康投资——健康——人力资本——经济增长这一渠道来影响经济，最终阻碍或促进经济增长。健康投资是指人们为了获得良好的健康而消耗的生活资料、时间和卫生服务等资源。具体而言，健康人力资本通过以下几方面影响经济增长。

4.2.2.1 健康投资影响劳动力供给量

健康水平影响劳动力供给，不健康的适龄劳动力难以进入劳动市场或者难以确保工作时间，影响家庭收入和经济产出。健康投资可以显著改善国民的健康水平，降低患病率和死亡率，延长劳动力的预期寿命，从而对劳动力的供给量产生影响。首先，大范围的重大疫情可能会导致劳动者的劳动能力丧失和劳动力的减少，因此患病率的降低意味着工人的出勤率增加，即工人在正常的工作时间上用于看病和治疗的时间减少，则劳动时间增加。同时，死亡率的减少和预期寿命的延长会使参与工作的劳动力增加和人们可工作的时间延长。当婴儿死亡率降低时，则可以为未来的发展提供更多劳动力；当成人死亡率降低时，则当前工作的劳动力损耗减少，从而劳动供给增加；当预期寿命延长时，人们可能延迟从工作岗位上退休的时间，或者在退休后仍然从事其他生产活动。由此可知，健康水平的提高对劳动力投入存在积极的促进作用。

4.2.2.2　健康投资影响劳动者的生产率和收入

一方面，健康投资带来的健康水平的提高对劳动生产率有直接的影响，这主要可以从微观层面体现出来。当劳动者拥有良好的健康时，即具有强健的体魄和良好的精神状态，与次健康的人相比，则他在相同的工作时间内可以更多地完成工作，而且他的产品拥有更好的质量。特别是对于那些从事体力劳动的工作者而言，这种影响更显著。另一方面，健康投资带来的健康水平的提高对劳动者的收入有间接的影响，这可以从以下两方面体现出来：

第一，健康状况影响劳动者的体力和精神状态，在具有劳动强度和工作压力要求的现代生产中，较差的健康状况降低劳动生产率。

第二，具有良好健康的工作者其劳动生产率高，则其绩效工资也相应提高。概括而言，健康投资影响劳动者的生产率和收入。

4.2.2.3　健康投资影响死亡率、患病率和预期寿命

通过健康投资可以提高国民的身体素质，降低患病率和死亡率，同时延长人口的工作年限和预期寿命。一方面，健康投资用于改善营养条件和居住环境等，这无论是在儿童阶段还是在成人阶段都可以有效地改善人们的身体健康水平，从而减少疾病和死亡情况的发生。同时，健康水平的提高可带来

生活质量的提高，人们的预期寿命也会提高。另一方面，健康投资用于改善医疗卫生条件，这有利于促进卫生事业的发展。通过提高医疗卫生水平，国民可以享受到更高质量的医疗服务。同时国家用于公共健康的投资可以提高疾病的预防和治疗能力，避免公共健康危机的发生。这些都对患病率和死亡率的降低有重要的影响。

不可忽视的一点是，随着社会不断发展进步，医疗条件和生活质量也不断提高改善，这明显降低了死亡率和延长了人口寿命，接踵而至的是社会的老龄化时代。为了赡养老人，社会上用于发展的资本减少，同时用于医疗卫生上的费用增加，这加重了国家和儿女们的负担，因此老龄化现象不利于经济的增长与发展。

4.2.2.4 健康投资对教育的影响

健康状况直接影响了国民受教育的机会、效率和教育程度，从而影响了经济增长。良好的健康使人们的预期寿命变长，教育人力资本收益变高，间接激励人们投资人力资本。作为人力资本的两个重要组成部分，健康和教育之间既有差异又有密切的联系。这种密切关系可体现为健康水平对教育有直接和间接的影响。

一方面，健康水平会直接影响国民的受教育机会、效率和程度，进而影响经济的增长。

首先，母亲孕期较高的营养和健康水平与幼儿本身较高的营养和健康水平都有利于儿童的未来的身体发展，然后还有利于儿童的认知、学习与创造等能力的发展。其次，儿童时期良好的营养和健康水平对降低适龄儿童的缺勤率和辍学率有十分重要的作用，从而影响教育人力资本的积累。另一方面，健康水平会间接影响教育资本的积累。拥有良好身体状况的人的预期寿命会延长，为了在未来获得更高的教育收益，人们会越来越重视知识素养的提高，国民更愿意增加自己本身和孩子在教育方面的投资预算，即人们会花费更多的时间和金钱用于接受在职培训教育和获得更多的职业经验。因此，无论是直接作用还是间接影响，较高的健康水平都有利于提高人们的教育水平，从而共同作用于人力资本，最终对经济增长产生影响。

4.2.2.5　健康投资影响储蓄

健康投资带来的健康水平的改善可以从以下三方面对储蓄产生影响：第一，健康水平的提高可以降低婴儿死亡率，为了给孩子未来的教育和生活提供资金，父母会在孩子幼儿时期就开始储蓄；第二，健康状况的改善也会延长国民的平均预期寿命。那些具备劳动能力的人会在长期内增加储蓄，即为了保障退休后的生活资金，更健康的人倾向于储蓄更多；第三，健康水平更高的人，其用于医疗卫生上的费用也更少，则有更多的资金用于储蓄和投资。总而言之，健康水平越高，储蓄率越高。

4.2.2.6　健康投资促进健康产业发展

拥有良好的健康既是人类不懈追求的目标，也是人类开展其他活动的基础条件。人的健康是生理活动和心理活动共同作用的结果，它受遗传、自然、社会、心理等多种因素的影响，比如本身身体素质、个人收入、医疗保健投入、受教育水平和社会医疗卫生服务发展等。然而，在其他因素一定的条件下，健康水平的提高与健康投资成正方向变化。虽然健康人力资本包括先天与生俱来的初始健康资本，但主要通过后天对健康人力资本的投资获得，而且在生命周期的不同时期，健康资本是可以改变的，因此后天的健康投资非常重要。随着社会经济的发展，人们对健康服务的需求增多，而且要求也越来越高，为了满足人民日益增长的健康服务需求，健康产业应运而生并得到不断的发展。无论是公共健康投资还是私人健康投资的增加，都会刺激健康产业的发展。

这六方面的影响因素，前两个方面关注健康对经济的直接影响，即通过劳动者质量的提高和数量的增多实现个人收入和经济产出的增加；后四个方面可归结为健康通过影响人口结构、教育以及其他生产要素的形成因素，从而对经济增长产生的间接影响。经济学者在理论和实证方面的研究成果均肯定了健康人力资本对国家经济增长存在影响，仅对这种影响的性质存在分歧。以低收入国家或居民的样本数据为研究对象的文献，结论基本上都肯定了健康对经济增长的正面效应；少数以高收入国家或居民的样本数据为研究对象的文献结论则认为，健康对经济增长可能存在负面效应或者正面效应甚微（见图 4.1）。

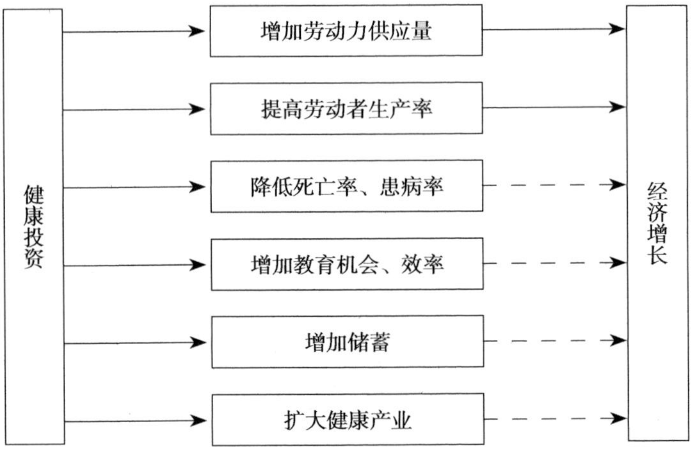

图 4.1　健康投资（资本）对经济增长作用机制

4.3 卫生系统绩效

卫生系统是一个国家或政府为公民健康而建立的卫生医疗体系。怎样建立一个好的卫生系统？怎样使卫生系统的服务更为公正？这也是世界各国关心的热点问题。随着人民对健康期望的增加，一个国家或地区公民的健康水平主要取决于该国或地区的医疗卫生系统的发展水平，取决于卫生服务系统的工作绩效。

4.3.1 卫生系统绩效评价

一个全面的卫生系统绩效是指卫生系统的运行状况，包括了卫生系统的能力、过程和结果。能力是指卫生系统提供服务的能力和资源利用效率；过程主要包括卫生服务过程中的质量、覆盖、可及和效率等方面；结果主要指卫生系统的最终目标，如健康促进状况等。

世界卫生组织第 53 届世界卫生大会在 2000 年 6 月 19 日，成立 55 周年之际，发表《2000 年世界卫生报告》，这是一个划时代的文件，它首次将绩效评价引入卫生系统。该报告认为卫生系统绩效应该有三个主要方面：

第一，获得良好的健康。

这里不仅是指提高健康水平，提高健康期望寿命，减轻疾病负担，还包括改善人群分布状况，减少健康状况分布的不公平性，尤其是贫困人口。

第二，加强人民所期望的反应能力。

这里包括两个方面的内容。一方面是尊重个人的尊严、个人及家庭对自己健康和治疗的自主权和隐私权，体现尊重基本的人权。另一方面是对卫生服务利用者（对象）的反应能力，包括服务的满意度，是否及时注意了患者的要求，社会支持网络的利用，卫生机构的基本设施和环境，及有无选择卫生服务提供者的可能性。

第三，确保筹资的公正性。

具体是指每一个家庭应该是公正地支付卫生费用，一个国家内所有的公民依据相同支付能力，支付筹集相同卫生费用，支付能力越高支付水平就越高，贫困者应该享有免费医疗。每一个人不因卫生保健的费用而带来经济收入上的风险，不同收入水平人群之间的风险分担应该公平。

4.3.2 绩效评价主要指标

4.3.2.1 健康产出指标

在国际上，衡量一个国家居民健康和医疗卫生水平的主要指标是预期寿命、健康预期寿命、婴儿死亡率、五岁以下儿童死亡率。这是表示一个国家或地区卫生系统运行结果好坏的主要标志。

（1）预期寿命。

全称人口平均预期寿命（life expectancy，LE）是指假若当前的分年龄死亡率保持不变，同一时期出生的人预期能继续生存的平均年数。它以当前分年龄死亡率为基础计算，但实际上，死亡率是不断变化的，因此，平均预期寿命是一个假定的指标。

出生时预期寿命是我们最常用的预期寿命指标，即如果出生时的普遍死亡率模式在其整个生命中保持不变，那么新生婴儿将能活多少年，也就是新出生人口平均预期可存活的年数。这个指标是度量人口健康状况的一个重要的指标，也是衡量一个社会的经济发展水平及医疗卫生服务水平的指标。

寿命的长短受两方面的制约。一方面，社会经济条件、卫生医疗水平和卫生环境限制着人们的寿命，所以不同的社会、不同的时期、不同国度，寿命的长短有着很大的差别；另一方面，由于体质、遗传因素、生活条件等个人差异，也使每个人的寿命长短相差悬殊。因此，虽然难以预测具体某个人的寿命有多长，但可以通过科学的方法计算并告知在一定的死亡水平下，预期每个人出生时平均可存活的年数。这就是人口平均预期寿命。人口平均期望寿命和人的实际寿命不同，它是根据婴儿和各年龄段人口死亡的情况计算后得出的，是指在现阶段每个人如果没有意外，应该活到这个年龄。

（2）健康预期寿命。

全称人口平均健康预期寿命（healthy life expectancy，HLE）。估算的是一个人在完全健康状态下生存的平均年数。这一数据是基于现在人口的死亡率和普遍的健康状况估算的。其与普通期望寿命的最大不同在于：普通期望寿命是以死亡为终点，而健康期望寿命是以丧失日常生活能力为终点。从经济角度看，只有健康的人力资源，才能对经济社会起到应有的作用。健康预期寿命是人力资源开发质量的最重要评价指标。

健康期望寿命反映人们健康状况持续时间，反映了人口健康状况，扩大了期望寿命的概念。

（3）婴儿死亡率。

婴儿死亡率（infant mortality rate，IMR）是指婴儿出生后不满周岁死亡人数同出生人数的比率。一般以年度为计算单位，以千分比表示。在婴儿死亡率较高的地方，也有用百分比表示的。婴儿死亡率是反映一个国家和民族的居民健康水平和社会经济发展水平的重要指标，特别是妇幼保健工作水平的重要指标。

（4）5 岁以下儿童死亡率。

5 岁以下儿童死亡率（under 5 mortality rate U5MR）是指每 1000 名新生儿中在 5 岁之前死亡的概率，表示每 1000 名活产的比率，但须以现有年龄死亡率为准。这也是反映一个国家和民族的居民健康水平和社会经济发展水平的重要指标，特别是妇幼保健工作水平的重要指标。早产及低出生体重、肺炎、出生窒息、先天性心脏病仍是我国5岁以下儿童的主要死因。

4.3.2.2 健康投入指标

健康投入是指人们为了获得良好的健康而消耗的生活资料、时间和卫生服务等资源。这是一个国家或地区卫生系统保障能力大小的主要标志。

（1）卫生总费用（health expenditure）。

卫生总费用是指一个国家或地区在一定时期内（通常是一年）全社会用于医疗卫生服务所消耗的资金总额，是标志一个国家整体对卫生领域的投入高低。作为国际通行指标，卫生总费用被认为是了解一个国家卫生状况的有效途径之一。

卫生总费用包括政府卫生支出、社会卫生支出（主要包括社会医疗保险缴费，商业医疗保险保费，非政府组织捐赠等）和个人卫生支出三部分。政府卫生支出占总费用的比例，表示一个国家或地区的政府对卫生事业的重视程度；社会卫生支出占总费用的比例，表示一个国家或地区的社会各界对卫生事业的支持程度；个人卫生支出是指由家庭承担的直接医疗花费，其出占总费用的比例可反映居民个人对于卫生费用的负担水平，也反映居民卫生筹资水平的公平性。

世界卫生组织所定义的卫生费用支出，仅包括每年消费的医疗卫生用品和医疗服务，但不包括资本性投入，例如建筑物、大型医疗机械、信息技术等硬件设备和应急或暴发疫苗储备等基本卫生支出。世界卫生组织一般将卫生总费用分为两部分，一部分是公共卫生费用，包括政府卫生支出、社会捐赠、医疗保险等；另一部分是个人卫生支出。

（2）卫生总费用占 GDP 的比例。

它反映一个国家或地区在一定经济条件下对卫生事业的资金投入水平，通常用以反映国家或地区对卫生和居民健康的重视程度。按照世界卫生组织的要求，发展中国家卫生总费用占 GDP 总费用不应低于 5%。

（3）人均卫生费用。

也就是卫生总费用除以人口规模数，常用于衡量一个国家或地区的卫生资源水平，也反映一个国家或地区居民享有卫生保健服务的水平及公平性。

（4）每千人口拥有的执业医师（Practicing physician）。

每千人口中拥有的执业医师数，包括全科医生和专科医师，表示卫生人力服务保障能力。

（5）每千人口拥有的医院病床数。

医院床位包括公立、私立、综合、专科医院和康复中心的住院床位。每千人口拥有的医院所配置的病床数，表示卫生物力服务保障能力。

练习与思考

1. 解释一下健康、卫生服务、卫生系统的含义。
2. 说明健康资本理论的主要观点，有何想法？
3. 你认为积累国家人力资源健康资本，应该做哪些工作？
4. 一个国家或地区卫生系统评价绩效应该包括哪几个方面？
5. 表示一个国家或地区健康卫生投入与产出的指标主要有哪些？

参考文献

邓利芳．劳动力健康与经济增长关联研究 [J]. 学术研究，2012（8）：79-85.

段宝风．健康资本对经济增长的促进作用 [D]. 广州：广州外语外贸大学，2014.

罗凯．健康人力资本与经济增长：中国分省数据证据 [J]. 经济科学，2006（4）:83-93.

吕娜．健康人力资本与经济增长 [D]. 武汉：武汉大学，2011.

谭琳．健康：作为一种人力资本投资的研究回顾 [J]. 人口与经济，1999（2）:53-55.

王弟海，等．健康人力资本、健康投资和经济增长 [J]. 管理世界，2008（3）：27-39.

吴明．卫生经济学 [M]. 北京：北京大学出版社，2013.

徐程，等．健康经济学研究新进展 [J]. 经济学动态，2012（9）：120-127.

杨辉．健康人力资本与经济增长 [D]. 南京：南京大学，2014.

张琼．健康与经济增长的跨国研究 [J]. 中国人口资源与环境，2012（4）：108-117.

第 5 章　中国卫生健康事业发展

健康是人力资源开发质量的基本内容，是经济社会发展的基础条件，也是促进人的全面发展的必然要求。实现国民健康长寿，是国家富强、民族振兴的重要标志。中华人民共和国成立后，中国的健康和医疗卫生事业取得了巨大进步。1978 年之前中国人民在健康水平上的提升为中国的经济起飞奠定了坚实的人力资本基础。改革开放后的几十年，经过不断时间尝试，从效率走向公平，之后未来中国在提高国民健康水平方面的主要任务是缩小健康服务上的区域、城乡等不同人群间的差距，实现健康服务的均等化。

5.1　发展历程

在中华人民共和国成立之前，中国不仅是世界上最贫穷的国家，同样在公共健康方面也非常落后。传染性疾病大规模流行，人口平均预期寿命很短，死亡率很高。1949 年之前，出生平均预期寿命只有 35 岁，大约是西欧 1820 年的水平，并且比美国 1820 年的水平和世界 1850 年的水平（明朝）都要短。中华人民共和国成立以来，我国用极其有限的资源建起了适合当时经济发展水平的卫生服务体系和医疗保障制度，迅速提高了人民群众的健康水平，取得了举世瞩目的成绩。

5.1.1 改革开放前（1949—1978 年）

中华人民共和国成立初期，卫生工作面临着一个疾病丛生、缺医少药的严重局面。当时，威胁着人民生命健康的主要疾病是鼠疫、天花、霍乱等恶性传染病、寄生虫病和地方病。1949 年有 293 万霍乱病例，50 万麻风病病例，以及 1200 万血吸虫病例，受这些疾病威胁的人群数量超过 1 亿；1951 年有 6 万天花病例，1952 年时有 104 万麻疹病例，50 年代和 60 年代的传染病发生率是 10 万分之 3000。这个时期，受传染性疾病影响的绝对人数大约在 1600 万至 2200 万之间，鼠疫、天花、霍乱等恶性传染病严重威胁着我国民众的健康，卫生政策的首要任务就是防病治病。

当时卫生人才以及卫生医疗资源严重稀缺，特别是广大农村地区除了少数中医以外几乎没有医疗卫生资源，但是社会主义中国将促进社会公平置于整个国家发展的优先地位。卫生作为体现社会公平和社会福利的重要领域，卫生政策的福利性始终贯穿于计划经济时期卫生事业的发展过程中。一方面，学习苏联在城市建立了医疗保障制度，政府分别于 1951 年、1952 年开始建立劳保医疗和公费医疗费制度。为了保障基本医疗服务，政府直接举办医疗卫生服务机构，生产和分配药品，建立三级医学人才培养机构等，对医疗机构和药品生产企业进行强有力的规制。政府支付卫生人员的工资、日常开支以及硬件投入，保障医务人员的基本生活，对医疗服务价格以及药品价格进行严格的控制。另一方面，面对资本稀缺、人才匮乏的约束条件，注重卫生政策和卫生体制的本土化创新。

“面向工农兵、团结中西医、预防为主、卫生工作与群众运动相结合”的卫生工作方针就反映了卫生工作本土化创新的倾向。特别是“卫生工作与群众运动相结合”的方针，利用特有的组织资源和劳动力资源来弥补物质资本的相对不足。爱国卫生运动就是通过群众性的运动来实现公共卫生环境、个人健康行为的改善，在消除传染性疾病方面取得了显著的效果，是我国医疗卫生史乃至世界卫生发展历史上的一次重大创新。

在城市医疗保障制度不断建立完善、爱国卫生运动有序开展的背景下，多数农民依然缺乏基本的医疗保障和医疗服务，卫生资源在城乡分布的不均衡状况并没有明显改善。1965 年 6 月 26 日，毛泽东针对农村卫生医疗工作存在的问题，做出“把医疗卫生工作重点放到农村去”的指示。随后，卫生工作的重点开始转向农村，城市卫生资源开始大量向农村转移。1968 年，毛泽东亲自批发了湖北长阳县乐园公社举办合作医疗的经验，政府开始引导和扶持农村合作医疗制度和赤脚医生制度。合作医疗是农村居民在自愿互利、互助共济的基础上，依靠集体经济和农民集资，以解决农村居民基本医疗保障问题为目的医疗保障制度。到 1976 年，全国实行合作医疗制度的生产大队的比重高达 93%，覆盖了全国农村人口的 85%。

计划经济时期，在整个经济发展水平相当低的情况下，政府通过有效的制度安排，用较为有限的卫生投入，大体上满足了几乎所有社会成员的基本医疗卫生服务需求，国民健康水平迅速提高，不少国民综合健康指标达到了中等收入国家的水平，成绩十分显著，被一些国际机构评价为发展中国家医疗卫生工作的典范。

在计划经济时期，政府在医疗卫生事业的发展过程中发挥了主导作用，各级、各类医疗卫生机构的服务全面追求公益目标，不以营利为目的。基于这种目标定位，加上政府对医疗服务体系的财政投入，医疗卫生资源的分配基本上由政府统一规划，具体服务的组织和管理也严格由政府控制和按计划实施，从而使全国绝大多数居民都能够得到最基本的医疗卫生服务，同时提供的医疗卫生服务价格也比较低廉，广大人民群众患了病不仅能够得到治疗，而且能够负担得起。公共健康状况有了显著改善，很多健康指标都有了显著的提升，甚至超越了人们的预期。在这个时期内，平均预期寿命提升到了66岁，超过了同等收入水平的其他发展中国家。

回顾自中华人民共和国成立至改革开放前30年间的卫生事业发展历程，我国政府主要进行了以下措施：

一是初步建立了医疗卫生服务体系。通过政府的统一规划、组织和资金投入，医疗卫生服务体系得到了迅速的发展，形成了包括医疗、预防、保健、康复、教学等在内的比较完整、布局合理的城乡医疗卫生服务体系。其中，农村集预防、保健和治疗于一体的三级医疗服务网的建立尤其值得关注。体系的逐步发展和健全，确保了服务的可及性，基本上解决了城乡特别是农村的缺医少药问题。

二是重视公共卫生事业发展，突出“预防为主”。建立了包括卫生防疫体系、地方病防治体系、妇幼保健体系和国境卫生检疫体系等，为预防和控制疾病的传播发挥了重要作用。严重影响民众健康的传染病、地方病得到有效的防治；城乡卫生环境发生了根本变化；妇女儿童健康得到有效的保障。

三是坚持卫生事业的福利性质。卫生政策和卫生体制的目标是“一切为了人民健康”，形成了城乡医疗保障机制。三大医疗保障障制度（公费医疗制度、劳保医疗制度以及农村合作医疗制度）对改善国民健康发挥了巨大的作用。在城镇地区公费医疗和劳保医疗制度基本覆盖了所有的劳动者；在农村地区合作医疗制度基本普及，覆盖了90%左右的农村人口。此外政府对医疗服务的标准、规范等都有比较严格的控制，医患双方保持着较好的互动关系。

第四，政策创新一直贯穿于卫生政策中。创造性地将卫生政策与经济、政治、社会和文化建设结合起来。卫生政策既有覆盖全民的医疗保障政策，也有组织发动群众的健康促进政策。合作医疗制度和赤脚医生制度通过依托集体经济和群众运动，以低廉的成本向农村地区提供初级卫生保健，对解决农民缺医少药问题、维护农民健康起到了独特的作用。爱国卫生运动，通过动员群众的方式，改变国民生活环境和生活方式，健康知识和行为得到大范围的普及。这些创新性卫生政策形成了特有的健康保障模式，对世界各国卫生政策的发展都产生了较大的影响。

总之，在这个时期，中国用相对廉价的医疗卫生体制保护了世界最大人口的健康，被世界卫生组织和世界银行誉为“以最少投入获得了最大健康收益”的“中国模式”。中国前三十年的卫生实践对整个世界的卫生政策和卫生体制的发展产生了巨大影响，世界卫生组织在贫困地区所倡导的初级卫生保健就源自中国的合作医疗和赤脚医生制度。当前，卫生政策领域的最新理念“将健康融入所有政策”与我国爱国卫生运动的实践也有着密切的关系。

5.1.2 “放权让利”到“市场化”阶段（1978—1998 年）

20 世纪 70 年代末和 80 年代初，我国卫生发展面临的主要问题有：一是“文化大革命”严重冲击了医疗卫生服务秩序，卫生资源严重短缺，卫生服务供给不能满足人民群众日益增长的需求。二是由于当时经济发展水平很低，综合国力和财力极为贫弱，政府发展卫生事业的能力受到极大限制。因此在此阶段，我国卫生工作重点放在抓住医疗服务供不应求的主要矛盾，增强医疗卫生机构活力，扩大服务供给，大力提高卫生服务供给能力，缓解供需矛盾。

80 年代以后，社会发展思路以及政治经济体制都发生了巨大变化。在发展思路方面“放权让利”“搞活”成为改革的方向和目标，公平开始让位于效率。在计划经济时期建立的国有企业、集体企业以及人民公社开始改革或者解体，原有医疗保障制度所依赖的经济组织基础不复存在。财政体制方面，统收统支的财政政策向分级分税制转变，地方政府开始更多地承担卫生筹资责任。由于不同地方政府的财政收入差距很大，卫生投入的地区差异开始显现。

卫生政策也随着社会经济政策的调整而调整。这种调整首先体现在政府的卫生投入政策。政府开始逐步调整卫生事业和卫生服务的定位，决策层试图改变卫生事业福利性的定位，在卫生筹资中更多强调个人的责任。政府卫生投入占卫生总费用比重连年下降，最低降至20%以下。在城市，政府为了要创造一个自由的劳动力市场，以企业为基础的福利制度必须被新的制度所替代，因此政府对劳保医疗进行了大刀阔斧的社会化改革，医疗保险的覆盖人群大幅度下降。在农村，由于家庭联产承包责任制，大部分乡村的集体经济十分薄弱，甚至完全不存在。合作医疗和赤脚医生所依赖的社会组织开始瓦解，农村合作医疗的覆盖率迅速下降，覆盖率从鼎盛时期90%以上下降到1984年的不到10%。由于缺乏医疗保障，全国大多数农民医疗费用的支出需自费。看不起病和“因病致贫、因病返贫”的现象比较严重，赤脚医生作为非生产人员开始自谋职业。在这样的历史背景下，我国医疗保险的覆盖人口显著降低，群众自费比例大幅度提高。全国自费医疗比例在1998年达到87.3%。“看病难、看病贵”成为我国医疗卫生体系的突出问题。

与此同时，经济改革的手段开始大规模应用于医疗机构。政府对医疗机构引入经济核算，更多强调市场机制在资源配置中的作用，医院成为独立经济核算的主体，医院和公共卫生机构可以进行创收，鼓励医疗卫生机构通过服务收费扩大规模，维持运行。在按项目付费为主的支付方式下，这项政策刺激了医疗机构通过过度医疗和大处方、大检查等方式获取更多收入，以弥补预算的不足，市场化改革的思路和方向正在不断强化。

从定位上看，经济增长成为国家发展的首要目标，卫生体制改革从属于经济改革，卫生事业在经济社会发展中的地位有所下降。如何应对经济体制改革、社会体制改革对原有国民健康保障模式的破坏，并没有纳入改革开放的宏观布局中。逐步建立的保障国民健康的重要制度逐渐丧失功能（三级合作医疗、依托国有企业的劳保医疗、爱国卫生运动），卫生政策没有针对性地应对这种制度变化所带来的挑战。从政策目标上看，虽然卫生政策的口号依然是“一切为了人民健康”，但实际上这段时期卫生政策的目标是比较模糊的，甚至在国民经济发展规划中，将卫生工作同其他几项旨在拉动内需的措施并列起来，“提高国民健康”这一卫生工作的终极目标反而被淡化。虽然市场化导向的卫生政策极大促进了我国医疗卫生资源的扩张，但是对公共卫生特别是农村卫生工作的忽视，对筹资和卫生服务公平性的不重视，直接影响了我国国民健康绩效的提高，让“看病难、看病贵”“因病致贫”问题成为社会突出问题。

但在此阶段，初级卫生保健和计划免疫等项工作受到高度重视，政府对“人人享有初级卫生保健”做出了郑重承诺，并在广大农村地区积极推行初级卫生保健策略，取得了显著进步。我国从 1978 年开始实施儿童计划免疫，计划免疫工作的规范化和制度化要求得到贯彻。

5.1.3　转型恢复期—回归公益性（1998 至今）

随着我国经济体制改革的进一步深入，“看病难、看病贵”越来越成为影响民生的重要问题，“因病致贫”“因病返贫”的问题凸显，医疗卫生资源配置不合理现象越来越明显。政府开始着手重建我国基本医疗保险制度。1998 年，国务院发布了《关于建立城镇职工基本医疗保险制度的决定》（国发〔1998〕44 号），在全国范围内开始建立城镇职工医疗保险制度（以下简称“城镇职工医保”）。“城镇职工医保”主要针对城镇地区就业的居民。

特别是 2003 年“非典”暴发后，政府和社会开始反思以往的卫生政策。经过 25 年的改革开放，社会也进入矛盾相对集中的爆发时期。城乡差距过大、收入分配不公、缺乏基本社会保障等一系列问题使得政府和学界开始反思改革开放的社会经济政策，重新审视公平和效率的社会思潮开始涌动。“非典”暴发反映出经济政策与社会政策不匹配的问题，促进了科学发展观理念的提出。在这样的背景下，政府出台了一系列加强公共卫生、重视农村工作、强化政府卫生投入的政策，并启动新一轮医疗卫生体制改革，我国医疗卫生体制进入新一轮“政府主导”时期。政府开始重新定位卫生事业，将其明确为公益性事业，开始着手解决重医轻防、重城轻乡的弊病，政府加大了卫生支出比例，加强公共卫生、重大疾病控制，大力推进城市社区卫生发展等措施，并着手建立覆盖城乡的基本医疗卫生保健制度。主要施行以下措施：

第一，建立新型农村合作医疗制度。

农村合作医疗制度、农村三级医疗预防保健网和赤脚医生制度，曾被世界卫生组织誉为中国农村卫生工作的三大法宝，为保护农民健康发挥过巨大作用。但是，随着农村经济体制改革，集体经济力量支撑下的合作医疗大面积解体，农民看病就医的经济风险越来越大。2003 年原卫生部、财政部和农业部颁发了《关于建立新型农村合作医疗制度意见》，2008 年开始全面建立以大病统筹为主的新型农村合作医疗制度（以下简称“新农合”）。这是从我国基本国情出发，面向广大农村居民，解决农民看病难问题的一项重大举措，对于提高农民健康水平、缓解农民因病致贫、因病返贫、统筹城乡发展、实现全面建设小康社会目标具有重要作用。“新农合”是由政府组织、引导、支持，农民自愿参加，个人、集体和政府多方筹资，以大病统筹为主的农民医疗互助共济制度，是我国农民第一次拥有了以公共财政为支撑的医疗保障制度。

第二，完善公共卫生服务体系，加强重大疾病防治。

2003 年我国在战胜“SARS”疫情以后，公共卫生工作得到进一步重视。在此阶段，公共卫生投入明显增加，公共卫生服务体系建设得到完善，基本建成了覆盖城乡、功能比较完善的疾病预防控制和应急医疗救治体系，国家卫生服务体系和健康保障体系也得到进一步完善，应对重大突发公共卫生事件的能力明显提高。

第三，城市社区卫生服务工作得到高度重视。

2006 年 2 月，国务院成立城市社区卫生工作领导小组，制定颁布了《国务院关于发展城市社区卫生服务的指导意见》及其配套文件，加快城市社区卫生服务体系发展，推动以社区卫生服务为基础的新型城市卫生服务体系建设。一些地方积极改革社区卫生服务机构运行机制，实行收支两条线管理、双向转诊和基本用药政府招标采购、统一配送、降低或取消药品加成率等政策，取得了积极效果，受到居民欢迎，为深化医药卫生体制改革奠定了基础。

第四，加强医疗保障制度建设。

在 1998 年执行“城镇职工医保”、2003 年建立“新农合”后，2007 年，国务院启动了城镇居民基本医疗保险试点工作，以解决城市普通居民的看病就医问题，2009 年开始全面建立和完善城镇居民基本医疗保险制度（以下简称“城居保”）。“城居保”的覆盖对象是城市未就业的成年人以及没有医疗保险覆盖的儿童、老年人（见图 5.1）。

此外，城乡医疗救助制度开始建立与实施，城乡低收入人群和重病患者得到了医疗救助制度的重要支持，大大缓解了他们的医疗困难。与此同时，商业健康保险也有了较快发展，在满足多层次医疗服务需求方面发挥了积极作用。2009 年 3 月 17 日中共中央国务院发布《关于深化医疗卫生体制改革意见》，制定总目标为，把基本医疗卫生服务制度作为公共产品向全民提供，坚持保基层、强基层、建机制的基本原则，形成多元办医格局，明确政府在基本医疗服务的筹资方面责任，到 2020 年实现人人享有基本医疗卫生服务。

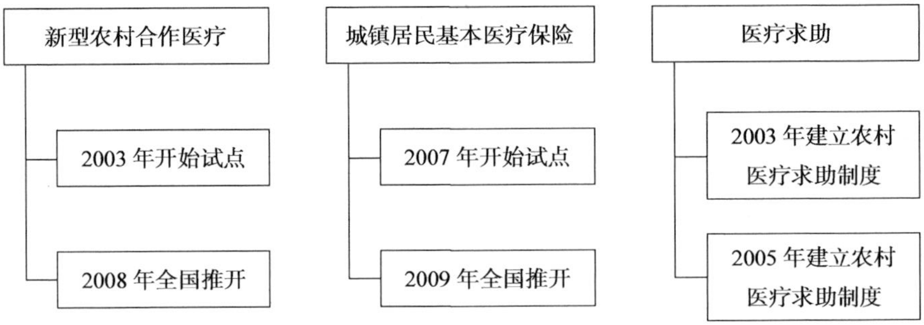

图 5.1　医疗保障制度建设进度

随后，我国基本医疗保险制度（“城镇职工医保”“城居保”“新农合”）快速发展。目前，三大基本医疗保险在医疗保障体系中处于主导地位，无论从覆盖率、筹资水平还是保障内容方面都取得较为显著的进展，覆盖了全国 99% 以上的人口。

自 1998 年医疗保障制度逐步建立以来，我国基本医疗卫生服务公平性、可及性显著提高，主要表现在以下 4 方面：

一是建立起世界上最大的医疗保障网。二是基本药物制度逐步建立，政府办基层医疗卫生机构全部配备使用基本药物，并实施零差率销售。三是基层医疗卫生服务体系建设显著加强，覆盖城乡的基层医疗卫生服务网络基本建成，“小病在基层，大病去医院”的就医新秩序正在形成。四是基本公共卫生服务逐步均等化水平明显提高。国家免费向全体城乡居民提供几十项基本公共卫生服务项目。此外，针对特殊疾病、重点人群和特殊地区，国家实施重大公共卫生服务项目，惠及几亿群众。

5.2　中国的医疗卫生体系

医疗卫生服务体系（medical health system）是指提供医疗、预防、保健、康复、计划生育和健康教育等服务的组织和机构，在提供卫生服务过程中形成的相互关联的一个系统，是整个国民经济体系中的一个重要分支。为提高广大人民群众的健康水平，承担着组织保障作用。我国卫生工作遵循面向人民群众、预防为主的方针，建立起一个遍布全国城乡的三级医疗卫生网。

由于我国目前城乡“二元化”的社会结构特征，城市的医疗卫生服务体系主要由三级医院和社区卫生服务机构组成。农村的县、乡、村三级医疗预防保健网早在 70 年代就已经基本建立，目前我国农村的医疗卫生服务体制是由县级医院、基层乡镇卫生院和村卫生室构成。县域内的医疗中心（县级医院）承载着基本医疗、急危重病患者的救治工作，并肩负着对基层乡镇卫生院和村卫生室的技术指导和人员培训职责；乡镇卫生院除了给予村卫生室有限的技术帮助以外，主要负责常见病、多发病的诊治和公共卫生服务工作；村卫生室主要负责一般性疾病的诊治及村一级的公共卫生工作。

5.2.1 我国医疗卫生体系的组织结构与功能

我国卫生服务体系的组织设置包括卫生行政组织、卫生事业组织、群众卫生组织和其他卫生组织 4 类。

第 1 类，卫生行政组织。

我国卫生行政组织的体制为:国家设卫生部（卫生与计划生育委员会），省、自治区、直辖市设卫生厅（局），地区、市、自治区、县设卫生局（科），乡镇或城市街道办事处设卫生专职干部，负责所辖地区的卫生工作。

第 2 类，卫生事业组织。

卫生事业组织是具体开展业务工作的专业机构。按工作性质大体可分为：医疗预防机构、疾病预防控制机构、妇幼保健机构、医学教育机构、医学科学研究机构和卫生监督执行机构。

第 3 类，群众卫生组织。

由专业或非专业人员在政府行政部门领导下，按不同任务所设置的机构。按人员组成的活动内容不同，可分为以下三类：由国家机关和人民团体的代表组成的卫生组织、由卫生专业人员组成的学术性社会团体、由广大卫生工作者和群众卫生积极分子组成的基层群众卫生组织，中国红十字会即为该组织的代表机构，

第 4 类，其他卫生组织。

除以上 3 种卫生组织外，我国目前还有其他部门，如铁道部、交通部、邮电部等也成立了卫生机构，其行政管理归属于相应的部门，卫生专业活动受主管部门和当地卫生管理组织双重管理，并接受隶属于卫生部的卫生机构的指导、帮助和协作。

5.2.2　城乡三级医疗卫生网

第一，城市医疗卫生网。

大城市的医疗卫生机构一般分为市、区、基层三级，中小城市一般分为市、基层二级。

市中心医院：是全市医疗业务技术的指导中心。

区中心医院：一个地区内医疗业务技术指导的中心，是市级医疗机构与基层医疗机构之间的纽带。

城市基层医疗卫生机构：社区医疗卫生服务中心，为居民提供医疗、预防、卫生防疫、妇幼保健及计划生育等医疗卫生服务。

第二，农村医疗卫生网。

我国农村已形成以县级医疗卫生机构为中心，乡卫生院为枢纽，村卫生室为基础的三级医疗卫生网。

县级卫生机构：是全县预防、妇幼保健、计划生育技术指导中心及卫生人员的培训基地。

乡卫生院：农村的基层卫生组织，负责本地区的卫生行政管理，开展日常的预防、医疗、计划生育等工作，对村卫生室进行技术指导和业务培训。

村卫生室是农村最基层的卫生组织，负责基层各项卫生工作，如爱国卫生运动、计划生育、健康教育等。

第三，护理组织系统。

为保证我国护理工作的高效运转和护理事业的稳定发展，我国护理组织系统已初步建立并逐步健全。包括：卫生部护理管理机构、卫生部护理中心、各级地方卫生行政部门的护理管理机构、中华护理学会、医院内的护理组织结构。

第四，医院。

医院是医疗预防机构，是医疗服务的最基本组织形式。医院的任务是以医疗工作为中心，在提高医疗质量的基础上保证教学和科研任务的完成，并不断提高教学质量和科研水平。同时做好扩大预防、指导基层和计划生育的技术工作。也就是四大任务：医疗、教学、科学研究、预防和社区卫生服务

依据医院的综合水平（规模、质量、技术水平、医疗设备、管理水平等），我国的医院可分为三级十等，即：一、二级医院分别分为甲、乙、丙三等。三级医院分为特、甲、乙、丙四等；按收治范围划分为综合医院、专科医院、职业病防治院、康复医院；按管辖范围：公立医院（卫生部属医院、省属医院、市属医院、区属医院）和非公立医院。

一级医院是直接为社区提供医疗、预防、康复、保健综合服务的基层医院，是初级卫生保健机构。其主要功能是直接对人群提供一级预防，在社区管理多发病常见病现症病人并对疑难重症做好正确转诊，协助高层次医院搞好中间或院后服务，合理分流病人。

二级医院是跨几个社区提供医疗卫生服务的地区性医院，是地区性医疗预防的技术中心。其主要功能是参与指导对高危人群的监测，接受一级转诊，对一级医院进行业务技术指导，并能进行一定程度的教学和科研。

三级医院是跨地区、省、市以及向全国范围提供医疗卫生服务的医院，是具有全面医疗、教学、科研能力的医疗预防技术中心。其主要功能是提供专科（包括特殊专科）的医疗服务，解决危重疑难病症，接受二级转诊，对下级医院进行业务技术指导和培训人才；完成培养各种高级医疗专业人才的教学和承担省以上科研项目的任务；参与和指导一、二级预防工作。

三级特等医院为最高水平医院，目前中国最高级别只有三级甲等医院，一般市中心医院为三级甲等医院。

5.3　卫生管理体制

我国目前的卫生管理体制，实际上实行的是“多线并行”“垂直领导”“分级交叉管理”。

所谓“多线并行”“分级交叉管理”，是指我国把卫生事业的事项（卫生检疫、医疗卫生、医药管理、计划生育、职业病防治、卫生知识教育、核设施放射卫生防护等）分到多个部门管理或者共同（交叉）管理。

根据国家不同法规：《中华人民共和国国境卫生检疫法》《中华人民共和国执业医师法》《中华人民共和国传染病防治法》《中华人民共和国护士管理办法》《中华人民共和国药品管理法》《计划生育技术服务管理条例》等的规定，国家把国境卫生检疫、核设施放射卫生防护工作，交由国家卫生行政部门主管；行业的准入、疾病的防治、医疗卫生方面的主要工作、职业病的防治等大部分工作，交由国家卫生行政系统管理；把医药、药械的管理工作，主要交由国家药品监督管理系统管理；计划生育工作，主要交由国家计划生育体系管理（现为卫计委）；学校卫生管理、卫生知识教育工作，交由国家卫生行政、教育系统共同管理。

所谓“垂直领导”，是指我国的卫生事业管理，由国家卫生行政管理部门全面负责，县级以上各级卫生行政部门在自己所辖的行政区域内各负其责；县级以上卫生行政机关受当地政府和上级卫生行政部门双重领导，向上级卫生行政部门负责和报告工作。在发生疫情或特殊时期，县级以上卫生行政部门应当按照法律法规的规定和上级卫生行政部门的政策，负责本辖区的卫生防疫、医疗卫生等工作，并按最新政策向上级报告。

5.4 中国卫生健康事业成就

60多年来，我国卫生事业在维护和促进人民健康方面取得了显著成就，积累了丰富的经验，走出了一条具有中国特色的健康发展道路。改革开放前计划经济时期，政府通过有效的制度安排，用较低的卫生投入，获得了最大健康收益，不少国民综合健康指标达到了中等收入国家的水平，取得了举世公认的成绩。改革开放后的市场经济时期，特别是在2003年后，国家的医疗卫生政策开始转向“要坚持为人民健康服务的方向”。坚持预防为主、以农村为重点、中西医并重，按照保基本、强基层、建机制要求，重点推进医疗保障、医疗服务、公共卫生、药品供应、监管体制综合改革，完善国民健康政策，为群众提供安全有效、方便、价廉的公共卫生和基本医疗服务。

5.4.1 建立了基本医疗卫生制度

我国基本医疗卫生制度主要由医药卫生四大体系、八项支撑组成，四大体系包括公共卫生服务体系、医疗服务体系、医疗保障体系和药品供应保障体系；八项支撑就是完善医药卫生管理、运行、投入、价格、监管、科技与人才体制机制、信息、法制的建设，保障四大体系有效规范运转。

5.4.1.1 公共卫生服务体系

建立健全疾病预防控制、健康教育、妇幼保健、精神卫生、应急救治、采供血、卫生监督和计划生育等专业公共卫生服务网络，完善以基层医疗卫生服务网络为基础的医疗服务体系的公共卫生服务功能，建立分工明确、信息互通、资源共享、协调互动的公共卫生服务体系，提高公共卫生服务和突发公共卫生事件应急处置能力，促进城乡居民逐步享有均等化的基本公共卫生服务。

5.4.1.2　医疗服务体系

以非营利性医疗机构为主体、营利性医疗机构为补充，公立医疗机构为主导、非公立医疗机构共同发展的办医原则，发展农村医疗卫生服务体系，完善以社区卫生服务为基础的新型城市医疗卫生服务体系，健全各类医院的功能和职责。建立城市医院与社区卫生服务机构的分工协作机制，充分发挥中医药（民族医药）的作用，建立城市医院对口支援农村医疗卫生工作的制度。

5.4.1.3　医疗保障体系

我国已经建成世界上规模最大的基本医疗保障体系，我国的基本医疗保障从形式上分为城镇职工基本医疗保险、城镇居民基本医疗保险、新型农村合作医疗和城乡医疗救助四大部分。分别覆盖城镇就业人口、城镇非就业人口、农村人口和城乡困难人群。从医疗保障体系的类型上划分，我国的医疗保障体系是由三个层次构建的：一个是由城镇职工基本医疗保险、城镇居民基本医疗保险、新型农村合作医疗构建的覆盖各种人群的基本医疗服务保障层次；另一个是民政系统建立的，只对于城乡困难群众的，包括动态情况的因病返贫的困难群众的疾病救助体系的保障模式；另外还有一种，针对特殊人群和特殊病种的免费或减免医疗费用的单病种的治疗保障（见图 5.2）。

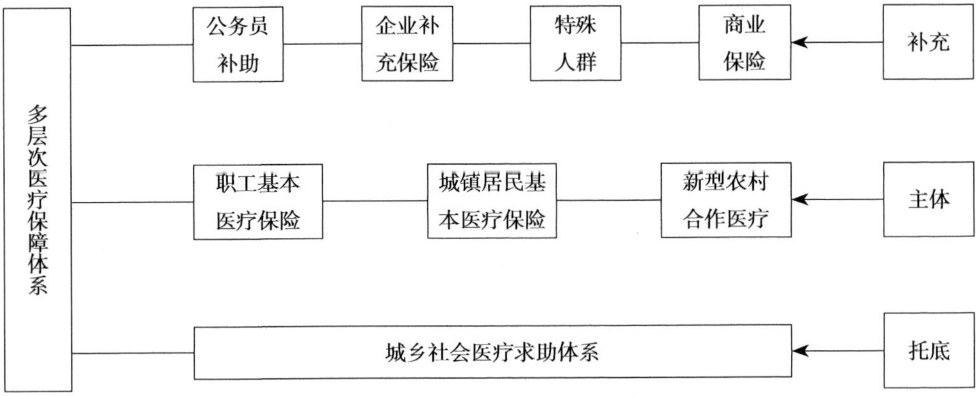

图 5.2　我国多层次医疗保障体系

5.4.1.4　药品供应保障体系

建立国家基本药物制度，规范药品生产流通。加快建立以国家基本药物制度为基础的药品供应保障体系，保障人民群众安全用药。

5.4.2　卫生资源投入水平显著提高，分担逐步合理

卫生资源投入是健康服务与保障的基础，特别是改革开放以后，随着经济水平的不断提高，我国卫生资源投入总量持续增加（见表 5.1）。

表 5.1　中国卫生费用支出

年份	卫生总经费（元）	政府支出		社会支出		个人支出		人均卫生费用			卫生费用占 GDP 比例（%）
		绝对数（元）	支出比例（%）	绝对数（元）	支出比例（%）	绝对数（元）	支出比例（%）	合计（元）	城市（元）	农村（元）	
1978	110	35	32.16	52	47.41	23	20.43	11.45			3
1979	126	41	32.21	60	47.45	26	20.34	12.94			3.08

续表

年份	卫生总经费（元）	政府支出		社会支出		个人支出		人均卫生费用			卫生费用占 GDP 比例（%）
		绝对数（元）	支出比例（%）	绝对数（元）	支出比例（%）	绝对数（元）	支出比例（%）	合计（元）	城市（元）	农村（元）	
1980	143	52	36.24	61	42.57	30	21.19	14.51			3.12
1981	160	60	37.27	62	38.99	38	23.74	16			3.24
1982	178	69	38.86	70	39.49	38	21.65	17.46			3.3
1983	207	78	37.43	65	31.12	65	31.45	20.14			3.44
1984	242	89	36.96	74	30.41	79	32.64	23.2			3.33
1985	279	108	38.58	92	32.96	79	28.46	26.36			3.07
1986	316	122	38.69	110	34.93	83	26.38	29.38			3.04
1987	380	127	33.53	137	36.16	115	30.31	34.73			3.17
1988	488	145	29.79	190	38.93	153	31.28	43.96			3.21
1989	616	168	27.27	238	38.64	210	34.09	54.61			3.58
1990	747	187	25.06	293	39.22	267	35.73	65.37	159	39	3.96
1991	893	204	22.84	354	39.67	335	37.5	77.14	188	46	4.06
1992	1097	229	20.84	432	39.34	437	39.81	93.61	222	55	4.03
1993	1378	272	19.75	525	38.09	581	42.17	116.25	269	68	3.86
1994	1761	342	19.43	645	36.62	774	43.95	146.95	333	85	3.62
1995	2155	387	17.97	768	35.63	1000	46.4	177.93	401	101	3.51
1996	2709	462	17.04	876	32.32	1372	50.64	221.38	467	134	3.77
1997	3197	524	16.38	984	30.78	1689	52.84	258.58	538	157	4.01
1998	3679	590	16.04	1071	29.11	2018	54.85	294.86	626	195	4.32
1999	4048	641	15.84	1146	28.31	2261	55.85	321.78	702	203	4.47
2000	4587	710	15.47	1172	25.55	2705	58.98	361.88	813	215	4.57
2001	5026	801	15.93	1211	24.1	3014	59.97	393.8	841	245	4.53
2002	5790	909	15.69	1539	26.59	3342	57.72	450.75	987	259	4.76
2003	6584	1117	16.96	1789	27.16	3679	55.87	509.5	1109	275	4.79

续表

年份	卫生总经费（元）	政府支出		社会支出		个人支出		人均卫生费用			卫生费用占 GDP 比例（%）
		绝对数（元）	支出比例（%）	绝对数（元）	支出比例（%）	绝对数（元）	支出比例（%）	合计（元）	城市（元）	农村（元）	
2004	7590	1294	17.04	2225	29.32	4071	53.64	583.92	1262	302	4.69
2005	8660	1553	17.93	2586	29.87	4521	52.21	662.3	1126	316	4.62
2006	9843	1779	18.07	3211	32.62	4854	49.31	748.84	1248	362	4.49
2007	11574	2582	22.31	3894	33.64	5099	44.05	875.96	1516	358	4.28
2008	14535	3594	24.73	5066	34.85	5876	40.42	1094.5	1862	455	4.55
2009	17542	4816	27.46	6154	35.08	6571	37.46	1314.3	2177	562	5.03
2010	19980	5732	28.69	7197	36.02	7051	35.29	1490.1	2315	666	4.84
2011	24346	7464	30.66	8416	34.57	8465	34.77	1807	2697	879	4.98
2012	28119	8432	29.99	10031	35.67	9656	34.34	2076.7	2999	1065	5.2
2013	31669	9546	30.14	11394	35.98	10729	33.88	2327.4	3234	1274	5.32
2014	35312	10579	29.96	13438	38.05	11295	31.99	2581.7	3558	1412	5.48
2015	40975	12475	30.45	16507	40.29	11993	29.27	2980.8			5.95
2016	46345	13910	30.01	19097	41.21	13338	28.78	3351.7			6.23

数据来源：国家统计局数据库。

5.4.2.1 卫生总费用及其占 GDP 比例

随着我国经济规模的不断扩大，由 1978 年的 110 亿元（人民币当年价），2016 年达到 46345 亿元（人民币当年价），增长 420 倍左右。其中 1978—2007 年处于稳步增长阶段，由 1978 年的 110 亿元（人民币当年价），增长到 2007 年的 11574 亿元（人民币当年价），30 年增长约 11464 元；2007 年开始进入快速增长轨道，2016 年达到 46345 亿元（人民币当年价），10 年增长 34771 亿元左右。后 10 年的增量是前 30 年的 3 倍。与此同时，卫生总费用占 GDP 比例也呈波浪式提高，经过 1978—1986，1986—1995，1995—2007 几个大的波动期后，从 2007 年开始，也呈快速增长态势，已从 1978 年 3%，2007 年的 4.28%，迅速提高到 2016 年的 6.23%（见图 5.3）。

总之，我国卫生资源投入从 2007 年起，进入快速增长阶段。究其原因，主要是这个时期是中国政府实施民生工程、大力发展医疗卫生事业的转型期，政府进行一系列医疗改革措施，加大了对卫生事业，特别是对医疗保障的投入。

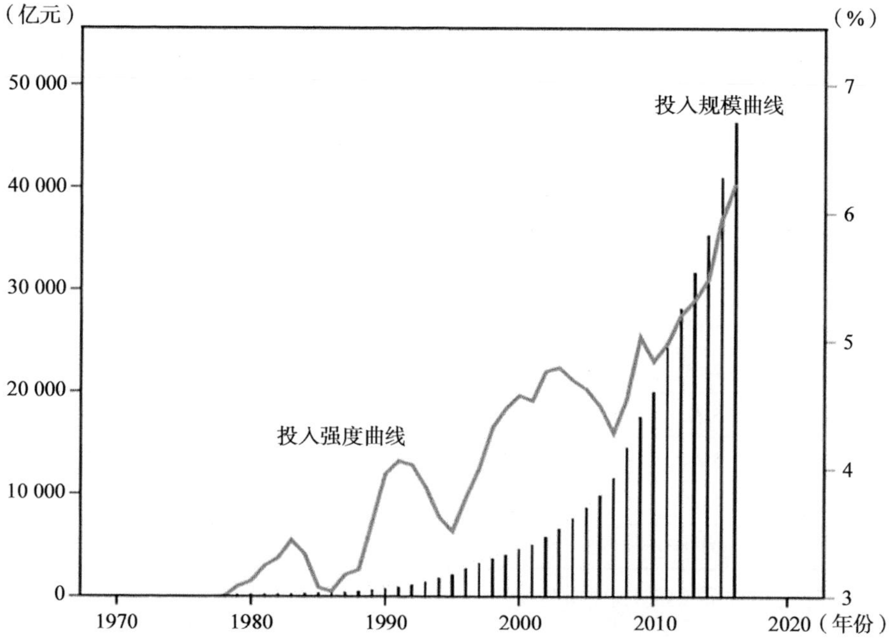

图 5.3　中国卫生总经费及其占 GDP 比例变化趋势（根据国家统计局数据制）

与同时期国际相比，我国卫生总费用占 GDP 比例高于中低收入国家平均水平；低于低收入、中高收入国家，距世界平均水平、高收入国家和 OECD 国家平均水平上有较大差距，尚有较大上升空间（见表 5.2、表 5.3）。

表 5.2 卫生总费用占 GDP 比例

单位：%

项目	2000	2005	2010	2011	2012	2013	2014	2015
低收入国家	4.26	5.32	6.25	5.77	5.78	5.70	5.90	6.02
中低收入国家	3.83	3.97	3.80	3.75	3.87	4.05	3.92	4.05
中高收入国家	5.31	5.28	5.45	5.39	5.43	5.45	5.55	5.75
高收入国家	9.34	10.44	11.51	11.52	11.65	11.78	11.95	12.38
OECD 国家	9.34	10.46	11.59	11.65	11.79	11.90	12.04	12.45
全世界	8.60	9.33	9.53	9.40	9.41	9.44	9.54	9.90
中国	4.49	4.29	4.46	4.62	4.79	4.87	4.96	5.32

数据来源:世界发展指标（WDI），世界银行，（只包括医疗和护理费用，不含设备、建筑等资本性投入）。

表 5.3 政府卫生投入占 GDP 比例

单位：%

项目	2000	2005	2010	2011	2012	2013	2014	2015
低收入国家	1.35	1.74	1.20	1.13	1.17	1.20	1.20	1.22
中低收入国家	1.17	1.16	1.20	1.23	1.29	1.30	1.21	1.28
中高收入国家	2.15	2.42	2.83	2.94	2.98	3.03	3.11	3.28
高收入国家	5.17	6.40	7.39	7.50	7.52	7.55	7.70	7.77
OECD 国家	5.28	6.40	7.50	7.57	7.60	7.61	7.74	7.79
全世界	4.65	5.51	5.88	5.86	5.82	5.82	5.90	5.85
中国	0.99	1.43	2.36	2.57	2.70	2.75	2.86	3.18

数据来源：世界发展指标（WDI），世界银行。

5.4.2.2 人均卫生投入

在总量不断增加的同时，人均卫生投入量也在快速增长。人均卫生费用（包括城市和农村）持续增加，由 1978 年的 11 元作用提高到 2016 年 3350 多元，增长 303 倍，但城乡绝对差距呈扩大趋势。同总量一样，人均卫生费用也是从 2007 年开始进入快速增长阶段（见图 5.4）。

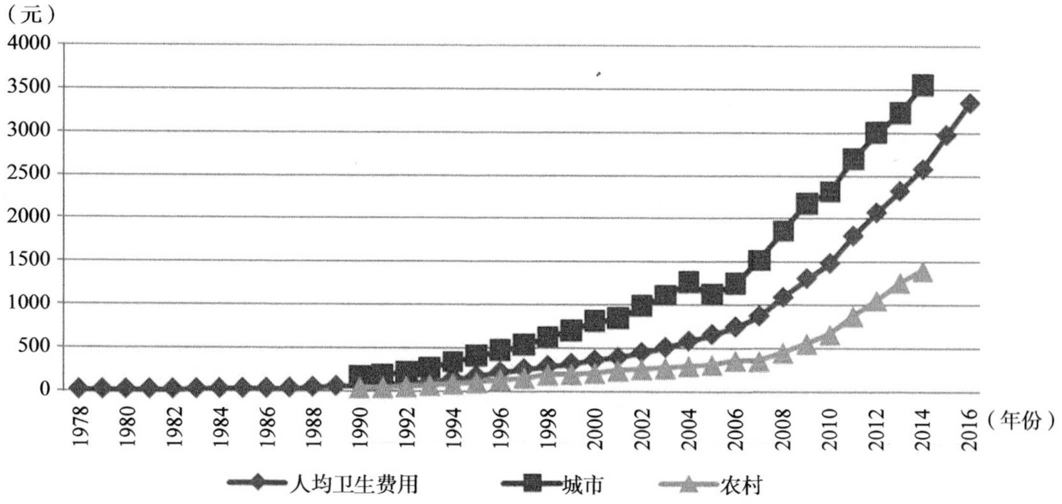

图 5.4　人均卫生费用变化趋势图表

与同时期国际相比，我国人均卫生费用还处于较低水平。高于低收入、中低收入国家平均水平；低于中高收入国家，距世界平均水平、高收入国家和 OECD 国家平均水平上有较大差距，尚有较大上升空间（见表 5.4、表 5.5）。

表 5.4　人均卫生费用

单位：美元（当年价）

项目	1995	2000	2005	2010	2011	2012	2013	2014	2015
低收入国家	10	15	21	35	35	36	36	39	37
中低收入国家	22	22	35	64	70	74	80	81	82
中高收入国家	89	98	162	338	396	423	451	471	457
高收入国家	2329	2362	3476	4462	4793	4813	4884	5021	4875
OECD 国家	2100	2211	3269	4183	4483	4495	4558	4676	4527
全世界	461	473	681	907	981	989	1011	1036	1002
中国	21	43	75	199	254	299	339	376	426

数据来源：世界发展指标（WDI），世界银行。

表 5.5　人均卫生费用

单位：国际美元 PPP（2011 年价）

项目	1995	2000	2005	2010	2011	2012	2013	2014
低收入国家	32	42	59	85	89	86	88	92
中低收入国家	80	101	153	206	220	236	256	272
中高收入国家	196	277	425	699	747	813	872	928
高收入国家	2078	2665	3653	4614	4778	4913	5020	5205
OECD 国家	1876	2411	3313	4193	4338	4455	4545	4701
全世界	481	607	830	1092	1135	1180	1221	1271
中国	64	133	235	450	515	588	654	731

数据来源：世界发展指标（WDI），世界银行。

5.4.2.3　卫生费用中各主体分担比例

改革开放前，卫生经费是由国家统一支出，个人分担很少部分。1978 年后到 2001 年，个人卫生支出占卫生总费用比例呈快速上升趋势，政府卫生支出占卫生总费用比例呈总体下降趋势，社会卫生占卫生总费用比例也呈波浪式下降趋势，先降（到 1984 年左右）后升（到 1990 年左右），再降（到 2001 年）。到 2001 年时达到极致，个人卫生支出比例接近 60%，政府支出仅占 16% 左右，社会支出也只占 24% 左右。这个时期也正是全国人民“看病难、看病贵，因病致贫”的最为困难时期。2001 年之后，个人卫生支出比例开始快速下降，到 2015 年已下降 30% 以下，政府支出 2015 年开始上升到 30% 以上，社会支出 2015 年也开始上升到 40% 以上（见图 5.5）。卫生经费中各主体分担比例趋于合理，其中医疗保障制度为广大城乡居民提供了化解医疗风险的保护屏障，“因病致贫”和“因病返贫”的现象得到有效控制。

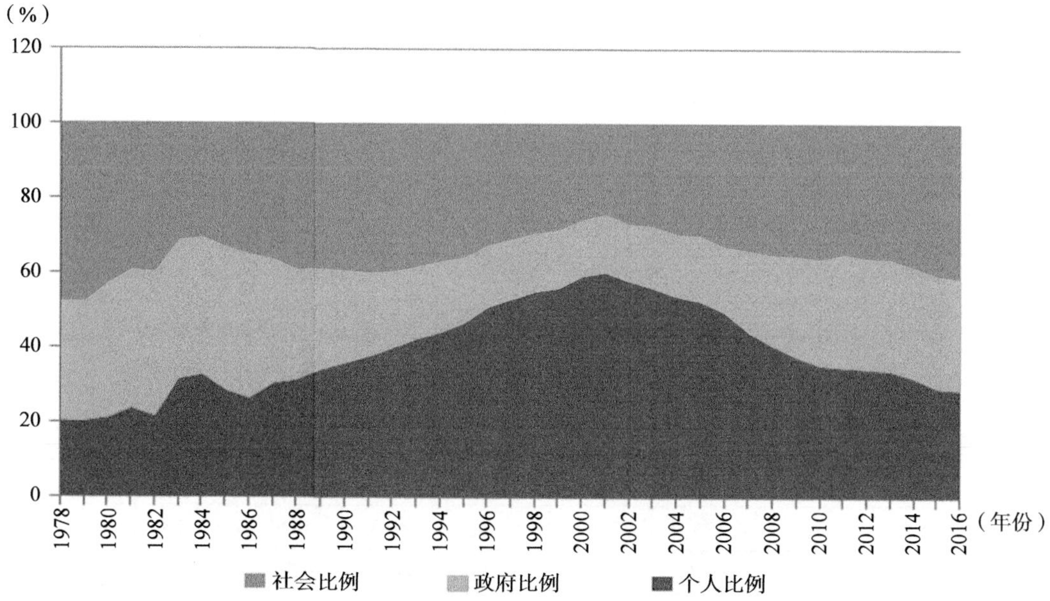

图 5.5　各主体卫生费用支出承担比例变化趋势

与同时期国际相比，我国个人卫生费用承担比例低于低收入、中低收入和中高收入国家平均水平；远高于高收入国家、OECD 国家及世界平均水平，尚有较大下降空间。中国政府承担比例逐年增长，到 2015 年已经超过中高收入国家和世界平均水平，接近 OECD 国家和高收入国家的平均水平（见表 5.6、表 5.7）。

表 5.6　个人承担比例

单位：%

项目	2000	2005	2010	2011	2012	2013	2014	2015
低收入国家	48.91	45.86	45.98	45.63	45.49	45.07	43.48	44.24
中低收入国家	60.14	61.54	57.55	56.43	55.73	57.45	57.27	57.31
中高收入国家	43.52	42.02	34.91	34.16	34.19	33.84	33.07	32.24
高收入国家	16.22	15.17	14.28	14.18	14.09	14.20	13.96	13.54

续表

项目	2000	2005	2010	2011	2012	2013	2014	2015
OECD 国家	16.45	15.58	14.51	14.38	14.32	14.44	14.21	13.75
全世界	19.21	18.53	18.33	18.34	18.46	18.76	18.47	18.15
中国	58.98	52.21	36.02	34.77	34.34	33.88	31.99	29.27

数据来源：世界发展指标（WDI），世界银行；国家统计局。

表 5.7　政府承担比例

单位：%

项目	2000	2005	2010	2011	2012	2013	2014	2015
低收入国家	28.36	29.94	20.95	20.72	21.74	20.89	20.08	19.61
中低收入国家	30.48	29.04	31.66	32.75	33.31	32.02	30.94	31.64
中高收入国家	39.31	45.70	51.90	54.50	54.84	55.59	55.98	56.86
高收入国家	53.97	60.87	63.89	64.70	64.15	64.06	64.23	61.22
OECD 国家	54.08	60.70	63.72	64.65	64.05	63.93	64.03	60.98
全世界	52.47	58.78	61.29	62.18	61.68	61.58	61.72	59.25
中国	22.12	33.27	52.90	55.65	56.31	56.56	57.59	59.78

数据来源：世界发展指标（WDI），世界银行。

5.4.3　卫生人力、物力资源水平增加

经过几十年的发展，在全社会的投入下，中国医疗卫生系统人力、物力得到极大发展，具体数据如下（见表 5.8）。

表 5.8　中国医疗卫生卫事业机构、人力变化

年份	卫生医疗机构（所）	医院（所）	总床位数（万张）	每万人口床位数（张）	注册执业（助理）医师（万人）	每万人口注册（助理）医师数（人）
1950	8915	2803	11.90	2.16	38	6.88
1955	67725	3648	36.30	5.91	50	8.13
1960	261195	6020	97.70	14.76	59.6	9

续表

年份	卫生医疗机构（所）	医院（所）	总床位数（万张）	每万人口床位数（张）	注册执业（助理）医师（万人）	每万人口注册（助理）医师数（人）
1965	224266	5330	103.30	14.24	76.3	10.52
1970	149823	5964	126.20	15.21	70.2	8.46
1975	151733	7654	176.40	19.09	87.8	9.5
1980	180553	9902	218.44	22.13	115.32	11.68
1981	800205	10252	223.38	22.32	124.38	12.43
1982	801869	10471	228.03	22.43	130.72	12.86
1983	870686	10901	234.16	22.73	135.27	13.13
1984	905424	11381	241.24	23.12	138.15	13.24
1985	978540	11955	248.71	23.50	141.33	13.35
1986	999102	12442	256.25	23.84	144.42	13.43
1987	1012804	12962	268.50	24.57	148.18	13.56
1988	1012485	13544	279.49	25.17	161.82	14.57
1989	1027522	14090	286.70	25.44	171.8	15.24
1990	1012690	14377	292.54	25.59	176.31	15.42
1991	1003769	14628	299.19	25.83	177.95	15.36
1992	1001310	14889	304.94	26.03	180.82	15.43
1993	1000531	15436	309.90	26.15	183.17	15.46
1994	1005271	15595	313.40	26.15	188.22	15.7
1995	1004409	15663	314.06	25.93	191.78	15.83
1996	1078131	15833	309.96	25.33	194.12	15.86
1997	1048657	15944	313.45	25.35	198.49	16.06
1998	1042885	16001	314.30	25.19	199.95	16.03
1999	1017673	16678	315.90	25.11	204.47	16.26
2000	1034229	16318	317.70	25.07	207.58	16.38
2001	1029314	16197	320.12	25.08	209.97	16.45
2002	1005004	17844	313.61	24.41	184.4	14.36

续表

年份	卫生医疗机构（所）	医院（所）	总床位数（万张）	每万人口床位数（张）	注册执业（助理）医师（万人）	每万人口注册（助理）医师数（人）
2003	806243	17764	316.40	24.48	194.24	15.03
2004	849140	18393	326.84	25.14	199.95	15.38
2005	882206	18703	336.75	25.75	204.21	15.62
2006	918097	19246	351.18	26.72	209.91	15.97
2007	912263	19852	370.11	28.01	212.29	16.07
2008	891480	19712	403.87	30.41	220.19	16.58
2009	916571	20291	441.66	33.10	232.92	17.45
2010	936927	20918	478.68	35.70	241.33	18
2011	954389	21979	515.99	38.30	246.61	18.3
2012	950297	23170	572.48	42.28	261.61	19.32
2013	974398	24709	618.19	45.43	279.48	20.54
2014	981432	25860	660.12	48.26	289.25	21.15
2015	983528	27587	701.52	51.03	303.91	22.11
2016	983394	29140	741.00	53.59	319.1	23.08

数据来源：中国统计年鉴，2017。

5.4.3.1 机构

各类卫生机构从 1950 年的 8915 个增长到 1996 年的最高点 1078131 个，随后波动式减少至 2014 年的 981432 个，基本每年都在 90 万个以上。期间可以分成三个阶段 1950—1980 年，1980—2002 年和 2002—2016 年。1950—1980 年为改革开放前，医疗资源相对较少，基本呈波动式变化；1980—2003 年是启动卫生事业市场化阶段，医疗卫生机构呈爆发式增长，曾有 16 年超过 100 万所，最多时在 1997 年达到 105 万所；2003—2016 年为恢复调整期，先收缩到 2003 年的 81 万所，然后稳步发展到 2016 年的 98 所左右。

医院数量基本呈稳步快速增长趋势，从 1950 年的 2803 所，增长到 2014 年的 25860 所，增长了 8.22 倍（见图 5.6）。

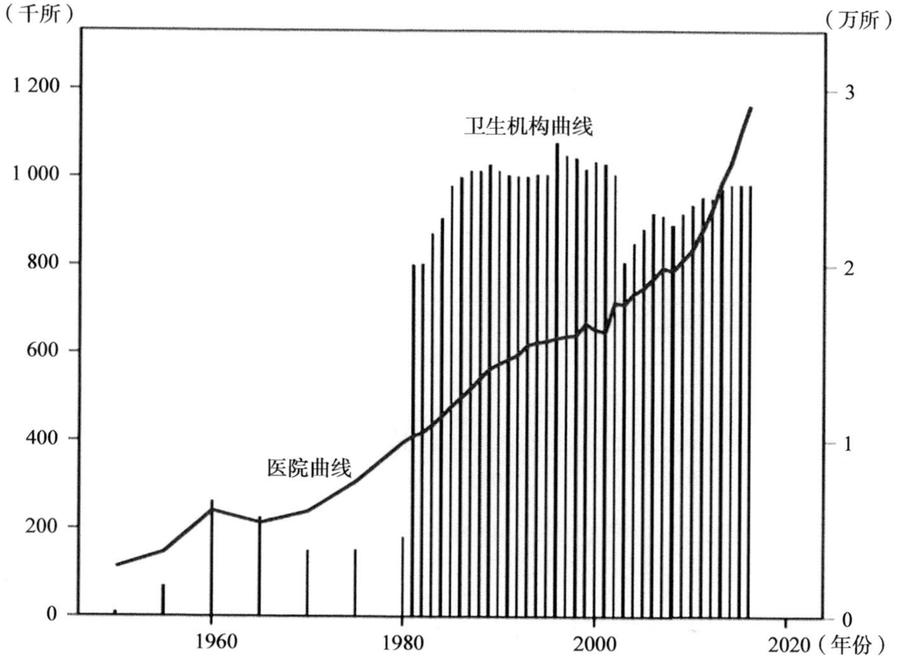

图 5.6　中国 1950—2016 年医疗机构数量变化趋势

5.4.3.2　床位

各类卫生医疗机构床位数由 1950 年的 12 万张左右增长到 2016 年的 572 万张左右，增长大约 46.6 倍。期间分为两个阶段：1950—2004 年和 2004—2016 年。1950—2004 年稳步增长阶段，由 1950 年 11 万张到 2004 年的 327 万所，平均每年增长 5.85 万张；2004—2016 年快速增长阶段，由 2004 年的 327 万张增长到 2016 年的 741 万张，平均每年增长 34.5 万张（见图 5.7）。

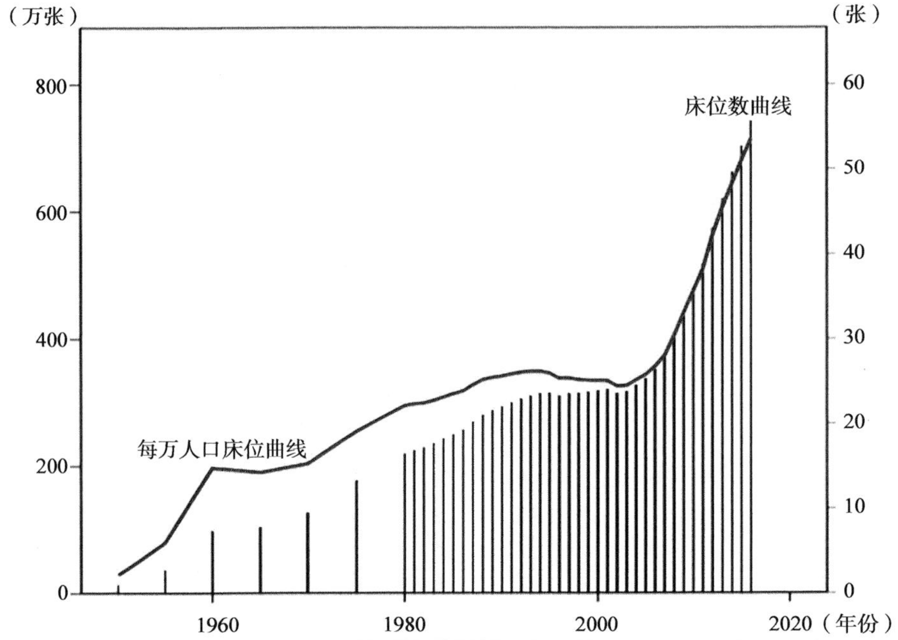

图 5.7　中国 1950—2016 年医疗机构床位数量变化趋势

与此同时，每千人拥有的医疗卫生机构床位数也从 1950 年的 0.25 张左右增长到 2016 年的 5.4 张，增长大约 24 倍，平均每年增加 0.05 张床。特别是自 2003 年以后进入快速增长阶段，每千人拥有床位数从 2003 年的 2.45 增长到 2016 年的 5.4 张，平均每年增长 0.23 张。医疗硬件条件得到极大改善，我国每千人拥有床位数已经超过中高收入国家和 OECD 国家水平（见表 5.9）。

但是我国在每万人拥有床位数上，城乡差距在不断加大（见图 5.8）。

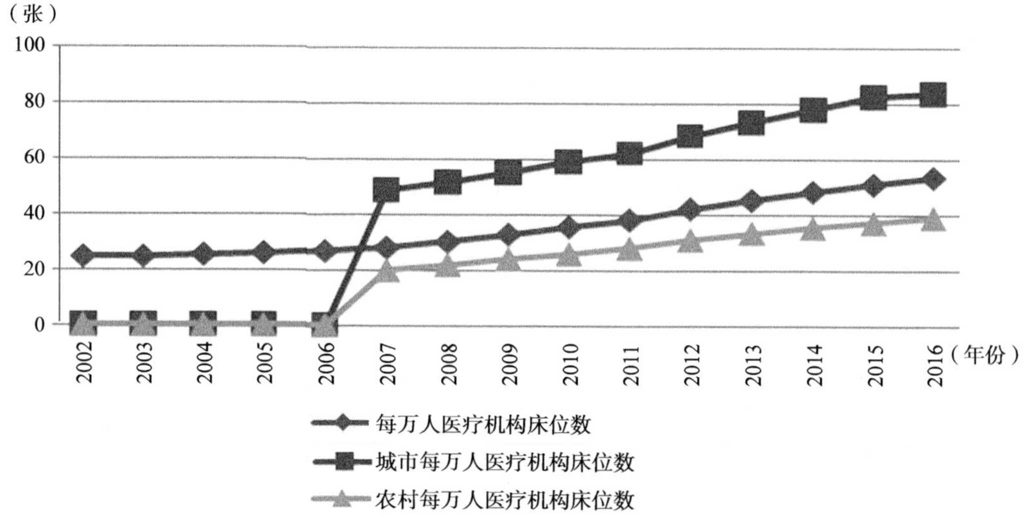

图 5.8　2002—2016 年每万人口床位数

表 5.9　医院床位数国际比较

单位：床位 / 每千人

项目	1960	1970	1980	1990	2000	2010	2011
低收入国家	1.43	1.29		0.77			
中低收入国家	0.74	0.82	1.67	1.52			
中高收入国家		1.93	2.50	3.60	3.39	3.20	3.36
高收入国家	8.95	9.11	8.41	6.29	6.47	4.26	4.22
OECD 国家	8.75	8.90	7.71	5.68	5.77	3.85	3.77
世界各国平均		3.08	3.59	3.65			
中国		1.54	2.23	2.58	2.52	3.56	3.80

数据来源：世界发展指标（WDI），世界银行。

5.4.3.3　注册执业医师

我国注册执业（助理）医师人数总体呈增长趋势。从 1950 年的 38 人增长到 2016 年的 319 万人，增长大约 7.4 万倍，平均每年增长 4.84 万人。期间分为两个阶段：1950—2001 年和 2002—2016 年。1950—2001 年稳步增长阶段，由 1950 年 38 万人到 2001 年的 210 万人，平均每年增长 3.37 万人；2001—2002 年有个小回落；2002—2016 年快速增长阶段，由 2002 年的 184.4 万人增长到 2016 年的 319 万人，平均每年增长 9.61 万人（见图 5.9）。

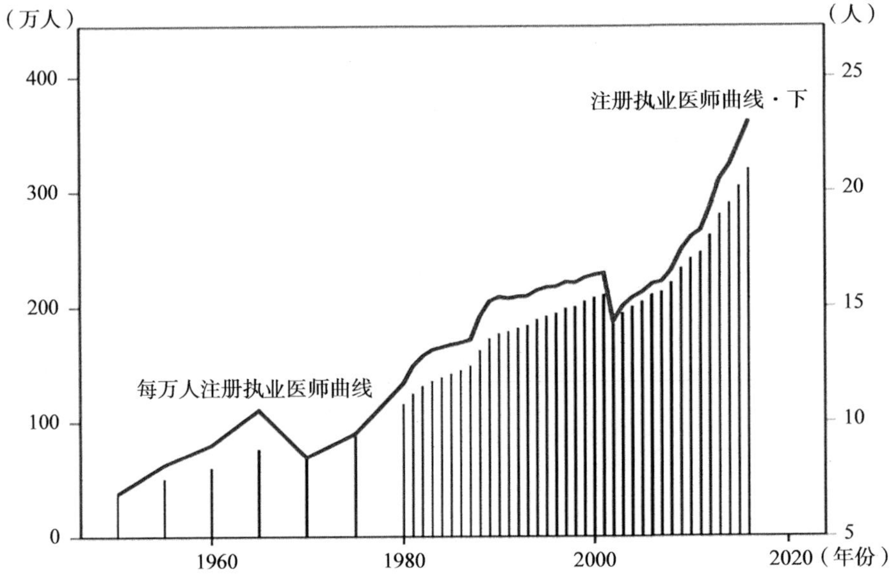

图 5.9　中国注册执业医师数变化

从每万人口拥有（助理）医师人数看，发展趋势同规模几乎一样。2002 年前呈波浪式增长，2002 年后呈快速增长态势。1950—1965 有一个增长期，1965—1970 年随后下落，然后 1970—2001 年一个平缓增长期，2002 年后快速增长期。2015 年低于中高收入国家、高收入国家和 OECD 国家的平均水平距（见表 5.10）。

表 5.10　执业注册医生人数国际比较

单位：人 / 每千人口

项目	1990	2000	2011	2012	2013	2014	2015
低收入国家	0.06	0.06	0.07		0.31		
中低收入国家	0.91	0.63	0.76		0.74		
中高收入国家	1.36	1.54	2.00		2.91		
高收入国家	2.12	2.66	2.92		3.01		
OECD 国家	1.99	2.57	2.78		2.86		
世界各国平均	1.26	1.31	1.54		1.86		
中国	1.12	1.25	1.49	1.58	1.67	1.74	（1.82）

数据来源：世界发展指标（WDI），世界银行；中国 2015 年括号中为折算数（去掉助理人数）。

5.4.4　健康状况明显改善，健康资本大幅度提高

我国城乡居民的健康总体水平持续改善，健康资本大幅度提高，主要健康指标已经位于发展中国家前列，高于中高收入国家平均水平（见表 5.11~ 表 5.14）。

表 5.11　中国主要健康指标变化趋势

年份	人均预期寿命（岁）	婴儿死亡率（‰）	5 岁以下儿童死亡率（‰）	年份	人均预期寿命（岁）	婴儿死亡率（‰）	5 岁以下儿童死亡率（‰）
1960	43.73			1989	69.15	42.3	54.1
1961	44.05			1990	69.29	42.2	53.9
1962	44.78			1991	69.44	41.8	53.3
1963	45.97			1992	69.59	41.1	52.3
1964	47.59			1993	69.75	40.1	50.9
1965	49.55			1994	69.94	39	49.3
1966	51.7			1995	70.16	36.4	47.5
1967	53.85			1996	70.43	36	45.5
1968	55.84			1997	70.75	33.1	43.6
1969	57.6	84.3	119.4	1998	71.12	33.2	41.5
1970	59.09	80.6	113.5	1999	71.52	33.3	39.3

续表

年份	人均预期寿命（岁）	婴儿死亡率（‰）	5岁以下儿童死亡率（‰）	年份	人均预期寿命（岁）	婴儿死亡率（‰）	5岁以下儿童死亡率（‰）
1971	60.3	76.9	107.8	2000	71.96	32.2	36.9
1972	61.34	73.4	102.3	2001	72.4	30	34.3
1973	62.28	69.8	96.7	2002	72.84	29.2	31.6
1974	63.13	66.3	91.1	2003	73.26	25.5	28.9
1975	63.92	62.8	85.5	2004	73.64	21.5	26.3
1976	64.63	59.3	80.1	2005	73.99	19	24
1977	65.28	56	74.9	2006	74.29	17.2	21.9
1978	65.86	53	70.3	2007	74.56	15.3	20
1979	66.38	50.5	66.3	2008	74.81	14.9	18.4
1980	66.84	48.2	62.8	2009	75.03	13.8	17
1981	67.26	46.3	59.9	2010	74.83	13.1	15.7
1982	67.62	44.8	57.7	2011	75.43	12.1	14.6
1983	67.93	43.6	56	2012	75.6	10.3	13.5
1984	68.21	42.8	54.8	2013	75.77	9.5	12.5
1985	68.45	42.4	54.2	2014	75.93	8.9	11.5
1986	68.66	42.2	53.9	2015	76.34	8.1	10.7
1987	68.84	42.2	53.9	2016	76.35	7.5	9.9
1988	69	42.3	54				

数据来源：世界发展指标（WDI），世界银行，国家统计局

5.4.4.1　人均预期寿命

人均预期寿命是体现人力资源健康资本的主要指标。我国的人均预期寿命已由中华人民共和国成立初期的35岁、1957年的57岁、1990年的69.63岁、2000年的75.01岁，逐步提高到2016年的76.35岁，人均预期寿命大幅度提高。在我国60多年的发展历程里，人口预期寿命延长了41.35岁，这在全世界都是比较罕见的；到2016年超过世界平均水平4.3岁，超过中高收入国家平均水平

1 岁以上。

总体来看，1960—2015 年，我国人均预期寿命呈逐步上升趋势；1960—2016 年 56 年间增加了近 33 岁，平均每年增加 0.59 岁，远高于世界及其他国家的平均值；2000—2016 年增加了 4.6 岁，平均每年增加 0.3 岁，低于低收入和中低收入国家平均值，高于世界及其他国家（见表 5.12）。

但不同时期我国人均预期寿命的增加速率不尽一致，可以分为 1960—1980 年，1980—1998 年，1998—2016 年三段。1960—1980 年是我国人均预期寿命增长最快的 20 年，由 43.35 岁增长到 66.52 岁，平均每年增长 1.16 岁，这个时期正是我国改革开放前医疗卫生政策建立和完善阶段。1980—1998 年缓慢增长期，由 66.52 岁到 71.12 岁，平均每年增长，0.26 岁，这个时期正是我国改革开放进行市场化时期；1998—2016 年一般增长期，由 71.12 岁到 76.35 岁，平均每年增长 0.29 岁，高于上一阶段增长速度，这是在高水平基础上的增长，更加不易，也显示了政府卫生公益化政策的效果（见图 5.10）。

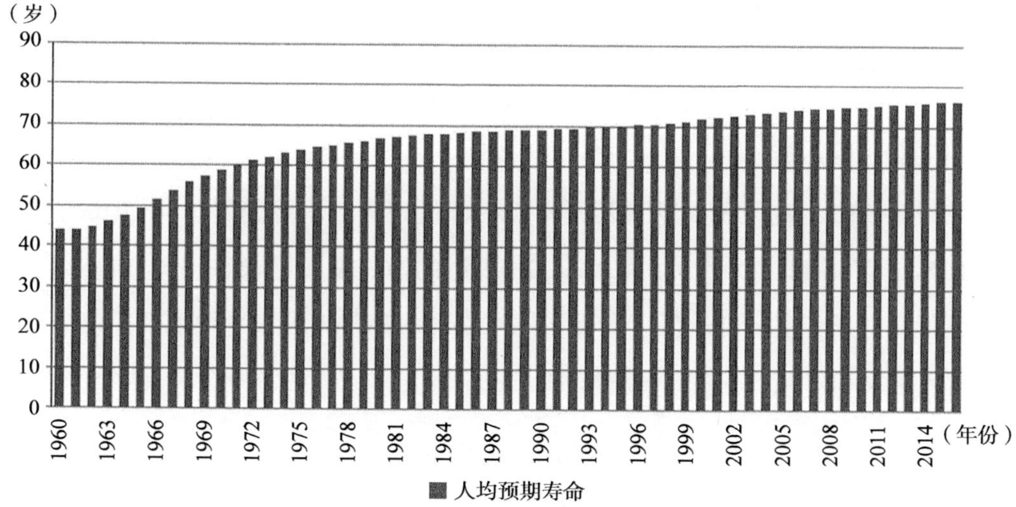

图 5.10　1960—2016 年中国人均预期寿命变化趋势

表 5.12 人均预期寿命

单位：岁

项目	1960 年	1970 年	1980 年	1990 年	2000 年	2005 年	2010 年	2015 年	2016 年
低收入国家	39.51	44.09	48.30	51.08	53.57	56.67	60.05	62.53	62.94
中低收入国家	45.48	50.83	55.81	59.41	62.67	64.34	66.18	67.65	67.88
中高收入国家	49.51	60.04	65.58	68.51	70.83	72.42	73.89	75.09	75.29
高收入国家	68.37	70.44	73.08	75.30	77.47	78.53	79.65	80.33	80.37
OECD 国家	67.35	69.51	72.27	74.70	77.08	78.22	79.36	80.07	80.12
全世界	52.57	58.65	62.87	65.44	67.68	69.14	70.68	71.86	72.04
中国	43.73	59.09	66.84	69.29	71.40	72.96	74.83	76.34	76.35

数据来源：世界发展指标（WDI），世界银行，国家统计局

5.4.4.2 婴幼儿死亡率与 5 岁以下儿童死亡率

婴幼儿死亡率不断下降。我国的婴儿死亡率已经从中华人民共和国成立前的 200‰ 左右下降到 1970 年的 80.4‰，1980 年的 48.‰、1990 年的 42.2‰、2000 年的 32.2‰，到 2016 年达到 7.5‰，远低于世界平均水平、中高收入国家平均水平，仅高于高收入国家和 OECD 国家，与 OECE 国家相差不到 1.6 个千分点。

与此同时，我国 5 岁以下儿童死亡率都呈现逐年下降趋势，从 1970 年的 113.3‰，下降到 2000 年的 36.9‰，2015 年的 10.7‰（见表 5.13）。2015 年 5 岁以下儿童死亡率远低远低于世界平均水平和中高收入国家平均水平，仅高于高收入国家和 OECD 国家（见图 5.11、表 5.14）。

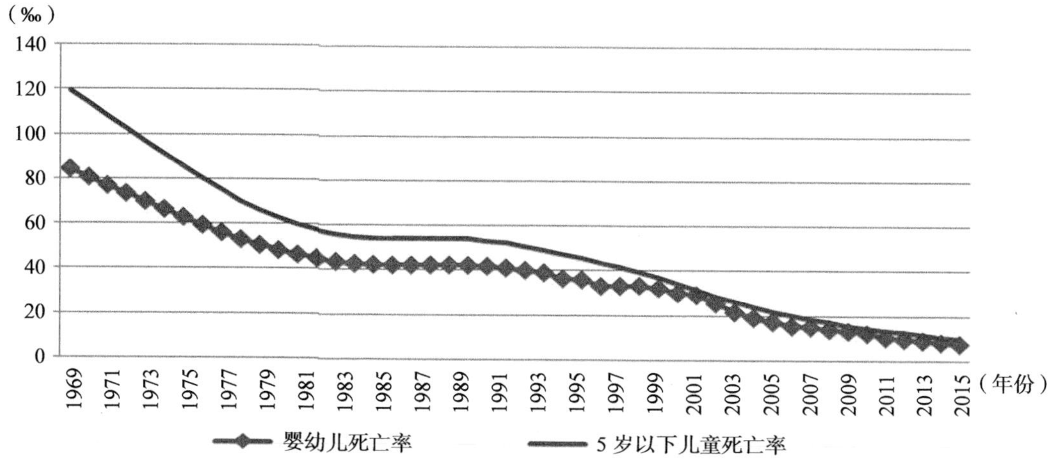

图 5.11　1969—2016 年中国儿童死亡率变化趋势

表 5.13　婴儿死亡率

单位：‰

项目	1970 年	1980 年	1990 年	1995 年	2000 年	2005 年	2010 年	2015 年	2016 年
低收入国家	151.3	134.8	112.3	104.0	92.50	76.10	63.10	52.40	50.80
中低收入国家	133.0	105.0	112.3	104.2	92.50	76.10	63.10	52.40	50.80
中高收入国家	80.60	55.40	40.80	35.40	28.50	21.40	15.90	12.60	12.00
高收入国家	23.80	15.60	10.30	8.00	6.50	5.80	5.10	4.60	4.50
OECD 国家	38.68	26.57	17.08	13.62	10.78	8.61	7.13	6.11	5.93
全世界	97.60	80.00	64.80	60.50	53.90	45.10	37.40	31.40	30.50
中国	80.40	48.00	42.20	36.40	32.20	19.00	13.10	8.10	7.50

数据来源：世界发展指标（WDI），世界银行，中国统计年鉴。

表 5.14　5 岁以下儿童死亡率

单位：‰

项目	1970 年	1980 年	1990 年	1995 年	2000 年	2005 年	2010 年	2015 年	2016 年
低收入国家	257.4	227.6	188.1	173.9	151.3	120.6	97.0	76.0	73.1
中低收入国家	199.8	154.4	120.5	108.1	93.9	78.1	63.9	52.5	50.7

续表

项目	1970 年	1980 年	1990 年	1995 年	2000 年	2005 年	2010 年	2015 年	2016 年
中高收入国家	112.9	73.1	51.6	44.0	34.9	25.8	18.9	14.8	14.1
高收入国家	28.3	18.9	12.5	9.6	7.8	6.9	6.1	5.4	5.3
OECD 国家	51.2	34.9	21.4	16.7	13.0	10.2	8.4	7.2	6.9
全世界	144.9	116.4	93.4	87.3	77.5	63.7	51.7	42.2	40.8
中国	113.3	62.4	53.9	44.5	34.9	22.5	16.4	10.7	10.2

数据来源：世界发展指标（WDI），世界银行，中国统计年鉴。

5.5 面临的形势、主要问题与挑战

我国医疗卫生事业虽然取得重大成就，但目前面临的巨大挑战。随着经济社会的发展，城乡居民消费观念和消费结构快速转型和升级，社会保障制度的逐步健全，人口老龄化持续不断加重，慢性病患病率逐年提高，工业化、城镇化、人口老龄化、疾病谱的转变和生态环境变化，以及人们对健康和医疗卫生服务质量有更高的期望，都对我国现有的医疗卫生服务供给方式提出了巨大的挑战。

5.5.1 医疗卫生资源总量仍显不足，结构不合理

我国医疗卫生服务体系建设经历了不同的发展阶段，形成了以公有制为主导，多种所有制形式并存，城乡二元结构为特点的框架格局。经过几十年的发展，目前我国医疗机构数量已具有相当的规模，医疗卫生服务人员总量也增长较快，但我国人口众多，与其他发达国家相比，医疗卫生资源总量仍显不足。同时，我国医疗卫生资源配置仍存在不合理现象，城乡卫生服务水平差异明显。

5.5.1.1　医疗卫生资源总量与人均仍然不足

我国人口占世界总人口 18%，而卫生总费用仅占世界卫生总费用的不到 5%。卫生经费投入不足，优质医疗资源严重缺乏是长期存在的突出问题。我国 2015 年卫生总费用占 GDP 的比例为 5.32%（即使按全口径投入，2016 年也只有 6.23%），低于中高收入国家的平均水平，比高收入国家、OECD 国家 12% 以上相差甚远；从人均卫生费用看，差距更加明显，2015 年我国人均卫生费用只有 426 美元，低于中高收入国家的平均水平，不到世界平均水平的 1/2，只有高收入国家和 OECD 国家平均水平的 1/10 不到。中国每千人口拥有医师数为 1.8，低于高收入国家、OECD 国家平均水平。可以看出我国医疗卫生资源总量与人均仍然不足。

5.5.1.2　卫生资源配置不合理

一是城乡配置不合理。无论是卫生经费总量，还是人均，城市地区的拥有量远超农村，并且有不断扩大的趋势。1990 年人均卫生费用城市是农村的 4.07 倍，绝对差距 120 元，到 2016 年缩小到 2.5 倍，但绝对差距扩大到 2156 元。1990 年以来，城市每千人口执业（助理）医师数始终是农村的 2 倍以上，2016 年为 2.44 倍。二是卫生经费在不同行业群体中的配置不合理；三是地域配置不合理，东部地区获得更多的医疗资源。

在中国，大约 80% 的卫生资源集中在城市，而大医院占据了总资源数的 2/3。大城市里高端医疗设备的数量已经达到或者超过了发达国家的水平。事实上，很多城市设备存在闲置情况。相反，小城市和县的公共卫生组织，尤其是农村地区，缺乏基本医疗设备。这个差距正在持续扩大，因为中国缺乏有效的转移支持体系来平衡地区间医疗和健康水平的差异，不平衡的矛盾非常尖锐。

2000年世界卫生组织给出了一个世界各国家卫生系统绩效评价系统，此系统有3个主要目标：获得良好的健康、人们所期望的反应能力、确保筹资的公正性。这个体系特别强调公平性，包括健康公平性、卫生服务中的公平性、卫生筹资中的公平性和卫生资源配置的公平性。

世界卫生组织用5个指标来衡量卫生系统的绩效：人群总的健康水平、不同人群的健康水平分布、卫生系统总的反应性、不同人群中卫生系统的反应性分布情况、不同人群医疗卫生费用的分担情况。将这5项指标按一定的比例合并后，即可得出一个国家卫生系统的绩效。

世界卫生组织利用这个评价体系并对191个成员方的卫生服务绩效进行了评价。评价结果：健康状况排在前3位的是日本、澳大利亚和法国；健康分布状况排在前3位的国家是智利、英国和日本；反应性排在前3位的是美国、瑞士、卢森堡。反应性分布排在前两位的依次是阿拉伯联合酋长国、保加利亚。哥伦比亚与卢森堡分别列筹资公平性的第1、2位。综合以上三个方面，卫生系统总体绩列前3位的国家分别是日本、瑞士和挪威。中国的排位结果见表5.15。

表5.15　世界卫生组织2000年报告中国排行情况

	指标	排序
1	健康期望寿命	81
2	健康分布状况	101
3	卫生系统反应性指数	88
4	卫生系统反应性分布指数	105~106
5	卫生费用支出公平性指数	188
6	卫生系统达到的目标	132
7	人均卫生费用	139
8	总卫生系统绩效	144

此报告对国内最有冲击力的是其卫生费用分担的公平性评价内容，中国得分排在 191 个成员方中的第 188 位，倒数第 4。此后，突如其来的非典疫情凸显了中国卫生体系存在的公共投入不足、保障能力不强的弱点。随后，引起中国政府的一系列改革，提出了“科学发展观、以人为本观”；2006 年，成立深化医药卫生体制改革工作小组，提出了公共医疗卫生公益性、政府主导要与引入市场机制有机结合、推进制度建设以及人人拥有基本医疗卫生保健等；2009 年提出建立基本医疗卫生制度和人人享有基本医疗卫生服务的目标以及公平的理念，与国际卫生发展的主流相吻合；2010 年提出大力推进公共卫生服务体系、医疗服务体系、医疗保障体系和药品供应保障体系建设。2012 年提出“健康中国 2020 年战略”，2016 年实施“健康中国 2030”规划纲要。到 2018 年，排名提升到世界第 60 名。

经过中国政府近 20 年的不断推动，卫生医疗体系不断完善，功能不断增强，绩效不断提高。但是体现在反应性方面的“医患关系紧张”、卫生筹资公平性方面的“看病难、看病贵，因病致贫”现象依然普遍存在，提高我国医疗卫生系统服务绩效之路还很艰难。

5.5.2　健康风险依然严峻

健康风险是指影响健康的因素没有被有效控制，包括缺乏取得基本健康服务的渠道，缺乏医疗保险，普遍的不健康的生活状况或者方式，缺乏基本的卫生护理知识。健康风险已经成为对中国人类安全构成挑战的最大因素。

健康风险的影响因素的种类很多，从社会医学的角度看，影响健康的因素包括遗传因素、环境因素、生活方式与行为以及卫生服务四大类。健康危险因素从可控性的角度又分为可控和不可控两大类，可控因素是指能够通过干预措施或行为改变而减少或消除对健康影响的因素，如吸烟、酗酒、身体活动不足、不健康饮食、不安全性行为、药物滥用等；不可控因素包括性别、年龄、种族、遗传家族史等。

一方面目前我国城乡居民不健康的生活方式与行为影响着人群健康。不健康的生活方式与行为主要包括以下5个因素：

（1）烟草的使用：吸烟是影响中国健康状况改善的最大障碍；我国是世界上烟草生产和消费量最大的国家，约占世界消费总量的30%以上；在列入世界健康组织统计数据的58个国家中，只有两个国家的人均年消费卷烟数量超过了5000支：中国和伊朗。在过去几十年我国卷烟生产、进口和销售均呈现增长的趋势；烟草产业是国家税收的最主要来源之一，它长久的消极影响使得吸烟成为影响中国健康改善的严重障碍。

中国目前烟民的数量大致在3.5亿，多年来，中国烟草一直保持了七个“世界第一”：烟叶种植面积第一；烟叶收购量第一；卷烟产量第一；卷烟消费量第一；吸烟人数世界第一；烟草利税第一；死于吸烟相关疾病人数第一，进入2000年以来，中国每年死于吸烟相关疾病约100万人，是全球死亡人数的五分之一。

世界卫生组织和联合国开发计划署发表报告《中国无法支付的账单》。报告指出，烟草消费在中国不仅造成大量人口过早死亡，从长远看，将造成无法承受的经济代价。该报告建议中国提高烟草税，及实行全国禁烟令。

（2）酗酒：适量饮酒不会对成人造成身体伤害，但酗酒会引起许多疾病，包括神经性功能障碍和损害、肝硬化、心脑血管疾病、肿瘤等，此外酗酒还会带来诸多家庭和社会问题。中国也是一个酒消费大国，近年来，中国饮酒人数一直呈上升趋势，目前已超过5亿人。15岁及以上的人口中酗酒者占总人口数的8.2%，大约8200万。最新调查数据显示，2015年，全国36个城市白酒消费者比例高达22.97%。全国每年能喝掉300亿公斤左右的酒；我国饮酒人群平均单次饮酒量为 2.7 两（以 38 度酒为标准），折算成纯酒精为 41.04 克，比世界卫生组织“男性每天摄入酒精量不超过 20 克,女性不超过 10 克”的安全饮用标准，高了 2 倍之多。我国早已被世界卫生组织列为世界酒精消费的“重灾区”，背后付出的健康代价很难估量。口腔咽喉癌、食管癌、肝癌、肠癌、乳腺癌称为“酒精相关癌症”。就在 2015 年 10 月，世界卫生组织下属的国际癌症研究机构正式界定酒精为“致癌物质”，与烟草齐名。

（3）不合理膳食:包括不良的膳食习惯或膳食结构不合理,其影响包括挑食、偏食等导致某些营养素缺乏引起的疾病，暴饮暴食引起的疾病，以及膳食结构不平衡而导致的疾病等。

（4）缺乏运动和锻炼：随着社会经济和科学技术发展，过去许多繁重的体力劳动已逐渐由现在的自动化设备所代替，人们的劳动强度逐渐下降。由于体力活动的减少，加上长期静坐，缺乏必要的运动和锻炼，其引发的健康危害不容忽视。

（5）药物滥用和不安全性行为：药物滥用和不安全性行为不仅会直接伤害身体健康，而且会导致某些疾病的传播，对社会造成严重的危害等。另一方面我国环境污染加重对人群健康带来新的威胁。

另一方面是环境因素影响着我们的健康。根据世界卫生组织的相关报告，全球疾病负担的 24% 以及总死亡的 23% 可归因于环境因素。我国环境污染主要包括大气环境污染，水体环境污染，污染物排放等因素影响人群健康。

中国大约有 2 亿至 3 亿人没有洁净饮用水来源，相当比例的农村居民饮用不安全的水。这意味着大约 3 亿人没有获得安全饮用水，其中 1.91 亿人饮用的水中有害物质含量超过国家规定的标准。近年来，在农村地区，通过饮用水传播的疾病达 50 多种。不安全的饮用水是与水有关的地区性疾病和血吸虫病的主要来源。

5.5.3 疾病发病和死亡模式转变，疾病负担仍然沉重

随着社会的转型和经济的迅速发展，人口老龄化和疾病谱的转变成为我国卫生工作所要面临的新挑战。我国老龄化进程表现出“两高，两大，两低”的基本特征，即高速、高龄、基数大、差异大、社区养老社会水平低、自我养老和社会养老意识低。快速的老龄化带来了疾病谱的转变、医疗保障体系不健全等问题，同时也使我国疾病负担更加沉重。

随着疾病发病和死亡模式的转变，我国疾病的防治工作又面临新的挑战。一方面传染性疾病的防治任务依然较重，中国与世界各国的合作日趋紧密，使得传染性疾病的防治工作面临更大的压力。继 2003 年 SARS 暴发以后，我国又相继出现了禽流感、手足口病和甲型 H1N1 流感等大型疫情的暴发，目前在西非多国肆虐的埃博拉病毒也可能随时对我国民众健康造成威胁。经济全球化以及它对环境和人们行为习惯产生的改变已经使一些新的传染性疾病变为对人们健康的主要威胁。自从第一例艾滋病（AIDS）病例 20 世纪 80 年代在美国发现以来，这种疾病已经传遍全球。近年来，艾滋病（AIDS）已经迅速传遍了中国。

另一方面慢性非传染性疾病已成为威胁我国城乡居民健康的主要疾病，由于其影响因素的复杂性与广泛性以及危害的日趋严重性，给我国经济社会带来了巨大的压力。人口结构和其他因素使得诸如心脑血管疾病、肿瘤和糖尿病之类的慢性疾病增多。恶性肿瘤、脑血管疾病、心脏病以及呼吸系统疾病分别是造成死亡的第一、第二、第三、第四位普遍诱因，它们导致的死亡病例占因病死亡总数的 3/4 以上。

尽管我国覆盖全民的医疗保障体系初步建成，但医疗卫生机制尚不完善，医疗机构，特别是公立医院还处于部分自负盈亏状态，公益性性质没有真正体现，

“过度医疗”现象频频发生，“以病为本”的卫医疗生模式给国家社会和个人带来一定的经济负担，仍存在“因病致贫”的风险，也对国家医疗卫生事业的公益性产生消极影响。

5.6　未来发展目标

中国政府 2016 年 10 月发布“健康中国 2030”规划纲要，提出了三个阶段目标，具体如下：

到 2020 年，建立覆盖城乡居民的中国特色基本医疗卫生制度，健康素养水平持续提高，健康服务体系完善高效，人人享有基本医疗卫生服务和基本体育健身服务，基本形成内涵丰富、结构合理的健康产业体系，主要健康指标居于中高收入国家前列。到 2030 年，促进全民健康的制度体系更加完善，健康领域发展更加协调，健康生活方式得到普及，健康服务质量和健康保障水平不断提高，健康产业繁荣发展，基本实现健康公平，主要健康指标进入高收入国家行列。到 2050 年，建成与社会主义现代化国家相适应的健康国家。

到 2030 年具体实现以下目标：

——人民健康水平持续提升。人民身体素质明显增强，2030 年人均预期寿命达到 79 岁，人均健康预期寿命显著提高。

——主要健康危险因素得到有效控制。全民健康素养大幅提高，健康生活方式得到全面普及，有利于健康的生产生活环境基本形成，食品药品安全得到有效保障，消除一批重大疾病危害。

——健康服务能力大幅提升。优质高效的整合型医疗卫生服务体系和完善的全民健身公共服务体系全面建立，健康保障体系进一步完善，健康科技创新整体实力位居世界前列，健康服务质量和水平明显提高。

——健康产业规模显著扩大。建立起体系完整、结构优化的健康产业体系，形成一批具有较强创新能力和国际竞争力的大型企业，成为国民经济支柱性产业。

——促进健康的制度体系更加完善。有利于健康的政策法律法规体系进一步健全，健康领域治理体系和治理能力基本实现现代化。

"健康中国 2030"规划纲要中健康中国主要发展目标见表 5.16。

表 5.16 健康中国主要发展目标

健康水平指标	2015 年	2020 年	2030 年
人均预期寿命（岁）	76.34	77.3	79.0
婴儿死亡率（‰）	8.1	7.5	5.0
5 岁以下儿童死亡率（‰）	10.7	9.5	6.0
孕产妇死亡率（1/10 万）	20.1	18.0	12.0
健康服务与保障指标	**2015 年**	**2020 年**	**2030 年**
每千常住人口执业医师数（人）	2.2	2.5	3.0
个人卫生支出占卫生总费用的比重（%）	29.3	28 左右	25
其他	**2015 年**	**2020 年**	**2030 年**
重大慢性病过早死亡率（%）	19.1	17.2	12
地级及以上城市空气质量优良天数比（%）	76.7	>80	持续改善
地表水质量达到或好于Ⅲ类水体比例（%）	66	70	持续改善

5.7 基本结论

中华人民共和国成立以来医疗卫生事业发展历程表明，党和政府的执政理念以及发展模式的变迁对卫生政策有着非常重大的影响。我们可以得出以下结论。

第一，经历计划经济阶段、市场化阶段，正处在公益转型阶段。

中华人民共和国成立后，我国医疗卫生事业发展大致分为三个阶段：1950—1978 年计划经济时期，1978—1998 年市场化时期，1998 年至今公益转型时期。

计划经济时期。坚持卫生事业的福利公益性质，“一切为了人民健康”，突出“预防为主”。在整个经济发展水平相当低的情况下，政府通过有效的制度安排（公费医疗制度、劳保医疗制度以及农村合作医疗制度），用相对廉价的卫生投入，大体上满足了几乎所有社会成员的基本医疗卫生服务需求，保护了世界最大人口的健康，国民健康水平迅速提高，不少国民综合健康指标达到了中等收入国家的水平，取得了举世公认成绩。被世界卫生组织和世界银行誉为“以最少投入获得了最大健康收益”的“中国模式”。

市场化时期。政府开始逐步调整卫生事业福利性的定位，在卫生筹资中更多强调个人的责任。公平让位于效率，政府对医疗机构引入经济核算，更多强调市场机制在资源配置中的作用。逐步建立的保障国民健康的重要制度逐渐丧失功能，“一切为了人民健康”“提高国民健康”的目标反被淡化，“看病难、看病贵”“因病致贫”问题成为社会突出问题。这一时期，卫生资源短缺的状况得到极大改善，初级卫生保健和计划免疫等项工作受到高度重视。

公益转型时期。重新确定了医疗卫生事业的公益性，“一切为了人民健康”和“提高国民健康”又重新成为政府的发展目标，正处于市场化向公益福利化转换阶段。到目前为止，完善了公共卫生服务体系，重新建立了基本医疗保险制度（“城镇职工医保”“城居保”“新农合”），基本覆盖所有居民。这是世界上规模最大的基本医疗保障体系，无论从覆盖率、筹资水平还是保障内容方面都取得较为显著的进展，“看病难、看病贵、因病致贫”问题有所缓解，但保障水平还较低。

第二，成绩突出，主要卫生指标超过中高收入国家平均水平，但投入相对不足。

中国在1997年及以前一直都属于低收入国家，1998年进入中等偏下收入国家行列，2010年进入了中等收入国家行列，2014年后年跨入中高收入国家，2015年中国刚刚超过中等偏上收入国家的平均值。但从1970年起，我国主要健康指标水平已超过或达到中高收入国家的平均水平。

2015年我国人均GDP为8069美元，是世界各国平均水平的80%，OECD国家平均水平的22%，高收入国家平均水平的20%，中等偏上国家平均水平的101%。

从产出来看，人均预期寿命分别是世界各国、OECD国家、高收入国家和中等偏上国家平均水平的107%、95%、95%和102%，高于相应的经济发展水平；婴儿死亡率、5岁以下儿童死亡率低于中高收入国家平均水平，但与高收入国家和OECD国家尚有较大差距。

从投入来看，人均卫生费用低于中高收入国家平均水平，远低于高收入国家、OECE国家和世界平均水平，分别只相当于前者的93.2%、8.7%、9.4%和42.5%；低于于相应的经济发展水平；另外，卫生费用占GDP比例低于中高收入国家平均水平，远低于高收入、OECD国家和世界平均水平；政府卫生费用占GDP比例也略低于中高收入国家平均水平，远低于高收入国家、OECD国家和世界平均水平。

从另一个角度看，中国医疗卫生系统具有较高的投入产出效率，用较少的卫生资源支撑了较大规模、较高质量的卫生产出。

第三，政府的执政理念以及发展模式具有决定的作用。

总结和反思几十年来卫生政策和国民健康水平的变迁历程可以发现，加强政府卫生责任、注重卫生资源、健康结果公平性的时期是国民健康水平改善较快的时期；过分强调市场化虽然能够增加医疗资源的供给，但是国民健康改善与健康结果公平性并不能取得理想的结果。

虽然一个国家的医疗卫生政策受到宏观经济社会背景的巨大影响，但是卫生政策在制定和执行过程中需要遵循医疗卫生事业发展的规律，需要重视医疗卫生领域的特殊性。在完善社会主义市场经济的过程中，强调卫生领域的政府责任、卫生事业的公益性依然是卫生事业发展的正确方向。

练习与思考

1. 改革开放前，我国实行的什么样的卫生政策，其政治、经济背景是怎样的，效果怎样？
2. 改革开放后，我国实行的什么样的卫生政策，其政治、经济背景是怎样的，效果怎样？又采取去了哪些措施？
3. 你觉得目前我国医疗卫生系统还存在那些问题？怎么解决？
4. 你认为积累国家人力资源健康资本，应该做哪些工作？
5. 我国医疗卫生事业都取得了那些成就？
6. 我国的医疗卫生事业投入水平如何？你觉得个人负担水平多少比较合理？
7. 我国健康医疗卫生事业现在面临的主要问题？

参考文献

仇雨临，等 . 我国医疗保障的制度转型与发展路径研究 [J]. 人口与经济，2014（2）：114-119.

方鹏骞 . 中国医疗卫生事业发展报告 [M]. 北京 ：人民出版社，2015.

傅虹桥 . 新中国的卫生政策变迁与国民健康改善 [J]. 现代哲学，2015（5):44-50.

胡鞍钢 . 中国 ：2020 一个新型超级大国 [M]. 杭州 ：浙江人民出版社，2012.

弗伦克 . 2000 年世界卫生报告 ：拓展卫生系统绩效的视野 [J]. 中国卫生政研究，2010（11）：11-14.

黄蓉 . 我国基本医疗保障制度现状及思考 [J]. 法律博览，2016（9）（下）：206.
雷海潮，等 . 我国基本医疗保障制度发展程度的定量研究 [J]. 中国卫生经济，2017（4）：23-28.
雷海潮 . 卫生体系研究的里程碑——纪念世界卫生组织 2000 年报告发布十周年 [J]. 中国卫生政策研究，2010（11）：22-24.
李蔚 . 十三五时期中国医疗卫生领域面临的问题及其治理 [J]. 甘肃社会科学，2015(6):205-208.
李玲，等 . 公立医院的公益性及其保障措施 [J]. 中国卫生政策研究，2010（5）：7-11.
李玲，等 . 理性评估中国医改三年成效 [J]. 卫生经济研究，2012（5）：7-12.
李玲，等 . 从国家治理视角看实施健康中国战略 [J]. 中国卫生经济，2018（1）：5-8.
刘岳，张亮 . 卫生系统绩效评价理论框架的研究进展 [J]. 医学与社会，2008（8）:29-31.
王荣荣 . 我国基本医疗保障制度的发展研究 [D]. 石家庄：河北联合大学，2015.
王云竹 . 中国基本医疗保障制度研究 [D]. 上海：复旦大学，2007.
徐义海 . 我国基本医疗保障制度碎片化及其整合研究 [J]. 中国卫生经济，2013（3）：33-35.
杨敏红 . 试论我国基本医疗保障制度的现状与发展 [J]. 中国卫生资源，2012（6）：487-489.
张研，等 . 三大基本医疗保障制度保障能力差异分析 [J]. 中国卫生经济，2013（2）：60-63.
赵白鸽 . 人力资源强国战略 [M]. 北京：学习出版社，2012.
周忠良，等 . 我国基本医疗保障制度受益公平性分析 [J]. 中国卫生经济，2013（7）：21-23.

第 6 章　教育与人力资源开发

人力资源是一个国家最重要的战略资源和财富基础，高质量的人力资源是国家竞争力的核心。教育是人力资源开发的主要手段，在发展人力资源和促进人类全面发展方面起着基础性的作用。国家间科技发展水平以及经济发展差异的主要原因在于教育水平差距，教育发展水平和人力资源开发质量直接关系和影响一个国家综合实力，直接关系和影响一个国家的国际竞争力。根据舒尔茨人力资本理论，投资教育是积累人力资本最直接的途径，只有当教育发展了，人力资本才可能增长,经济才可能发展,国力才能增强。国力发展是经济的发展，更需要人力资源的发展，必须教育先行。

6.1　基本概念

6.1.1　教育与国民教育

2011 年 11 月 10 日，联合国教科文组织第 36 届世界教育大会批准的新国际教育标准分类（International Standard Classification of Education，以下简称

ISCED 2011）提出，“教育（Education）”是社会有意地将积累的信息、知识、理解、态度、价值、技艺、能力或行为从上一代传给下一代的过程。

国民教育分为狭义和广义。狭义的国民教育是指国家为了提高国民素质，依据法律详细规定教育的内容、方法和对象等而进行的教育。广义的国民教育是指为提高国民素质而进行的一切教育，包括学校教育、家庭教育和社会教育。从事国民教育的主体不仅包括国家，也包括个人；在个别情况下，国民教育有时用作与私人教育、教会教育相对的名词。近年来，我国社会上也有人把“国民教育”（系列）作为同党校、军队、警察院校、政府非教育行政部门举办的培训、企业培训以及宗教院校等相区别的一个概念使用，在这个意义上的“国民教育”通常是指教育主管部门负责的学校教育与培训。

6.1.2 学校与教育机构

学校是指教育者有计划、有组织地对受教育者进行系统的教育活动的组织机构。一般学校主要分为五种：幼儿园、小学、初中、高中和大学。

教育机构是指实施各种教育工作的场所和教育管理机关。狭义指各级各类学校。广义指：一是各种类型和程度的学校；二是学前教育机构；三是校外教育机构（如少年宫、辅导站）；四是成人教育机构（函授学院、电视大学、广播大学、成人自学考试站等）；五是各级教育行政机关（教育部、教育厅、教育局、教育科等）；六是教育研究机构。

6.1.3 学校教育、家庭教育和社会教育

学校教育指受教育者在各类学校内所接受的各种教育活动。学校教育一般是由专职人员和专门机构承担的有目的、有系统、有组织的、有计划的，以影

响受教育者的身心发展为预定目的社会活动。一般说来，学校教育包括初等教育、中等教育和高等教育。

家庭教育是在家庭生活中，由家长（其中首先是父母）对其子女实施的教育。而按照现代观念，家庭教育包括：一是生活中家庭成员（包括父母和子女等）之间相互的影响和教育；二是聘请专门从事家庭教育的教师对子女的教育。家庭教育简称家教。

社会教育（society education），社会教育的基本含义有广义和狭义之分。广义的社会教育，是指旨在有意识地培养人、有益于人的身心发展的各种社会活动；狭义的社会教育，是指学校和家庭以外的社会文化机构以及有关的社会团体或组织，对社会成员所进行的各种教育。

6.1.4　义务教育

义务教育（Compulsory Education），从英文词意看亦可称“强迫教育”，一般定义是“根据国家法律规定对适龄儿童实施一定年限的、普及的、强迫的、免费的学校教育”。也就是依法律规定，适龄儿童和青少年都必须接受，国家、社会、家庭必须予以保证的国民教育，为现代生产发展和现代社会生活所必需，是现代文明的一个标志。国际公认的义务教育属性有三条：强制性、免费性、普遍性（也称“无歧视性”或“普及性”），其目的就是整体提高国民文化素质。义务教育阶段是所有教育的基石，也是一个国家人力资源开发的基础。

在现代国家都普遍立法实施义务教育，各国宪法基本都有涉及教育权利的规定。由于各国情况不同，义务教育措施也不尽相同。共同之处是：明确规定义务教育的对象、目的、内容和年限，规定政府在学校设立和管理方面的责任、家长对子女接受义务教育责任、经费来源和分配、义务教育的免费问题以及其他措施。其基本内容包括：① 国家有制定法律强制学龄期儿童及青少年接受教育的义务；② 国家有开办学校、聘任教师、供应教材等义务；③ 学龄儿童及青少年（包括残疾者）有入学接受教育的权利和义务；④ 家长有送子女入学的义务；⑤ 社会有缴纳捐税或集资兴办学校、支持义务教育的义务。

义务教育一般都从最低层次开始，按照我国义务教育法，我国实行九年义务教育，包括小学六年和初中三年。

6.1.5 国民教育体系

教育体系也称教育系统（后称教育系统），是指互相联系的各种教育机构的整体或教育大系统中的各种教育要素的有序组合。国民教育体系是指一个国家通过法规确定的，为本国国民提供教育服务的组织体系和教育制度体系。在组织形式上，国民教育体系的主体由各级各类学校构成，同时也包括各级教育行政机构。在制度形式上，国民教育体系内在的规定性则表现为学制、学历、学位、考试、资格证书（职业和执业资格证书除外）等基本制度。国民教育体系实际上是一个国家教育发展水平的综合体现。

6.2 国际教育标准分类

联合国教科文组织 1958 年第 10 届大会通过的关于国际教育标准分类（International Standard Classification of Education，以下简称 ISCED）的建议，它是由联合国教科文组织为主设计，并征得成员方认可的规范性文件，以此作为各国设置教育统计指标的参考依据，也是国际组织收集可比性教育统计数据的基础，常用于衡量一国教育发展水平，并以此与其他国家进行比较。

1978 年，联合国教科文组织第 20 届世界教育大会正式批准推荐给各国参考使用的 ISCED，仅就教育体系层次而言，从学前教育到高等教育，初步分为 8 个层次，称为 ISCED1978 版。

1997 年，联合国教科文组织第 29 届世界教育大会批准了 ISCED 修改方案，即 1997 年版，为世界各国广泛认可。相应的成员方基本依据这一标准分类，对本国各级各类教育的常规统计指标及数据进行统计。

2011 年 11 月 10 日，联合国教科文组织第 36 届世界教育大会批准了新的 ISCED 修订版本，称为 ISCED2011 版。新修订标准分类考虑了 1997 年 ISCED 修订以来全球范围教育体系的显著变化，把各国教育体系状况映射到新的 ISCED 结构框架之中。

6.2.1　教育层次

ISCED2011 版将所有教育分为八个层次，早期开发与学前教育、初等教育、初级中等教育、高级中等教育、非高等的高中后教育、短线高等教育、学士或同等学力、硕士或同等学力、博士或同等学力（见表 6.1）。

表 6.1　ISCED 教育分层与中国比较

代码	2011 年版	相当中国学历层次
0	早期儿童教育开发（面向 3 岁以下儿童）学前教育（面向 3 岁及以上儿童）	学前教育（托儿所：3 岁以下；幼儿园：3 岁及以上）
1	初等教育	小学
2	初级中等教育	初中或职业初中
3	高级中等教育	普通高中或中等职业
4	非高等的中等后教育	高中后就业培训
5	短线高等教育	专科高职
6	学士或等同	大学本科或等同学历

续表

代码	2011 年版	相当中国学历层次
7	硕士或等同硕士	硕士或等同硕士
8	博士或等同	博士或等同
9	未分类	

资料来源：联合国教科文组织教育统计局编．国际教育标准。

6.2.2 教育类别

分为学校或学院教育（school or college-based education）、职业教育（vocational education）、培训（training）和基于工作的教育（work-based education）四个类别。

6.2.2.1 学校或学院教育

即教育活动在特定教育机构中进行，通过专门学习环境（即实验、音乐室、计算机房或体育馆）、专门课目在内的班级授课和在教师指导下的群体活动来达到特定的学习目标。学校教育一般开设普通教育课程。普通教育课程指为发展学习者的普通知识、技艺和能力以及读写和计算技能而设计的教育课程，通常为参加者进入同级或更高级阶段的教育课程作准备，并为终身学习奠定基础。

6.2.2.2 职业教育

为学习者获取某种职业或行业或数种职业特定的知识、技艺和能力而进行的教育。职业教育一般开设职业教育课程。职业教育课程指主要为学习者掌握在某一特定的职业或行业或某类职业或行业从业所需的知识、技艺和能力而设计的教育课程，这样的课程可能有基于工作的成分（即实习）。成功完成这类课程后，可以获得由相关国家主管当局或劳务市场以从业为目的而认可的与劳务市场相关的职业资格证书。

6.2.2.3　培训

培训是为达到特定的学习目标，特别是在职业教育中而设置的教育。

6.2.2.4　基于工作的教育

它是发生在工作环境中，通常在职业教育课程期间，在有经验的工作人员或培训者的指导下，通过实践授课和参加工作活动，以期达到特定学习目标的教育活动。

一般，从义务教育阶段后，教育开始分类，都分别开设有普通教育课程和职业教育课程。我国在九年义务教育后开始分流，分为普通高中教育和中等职业教育。

6.2.3　国际职业体系与教育体系之间的关系

国际职业体系（ISCO）中的职业分类及技能等级和教育分类及教育等级之间，有一定的对应关系。ISCO 的四个技能等级与 ISCED 的八个教育等级大致能够相互对应，如“专业人员”大致对应的教育等级是高等教育（含学士、硕士、博士及等同水平的教育等级），“技术员与专业人员助理”大致对应中等后非高等教育和短线高等教育，“技术工人”大致对应高级中等教育（见图 6.1）。

无论是从个人还是从社会的教育目的来，顺利就业进入职业领域都是客观需要。只是不同的教育阶段与教育类型中，这种职业目的性的强度和方向有所差异。教育受到职业世界的影响，职业世界对职业从业者知识、技能、能力的要求会通过职业对于学历、专业等的要求必然反映到教育过程中，不同教育阶段、类型培养出来的人才也会以实际工作表现与能力影响职业世界。二者之间

职业体系国际职业分类标准（ISCO）2008		
ISCO技能等级	4	专业人员 管理者、工程专业人员、建筑师、医生、金融和法律专业人员
	3	技术员和专业人员助理 建筑监理、商务代理、制药、通信技术员
	2	技术工人 事务、服务、农业、手工、贸易、操作、组装等工人
	1	初等职业者 清洁工、帮手、运输与仓储劳动力

↔

教育体系国际教育标准分类（ISCED）2011		
ISCED教育等级/资格等级	8	博士或相等水平 学术性 / 专业性 / 未指明方向
	7	硕士或相等水平 学术性 / 专业性 / 未指明方向
	6	学士或高等教育 学术性 / 专业性 / 未指明方向
	5	短线高等教育 学术性 / 专业性 / 未指明方向
	4	中等后非高等教育 普通性 / 职业性
	3	高级中等教育 普通性 / 职业性
	2	初级中等教育 普通性 / 职业性
	1	初等教育

图 6.1　国际职业体系技能等级与教育体系教育等级之间的对应关系

的相互影响可以结构化和系统化，为职业体系中职业分类与技能等级和教育体系中学科分类与教育等级之间的有一个大致相互对应关系。当然，也有两个体系之间会出现交叉性的上下流动，例如低教育等级进入高技能等级体系之中，或是低技能等级却要求高教育等级，形成教育不足或过度教育。在大多数正常的环境条件之下，教育等级与技能等级基本对应，这也是人才培养过程与人力资源使用的规律性和科学性要求。

6.3　教育人力资本的作用

舒尔茨人力资本投资的主要观点是，人力资本是对人的投资积累，人力资本的增加对经济增长的贡献远比物质资本、劳动力数量的增加更为重要。人力资本的主要成分是人的知识、技能和健康等，健康的作用主要是保持人力资源的活力，而教育的作用是促进人力资源的功能，也就是加强最核心的要素：人的知识、技能和综合素质等。所以，人力资本投资主要就是对教育的投资。实际上，人力（人口）资源的生产主要体现在量的方面，而人力（人口）资源质量的生产主要依赖教育。教育在人力资源开发中的作用，主要表现为通过教育来提高劳动者的素质，具体包括：① 培养劳动者道德价值观念，也就是社会价值标准、个人的价值标准、国家和世界的价值标准、认识过程的价值标准等；② 提高劳动者智力素质，包括把非熟练劳动力培训为熟练劳动力，改变劳动者的能力形态等；③ 培养和提高劳动者创造力；④ 对劳动者健康素质也有着极大的影响。

6.3.1　教育通过提高人力资本质量，推动全要素生产率的提升，促进经济增长

全要素生产率（total factor productivity，TFP），是指除物质资本和劳动力的量的投入以外的那些导致经济增长的所有其他要素的总和。这些要素包括人力资本、技术进步、组织创新、生产创新、管理创新、专业化程度以及社会经济制度进步等各方面因素，其中人力资本是驱动全要素生产率的重要成分。

正规学校教育在人力资本生产中发挥着决定性作用，因为良好的学校教育是人们知识、能力和品格形成的主要途径，也是劳动者的工作岗位培训和“干中学”的必要基础。教育通过提高人力资本质量，提高劳动者的认知技能，进而提高工人在生产中的劳动生产率；教育通过创新人才的培养，促进知识创新和科技创新，推动生产过程中的技术进步和产品不断更新；提高劳动者的认知

能力，提高劳动者对变化的劳动力市场和工作场所的环境适应性和管理水平。这些都是促进全要素生产率增长的因素。

6.3.2 教育通过提高劳动者素质，推动产业结构升级，促进经济增长

产业结构的不断优化升级是经济增长的重要源泉之一。产业升级是指一国的经济从劳动密集型产业向资本密集型产业升级，进而向知识和技术密集型产业的升级；也是指国民经济的重心从第一产业向第二产业的升级，进而向第三产业的升级；同时还是指三次产业内部各自的结构优化升级。产业结构的优化是指在各个产业之间和产业内部实现人力、物力、财力等资源的最佳配置以实现产出的最大化，并实现各类产业的有机融合。在经济发展的过程中，影响产业升级的因素很多，例如，劳动的分工和生产的专业化、技术的进步、教育的发展水平和人力资本的积累、社会需求的变化、资源的开发与利用、对外贸易和引进外资以及相关国家的经济政策与经济制度等，其中教育在产业结构的优化升级中具有基础性和先导性的作用。

产业结构的优化升级是以必要的具有相应知识技能的劳动者群体为基础的。教育正是通过提高人的知识技能，为产业优化升级创造了必要的前提。一个国家的教育发展状况及其所形成的劳动力数量和质量同该国的产业结构密切相关。当劳动密集型的农业和手工业生产向资本密集型的大机器工业生产升级时，需要大量能够理解和掌握大机器生产过程中的基本知识和操作技能的工人。这就要求劳动者具有一定的文化科学技术基础知识和较强的读写算能力，能够理解大机器生产的操作程序和规章制度，并能有效履行生产职责，只有达到一定受教育水平的人才能做到这一点。而当资本密集型产业向知识和技术密集型产业

升级时，需要有相当大的比例受过高等教育的劳动者。人类社会从第一产业产出比例占主导地位的农耕时代发展到第二产业产出比例占主导地位的资本密集的大机器生产的工业化时代，进而到第三产业产出比例占主导地位智能化的知识经济时代，是人类知识的积累、传播和创新的过程，而教育则是这一过程的不可或缺的前提条件。

6.3.3　教育通过推动城镇化进程，促进经济增长

城镇化不仅是一个国家现代化的必由之路，而且是拉动经济增长的重要引擎之一，它是一个国家或地区经济发展水平的重要标志，也是衡量一个国家或地区社会组织程度和管理水平的重要标志。而教育则是以人为核心的新型城镇化最重要的动力。

教育是城镇化的重要驱动力，主要体现在以下两个方面。第一，通过增加教育投资，大力发展教育事业，提高农业劳动者的文化科学水平、生产操作能力和经济运作视野，使得他们能够更好地使用不断更新的农业科学技术发展的最新成果，不断提高农业劳动生产率，使得越来越多的农民从土地上解放出来，进入城镇的第二产业或第三产业，促进小城镇的发展。第二，教育是深度开发人力资源、全面提高人的素质的基础，是农民通过接受培训和再培训进入第二产业和第三产业并逐步实现“市民化”的必要前提。城镇化进程不仅仅是促进经济增长的发展手段，更是一个人的自身发展过程。城镇社会是一个社会分工更加细化、居民之间互动更多、社会互动规则更强、公共领域更发达的社会，因此对人的人文、社会、法律与秩序素养要求更高更系统，这些素养必须通过系统地接受教育才能形成。

6.3.4 教育通过调节收入分配结构，促进消费，拉动经济增长

经济增长受许多因素影响，其中包括投资、对外贸易、科技创新、劳动者素质和居民消费等等。消费作为最终需求，是拉动经济增长的第一动力。教育在扩大消费需求方面具有不可或缺的重要作用。

首先，教育通过改善收入分配结构，促进消费的扩大，拉动经济增长。在一个不断完善的市场经济条件下，当受过较高较好教育的高收入群体的供给人数增加时，这一群体在劳动力市场上的竞争优势将相对降低，其收入水平也会相对降低。而由于受教育程度较低的低收入群体的人数相对减少，其在劳动力市场上的竞争优势则相对增强，这一群体的收入水平也会相应提高。通过教育的这种调节作用，中等收入群体就会逐渐扩大，基尼系数也会相应地逐步降低。这种收入分配结构的变化将使得居民扩大消费，为促进经济增长奠定必要的物质基础。

其次，教育可以改变人的消费观念，增强消费技能，丰富消费方式，刺激消费需求，提高消费层次，优化消费结构，拉动经济增长。

再次,教育发展本身也会扩大消费需求。教育事业发展的本身也是扩大消费，拉动经济增长的重要方面。

综上所述，教育通过提高人力资本质量，促进全要素生产率的提升；通过培养造就相关产业所需要的人才，推动产业结构升级；通过提高农民素质和农业劳动生产率，加快城镇化进程；通过改善收入分配结构，更新居民的消费观念，扩大消费需求等多种机制作用于经济增长（见图 6.2）。但是，教育对经济增长的促进作用是一个长期的、复杂的过程，需要长期地加大教育发展力度，提高教育质量，促进教育公平，进而从整体上提高全体劳动者的素质，积累优

质人力资本，特别是创新型人力资本，为长期的经济增长奠定坚实的基础。第二，教育促进经济增长的作用受到宏观经济状况和经济政策的深刻影响，在不同的经济发展阶段和不同的宏观经济环境下，二者的关系是有所差别的。第三，由于教育促进经济增长的作用机制总是在一定的制度化环境中进行的，因此二者的关系不可避免地会受到体制和机制的致约。

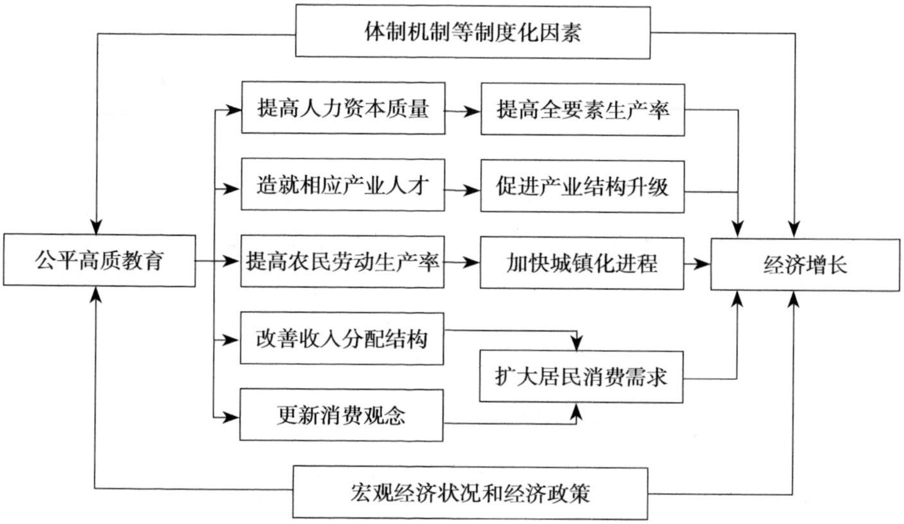

图 6.2　教育促进经济增长机制路径 ❶

6.4　国家教育发展方式

教育是人力资源开发、积累人力资本的主要手段，在发展人力资源和促进人类全面发展方面起着基础性的作用。由于国情不同，每个国家都以不同的方式和手段发展着本国的教育。虽然模式各不相同，但都有共性的发展方式，正

❶　闵维方 . 教育促进经济增长的作用机制研究 [J]. 北京大学教育评论，2017（3）：123-136.

如国际教育标准分类所体现的那样，这些共性主要体现在以下 3 个方面。

第一，要筹集发展教育事业的资金，也就是进行教育投资。

教育投资是发展教育事业、积累人力资本的物质基础，从长远看，教育投资是效益最大的一种投资。一个国家在发展的过程中，必须进行教育投资，而教育投资一般是递增的。随着国民经济和社会的发展，一方面，对各种专门人才和熟练劳动者的需求越来越多，对国民文化水平的要求越来越高，从而要求教育事业与之相适应；另一方面，国民收入总量和人均国民收入量也不断增加，有可能承担日益增长的教育投资。

第二，通过建立教育系统来实施教育。

学校是教育者有计划、有组织地对受教育者进行系统的教育活动的组织机构，是实施教育活动的基本单位。各国都会根据本国具体情况建立各级各类学校，形成教育组织系统，保障教育活动开展；通过制定教育制度系统，保障教育有序有效地进行，以适应人才培养的要求。

第三，根据经济社会发展环境变化，调整完善教育系统。

随着经济社会发展环境变化，对教育的需求也有了新的需求（例如规模、质量、层次、类别等），同时，支撑教育发展的物质基础也发生了新的变化，这时整个国家就会调整教育系统，以适应这种变化。最终表现为：调整教育的组织系统和制度系统，优化不同层次、比同类别的教育，培养适应经济社会需要的劳动力和人才，推动了生产力的发展，进而促进了经济社会的发展（见图 6.3）。

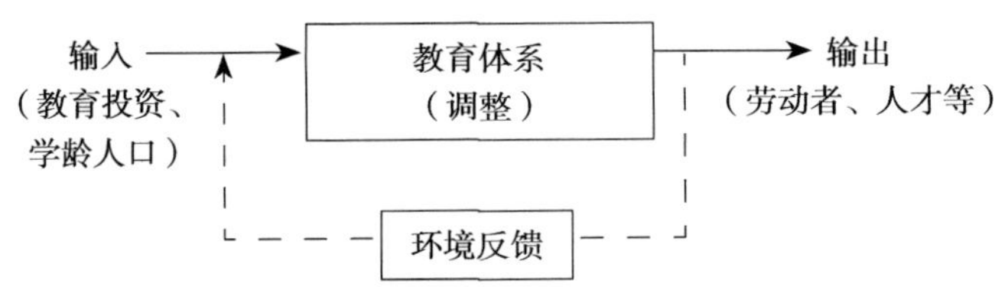

图 6.3　国家教育发展方式

6.5　教育系统绩效评价

一个全面的教育系统绩效是指教育系统的运行状况，包括了教育系统的能力、过程和结果。能力是指教育系统提供服务的能力和资源利用效率；过程主要包括教育服务过程中的质量、覆盖、可及和效率等方面；结果主要指教育系统的最终目标，如教育人力资本促进状况等。

本书认为教育系统绩效应该有 3 个主要方面。

第一，获得良好的教育。

这里不仅是指提高教育水平，提高人均受教育年限，还包括改善人群分布状况，减少教育状况分布的不公平性，例如城乡、区域，尤其是贫困人口。

第二，加强人民所期望的反应能力。

积极应对教育服务利用者（对象）的反应能力。包括服务的满意度，是否及时注意了公民的要求，教育机构的基本设施和环境，以及有无选择教育服务提供者的可能性。

第三，确保筹资的公正性。

具体是指每一个家庭应该是公正地支付教育费用，贫困者应该享有免费教育。每一个人不因教育的费用而带来经济收入上的风险，不同收入水平人群之间的教育分担应该公平。

国家教育系统是一个非常复杂的体系，国际上尚未有一个统一的绩效评价体系。但可以从国家教育发展方式的角度来进行评价，从图 6.2 可以看出，可以从投入能力、体系本身（过程）以及体系产出（结果）几个方面进行测度。

6.5.1 教育系统本身

6.5.1.1 各级各类学校数量

表示一个国家或地区教育体系机构的规模。

6.5.1.2 在校生人数（或在学人数）

在各层次教育机构（或学校）正在接受教育的学生数量，表示一个国家或地区教育体系的规模。

6.5.1.3 各级教育毛入学率（各级教育净入学率）

各级教育（适龄）在校生人数除以一个国家或地区的各级教育适龄人口数，表示一个国家或地区教育体系各级教育的普及化程度，这也是教育系统培养能力的重要标志。例如，高等教育毛入学率

$$\text{高等教育毛入学率}=\frac{\text{接受不同层次和形式的高等教育的在校总规模}}{18\sim22\text{岁年龄段人口数}} \quad (6.1)$$

根据我国教育部发布的最新统计指标，高等教育在校总规模的计算公式为：高等教育在校总规模（在校人数）＝普通高等教育本专科在校生数＋研究生在校生数＋成人本专科折合在校生数（成人脱产班在校生数＋成人夜大在校生数 ×0.5+ 成人函授在校生数 ×0.5）＋网络本专科在校生数 ×0.5+ 自学考试毕业人数 ×1.5+ 在职攻读学位研究生在校人数＋研究生课程进修班在校人数 ×0.5+ 军事院校本专科在校生数。

小学毛（净）入学率、初中毛（净）入学率，高中毛入学率

$$\text{净入学率}=\frac{\text{规定学龄的在校生总数}}{\text{规定的学龄人口数}} \quad (6.2)$$

$$\text{毛入学率} = \frac{\text{在校生总数}}{\text{规定的学龄人口数}} \tag{6.3}$$

因在校生的年龄可能超过或者低于规定学龄，所以，当一国在某一教育阶段实行留级、动员超龄未人学儿童入学或辍学儿童重读的制度时，毛入学率指标值会超过 100%。

6.5.1.4　人均预期受教育年限

这个指标是各级教育毛入学率的综合平均值，是将各级教育毛入学率乘以各级教育的相应教育年限，然后相加得到的。它是一个国家或地区教育体系培养能力或的是教育普及程度的最重要综合指标。它表示就目前平均来讲，一个国家或地区的教育体系，可为刚满入学的适龄儿童所提供的平均教育年限，或适龄儿童可期望的一生能够获得的接受正规教育的平均年数，这是一个即时指标或流量指标。

6.5.2　教育产出

6.5.2.1　毕业生数

在各层次教育机构（或学校）每年毕业的学生数量，表示一个国家或地区教育体系的培养能力；特别是高等教育每年毕业的学生数量，表示高层次人力资源（劳动力）培养能力。

6.5.2.2　成人文盲率

文盲是指不识字并且不会写字的人。按照我国的标准是指年满十五周岁以上的文盲、半文盲公民。成人文盲率是指 15 岁及以上然口中文盲人口的比例。

6.5.2.3 人均受教育年限

指某一特定年龄段人群接受学历教育（包括普通教育和成人学历教育，不包括各种非学历培训）的年限总和的平均数。这个指标是一个国家或地区教育体系多年产出的积累，反映一个国家或地区人口教育程度或国民素质的重要指标，也是人力资本的最重要的测度指标。

国际上一般有两个指标。一个是 15 岁以上人均受教育年限，另外一个是 25 岁以上人均受教育年限。随着教育的不断发展，人们受教育年限不断提高，进入劳动力市场的年龄不断后移，15~18 岁对于大多数人来讲，还在学校学习，特别是发达国家已基本普及高等教育，15~22 岁也基本处在校习阶段，尚未完成学业，进入劳动力市场。所以现在国际上一般采用 25 岁以上人均受教育年限。

6.5.3 投入方面

主要表现为国家或地区教育系统的投入能力。

6.5.3.1 公共教育经费占 GDP 的比例

教育经费是投入到教育事业发展中的货币体现。一个国家或地区教育经费分为两大类，公共教育经费和非公共教育经费。公共教育经费是由政府投入的教育经费，除此之外的是非公共教育经费。公共教育经费占 GDP 的比例表示政府教育投入占整个国家或地区经济总量的份额，这个指标既表示政府对教育的投入强度，又表示政府对教育的重视程度。

6.5.3.2 人均公共教育经费

这个指标表示一个国家或地区每个公民平均可以分享公共教育经费（政府

教育投入）的额度，也表示政府对教育的绝对支持力度；由于教育投入高低与聘用教师的质量、教学设施的先进性相关，所以此指标也表示教育质量。但是，由于公共教育经费一般只用于一定年龄阶段的学龄人口，其他人口（特别是 65 岁以上人口）基本不涉及公共教育经费，所以这个指标与人口年龄结构有关，表示政府对教育的绝对支持力度会有偏差。

6.6　教育人力资源开发阶段

1990 年，联合国开发计划署（UNDP，united nations development programme）创立了人类发展指数（HDI），即以“预期寿命、教育水平和生活质量”三项基础变量，按照一定的计算方法，得出的综合指标，并在当年的《人类发展报告》中发布，其中教育水平是用成人识字率、各级毛入学率的形成的综合毛入学两个指标来衡量。1990 年以来，人类发展指标已在指导世界各个国家制定相应发展战略方面发挥了极其重要的作用。自 2010 年后，联合国开发计划署鉴于世界教育发展水平的不断提高，成人识字率、各级毛入学率（特别是中低级毛入学率）区分度越来越低，开始采用人均预期受教育年限和人均受教育年限作为教育水平的测量指标，一个表示教育系统培养能力，一个表示国民综合素质——教育的持续培养能力。人均预期受教育年限描述教育系统的即时能力，人均受教育年限表示教育系统的即时能力不断持续所产生的结果，这两个指标不仅是人类发展的重要指标，也是人力资源开发水平的最核心的两个指标。

6.6.1　人力资源开发阶段

人力资源开发、人力资本积累与教育发展密切相关。所有国家一般都经历了发展层次由低到高的过程。因此，教育发展一般要经历普及初等教育阶段、普及中下等（初中）教育阶段、普及中上等（高中）教育阶段、普及高等教育阶段和高等教育普及后阶段。相应地，根据驱动人力资本的教育层次的不同人力资本积累也可以分为初等教育驱动阶段、中等教育驱动阶段、高等教育驱动阶段和终身教育驱动阶段。

随着人力资源开发在水平的不断提高，驱动人力资本的教育层次不断提高，一国人口素质发展或者人力资本积累水平也在不断提高，并形成人力资源开发的不同阶段。依据人均预期受教育年限和人均受教育年限这两个指标，可以将一个国家或地区的人力资源开发水平分成几个阶段：即低层次人力资源开发阶段、中层次人力资源开发阶段、中高层次人力资源开发阶段和高层次人力资源开发阶段（见表 6.2）。

表 6.2　人力资源开发阶段 ❶

教育人力资源开发阶段	人均预期受教育年限	教育普及化程度	25 岁以上人口人均受教育年限
低层次阶段（初等教育驱动）	10 年以下	初等教育净入学率 95% 以上	7 年以下
中层阶段（初中教育驱动）	10~12 年	初中教育毛入学率 95% 以上	7~9 年
中高层次阶段（高中教育驱动）	12~14 年	高中教育毛入学率 85% 以上	9~11 年
高层次阶段（高等教育驱动）	14 年以上	高等教育毛入学率 50% 以上	11 年以上

6.6.2　高等教育发展阶段划分理论

美国学者马丁·特罗（Martin Trow）在 20 世纪 70 年代提出了高等教育发展阶段划分理论：把高等教育发展过程划分为“精英”“大众”“普及”三个阶

❶ 高书国，杨晓明 . 中国人口素质分析报告 [M]. 北京：社科文献出版社，2004.

段。具体来说，当一国大学适龄青年中接受高等教育比例（通常为毛入学率）低于 15% 时，属于精英阶段（Elite stage）；15%~50% 为大众化阶段（Mass or Massfication stage）；高于 50% 为普及化阶段（Universal stage）。当高等教育从精英阶段起步，递次进入大众化、普及化的阶段，一般会相继出现体系结构复杂化、办学模式多样化、管理上的自主化与分权化、资源筹措多元化、教育机会开放化、教学制度灵活化、高教机构社会化、院校个性化或特色化等实质性变化。近 50 年来，尽管对此理论尚存争议，但许多国家仍将其作为衡量高等教育发展水平的一个参考标准。高等教育精英阶段，对应于人力资源开发的低层次开发阶段；大众化对应于中层和中高层阶段；普及化对应于高层次阶段，几乎人人都有接受高等教育的机会。

练习与思考

1. 解释以下概念：

   教育、国民教育、学校教育、家庭教育、社会教育、义务教育、基础教育、国民教育体系。

2. 国际教育标准分类中教育层次有哪些？教育类别有哪些？在中国分别对应什么？
3. 教育人力资本的作用？
4. 国家教育发展方式？基本要素？
5. 如何评价国家教育系统绩效？
6. 教育系统投入与产出的主要评价指标有哪些？
7. 你认为用哪些指标反映一个国家的教育水平？说明理由。

8. 一个国家或地人均受教育年限，是怎样形成？与当前教育发展水平有关系吗？
9. 人力资源开发阶段理论主要观点？你认为其主要根据是什么？
10. 高等教育发展阶段划分理论主要观点？你认为其主要根据是什么？

参考文献

高书国，杨晓明．中国人口文化素质报告 [M]. 北京：社会科学文献出版社，2004.

顾明远．教育大辞典 [M]. 上海：上海教育出版社，1998.

闵维方．教育促进经济增长机制分析 [J]. 北大教育评论，2017（3）：123-136.

秦玉友．教育如何为人的城镇化提供支撑 [J]. 探索与争鸣，2015（9）：82-86，2.

王善迈．教育投入与产出 [M]. 河北：河北教育出版社，1996.

谢莉花，等．国际职业与教育分类标准视野下我国职业体系与教育体系之间的关系 [J]. 职业技术教育，2017（27）：74-79.

杨翠芬．产业结构升级与各级教育发展的动态关系 [J]. 现代教育管理，2015（4）：39-44.

张力．教育强国战略 [M]. 海口：海南出版社，2012.

赵白鸽．人力资源强国战略 [M]. 北京：学习出版社，2012.

中国教育与人力资源报告课题组．从人口大国迈向人力资源强国 [M]. 北京：高等教育出版社，2003.

朱淑珍．国际教育标准分类与我国高等职业教育发展探索 [J]. 中国高教研究，2014（10）：102-106.

第 7 章　中国教育与人力资源开发

中国是世界第一人口大国，人口多是我国的基本国情，这既是劣势，也是优势。当人口素质低时，这就是巨大包袱，教育搞上去了，人才资源的巨大优势是任何国家比不了的。经过近 70 年改革发展，中国教育事业取得了巨大进步，各级正规教育在校人口比例结构，已经从金字塔结构进入梯形结构，正在步入"准柱型结构"；教育发展水平和人力资源开发水平已经高于世界平均水平和中高收入国家平均水平。

7.1　发展历程

中国已经由一个文盲充斥的大国转变为一个实现初等教育普及化的大国（1949—1977 年），初中教育普及化的大国（1978—2000 年），高中教育普及化的大国（2001—2012 年），加速进入高等教育普及化大国和人力资源强国（2012 年—）。在这个进程中，中国已经将它庞大的人口数量由沉重的包袱转变为重要比较优势。

7.1.1 初等教育普及化阶段（1949—1977 年）

1949 年中国有 5.4 亿人，不仅是世界上拥有人口数量最多的国家，而且是文盲和半文盲数量最多的国家，文盲和半文盲占人口总数的 80%，农村的文盲率更高达 95% 以上。大学毕业人数只有 2.1 万，在校生 11.7 万；中学毕业人数为 28 万，中学在校生 106 万，不到全部人口的 0.2%，学龄儿童入学率仅为 20%，15 岁以上人群受教育平均年限只有 1 年，而当时的世界平均水平是 4 年。

1949—1977 年，中国政府把发展教育事业提上了重要议程。在这个时期，政府主要开展了以下几项工作。

7.1.1.1 初步扫盲

1949 年 12 月 23 日至 31 日，教育部在北京召开的第一次全国教育工作会议提出："争取在 1951 年开始进行全国规模的识字运动。" 1950 年 12 月 14 日政务院批准并转发的《关于开展农民业余教育的指示》中首次提出了扫除文盲的对象和标准："在对象方面，则应首先着重农村干部、积极分子及其青年男女，逐步推广到一般农民"。规定识字教育的标准是："农民业余初级班（组）吸收文盲与半文盲入学，使其在 3 年内认识常用字 1000 字以上，并具有初步读、写、算能力。" 1951 年 1 月，成立了全国职工业余教育委员会。1952 年 11 月 5 日，中央人民政府委员会第 19 次会议通过决议，成立中央扫除文盲工作委员会。

在 20 世纪 50 年代我国共进行了三次扫盲高潮。第一次扫盲高潮出现于 1951 年到 1953 年，仅 1953 年全国参加扫盲学习的工人、农民就达 3190 万人，1949 年到 1953 年共扫除文盲 701 万人。第二次扫盲高潮出现于 1955 年到 1956 年，两年内共扫除文盲 1100 万人。第三次高潮出现于 1958 年。据统计，1958 年全国共扫除文盲 4000 万人，出现了几千个基本上扫除青壮年文盲的单位。1964 年，我国开始第二次人口普查，同时也对国民的文化素质进行了一次全面的调查。结果显示：15 岁以上人口的文盲率，已经由解放初期的 80% 下降到了 52%，全国范围内基本脱盲累计近一亿人。在“文化大革命”期间，1972—1976 年扫除文盲 1265.8 万。

7.1.1.2　普及初等教育

1949 年《中国人民政治协商会议共同纲领》提出“有计划有步骤地实行普及教育”，首先从数量上着手，使尽可能多的适龄儿童受到教育。1951 年教育部召开第一次全国初等教育及师范教育会议，明确指出，从 1952 年开始，争取十年内基本普及小学教育。1956 年最高国务会议提出分区分期普及小学义务教育。后来逐步明确小学教育的任务，“是为社会主义建设事业培养劳动后备力量和为高一级学校培养合格的新生”。小学在校生人数，除个别时段（3 年自然灾害、1966—1970）都有快速增长，到 1975 年达到 1.5 亿人；学校数在 1965 年达到 150 多万所顶峰（见图 7.1）。1978 年初等教育毛入学率 100% 以上，已超过高收入和 OECD 国家。

7.1.1.3　适度发展了其他层次教育

初中在校生人数 1949 年 83.2 万，到 1978 年已接近 5000 万人，提高了 59 倍（见图 7.2）。

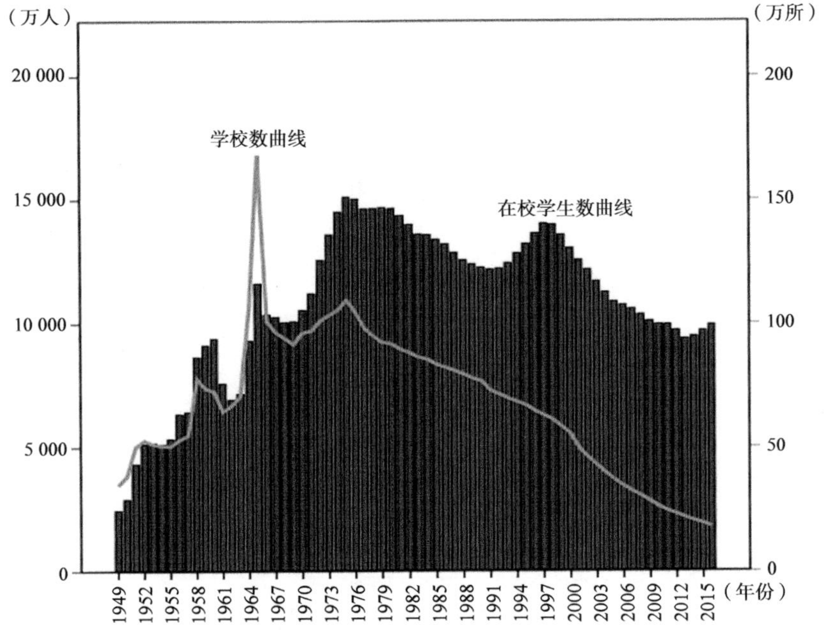

图 7.1　中国初等教育规模发展趋势

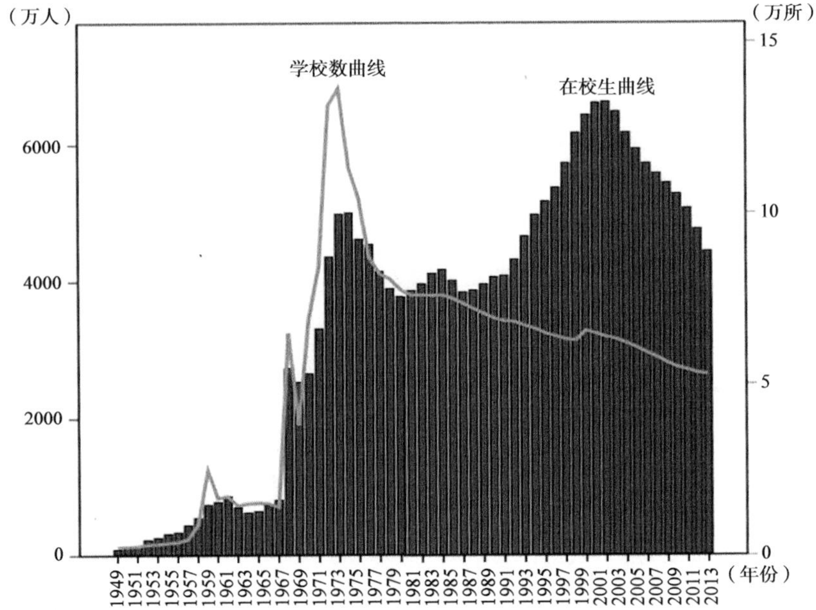

图 7.2　中国初中教育规模发展趋势

高中阶段（主要是普通高中和中专）也有很大发展，中专起伏较大，最高时在“大跃进”的 1960 年达到 221 万人，最低时在 1969 年只有 3.8 万人；普通高中在经过近 20 年（1949—1968 年）低规模（基本每年都在 150 万人以下）发展后，开始进入高速发展轨道，从 1968 年 140 万人提高到 1977 的 1800 万人，仅用不到十年时间提高了近 12 倍（见图 7.3）。中等教育（初中、高中）毛入学率 58.27%，超过中高收入国家平均水平，而 1977 年我国还只是一个人均 GDP 只有 185 美元的极低收入国家（只相当低收入国家平均水平的 65%），这也堪称教育发展的奇迹。

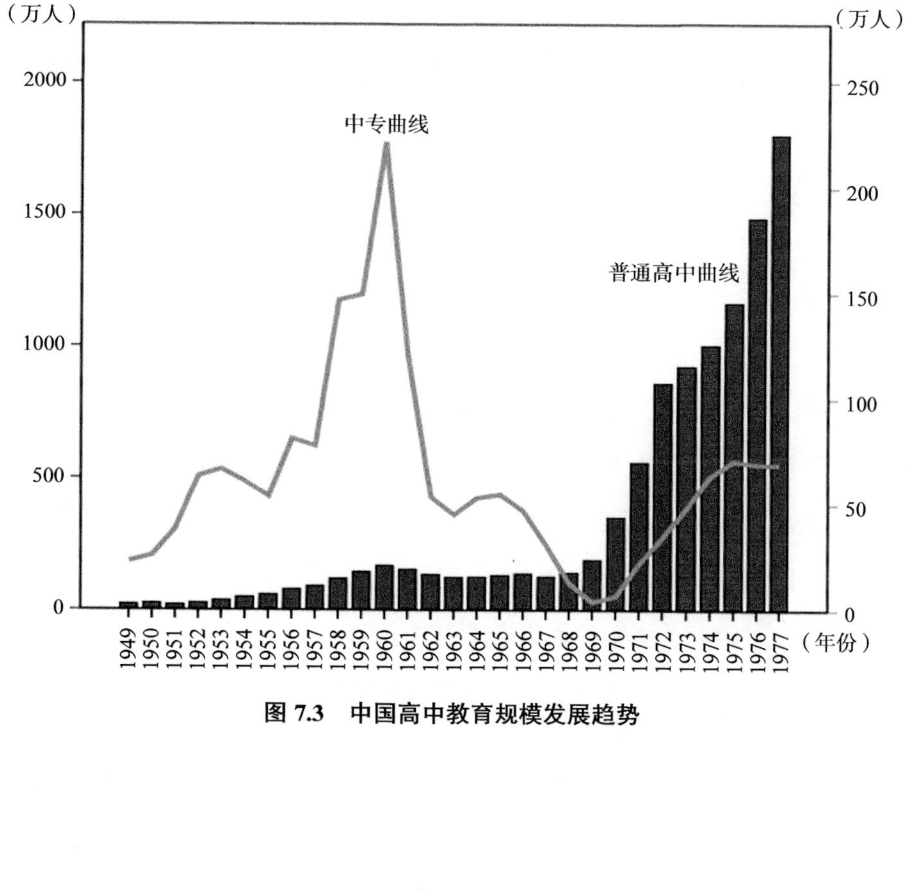

图 7.3　中国高中教育规模发展趋势

高等教育这个时期的发展比较曲折。这个过程可以划分为三个各具特色的阶段：1949 — 1959 年是高速发展时期，国家通过借鉴苏联的办学经验，对全国高校院系、学科进行大规模调整。调整的核心是突出理工学科、强化应用学科，形成全国工科院校为主高教学校体系，这个时期大学生数量由 11.7 万增长到接近 100 万；1961—1970 年是一个倒退时期，这个时期大学生数量降低到只有 4.8 万，甚至比 1949 年还低；在 1970—1976 年间，大学生数量略有增长，但增幅很小。20 世纪 60 年代的倒退是由 1959—1961 年的饥荒引起的，在 1966 年 6 月发动的“文化大革命”加重了这一倒退。所有的学校都停课关门，大学录取先是被延后了半年，并最终变成一直延后了四年。大学录取直到 1970 年后才恢复，当时施行招收工农兵大学生。学生的录取以“群众推荐、领导批准和学校复审”为原则，实际上录取率很低。虽然大学生数量有了小幅增长，但没有超过 1959 年的录取学生数量，且只培养了很少量研究生。在 20 世纪 60 年代和 70 年代，中等专业技术教育也是受到类似的影响（见图 7.4）。1966 年到 1976 年间的政治决策造成了中国高层次人力资本积累的严重倒退和损失，至少少培养了 100 万大学生、200 万中专生和 10 万研究生，与世界先进国家拉大了差距。

到 1978 年，中国已经初步建立了完整的，覆盖学前教育、初等教育、中等教育、高等教育以及成人教育的现代化教育体系。初等教育已完全纳入义务教育范畴，文盲和半文盲占总人口比例显著降低。到 1978 年，15 岁以上人口平均受教育年限增加到 4 年，是 1949 年的 4 倍。这些改革前的成就为中国 1978 年后的经济腾飞打下了坚实的人力资本基础。

这段时期，我国人力资本积累模式处在初等阶段教育驱动型阶段。

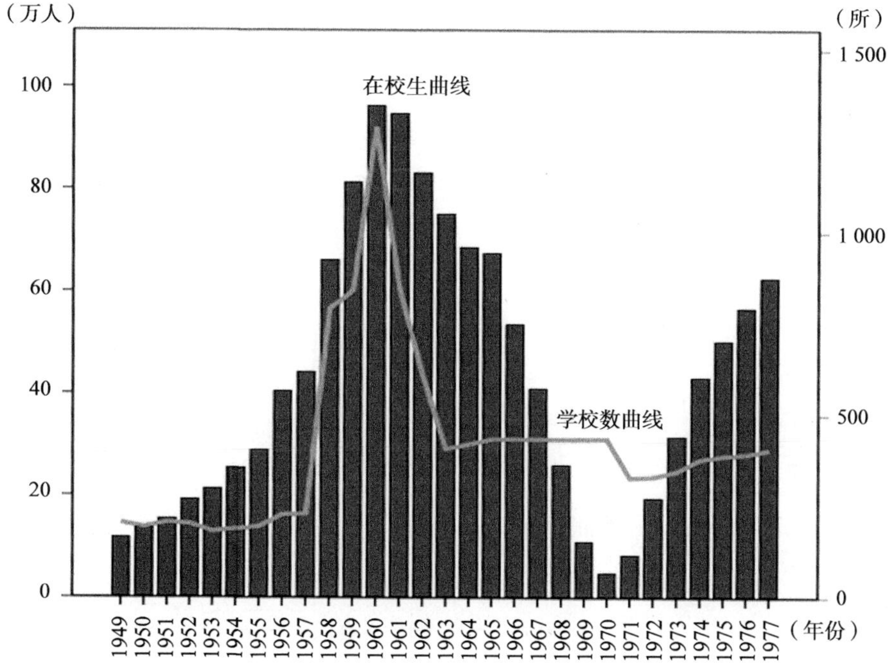

图 7.4　中国普通高等教育规模发展趋势

7.1.2　初中教育普及化阶段（1978—2000 年）

“文化大革命”后，中国进入改革新时代，教育事业也进入新的发展轨道。这个时期发展主要体现在三个方面，一是开展基础教育“两基”工程；二是高中阶段教育发展多元化；三是扩大高等教育规模，加速实现大众化。

7.1.2.1　“两基”工程

1982 年 12 月 4 日，《中华人民共和国宪法》规定：“国家举办各种学校，普及初等义务教育，发展中等教育、职业教育和高等教育，并且发展学前教育。”1985 年《中共中央关于教育体制改革的决定》建议“实施九年制义务教育”，次年，全国人大就通过了《中华人民共和国义务教育法》，我国走上依法普及义务教育之路。

1990年3月5至9日，在泰国宗天（Jomtien）由联合国教科文组织、儿童基金会、开发计划署和世界银行发起“世界全民教育大会”。大会讨论并通过了《世界全民教育宣言》和实施宣言的《满足基本学习需要的行动纲领》，正式提出“全民教育”这一概念。其主要目标是满足全体儿童、青年和成人的“基本学习需要”。主要的具体目标是：到2000年普及并完成初等教育，降低成人文盲率（各国自定适当的年龄组）。在此背景下之后的1992年，党的十四大报告首次提出：“到20世纪末，基本扫除青壮年文盲和基本实现九年制义务教育。”1993年党中央、国务院发布《中国教育育改革和发展纲要》，要求到20世纪末基本普及九年义务教育、基本扫除青壮年文盲（简称“两基”）。

经过政府和社会的协同攻坚，2000年全国85%人口所在地区如期实现“两基”目标，初中毛入学率达到88.6%，进入普及化阶段，取得了举世瞩目的成就。

7.1.2.2 高中阶段教育多元化

改革开放后，恢复高考招生制度，由于高等教育资源非常有限，每年参加高考人数众多,而录取人数非常少。例如1977年“文化大革命”后第一次招生，全国考生570万，只招收27万人；1978年全国考生610万，只招收40.2万人；1979年全国考生468万，只招收28万人。此称为新三届大学生。大多数考生无法进入高等学校，只能进入劳动力市场。而此前我国高中阶段教育发展形式比较单一，主要以普通高中为主，一时难以适应劳动力市场的需求。而当时全国各行各业百废待兴，每年有大量青年进入劳动力市场。为了改变这种“高考千军万马过独木桥”，以及就业需求，政府采取“拟制高考需求，储蓄就业技能”的政策。其基本方法就是，一方面缩小普通高中规模，选拔一部分比较好的学生进入普通高中将来参加高考；另一方面，将一部分普通高中转为职业高中，联合中等专业学校（过去中专）、技术学校组成中等职业技术学校，使一部分学生进入职业学校，培养就业技能，将来毕业后直接进入劳动力市场。也就是所谓“初中后分流”,即义务教育完成后（初中毕业),一部分进入普通高中，将来进一步接受更高层次教育;一部分进入中职学校，将来进入劳动力市场（当然后来随着高等教育发展水平的提高，打通了各类教育上升渠道，中职毕业生也可以继续升学，接受更高层次教育);还有一部分直接进入劳动力市场。这样，我国的高中阶段教育被赋予三个发展目标：普通高中为大专院校输送人才；中等专业学校扩大办学规模并继续培养中、初级技术员；新办职业高中培养劳动市场需要的技术工人。由于当时高等教育毛入学率很低，普通高中的出口通道受到约束，而中等职业教育得到了较大发展。

普通高中在校生数由 1977 年 1800 万人，占高中阶段的 96%（当时只有中专生 68.9 万人），到 1988 年下降到最低点约 253 万人，占高中阶段比例只有的 25.6%；此后逐步调整到 2000 年的 1200 万人，占高中阶段比例 48.3%，而高中阶段职业技术学校在校生占比提升到 51.7%。正是在这一段时期内中等职业教育在校生人数不断增加，为高中阶段教育后来的政策目标打下了扎实的基础。

这一阶段高中阶段教育规模呈现“先降后升”的波动发展态势（见图 7.5)。总规模由 1977 年的 1869 万人，下降到 1988 年的最低点约 988 万人，降低了 47%；此后逐步提高到 2000 年 2486 万人，只比比 1977 年增加了 7%。到 2000 年高中阶段毛入学达到的 42% 左右。我国高中阶段教育这一时期,可以说是“多元化、低水平”发展阶段。

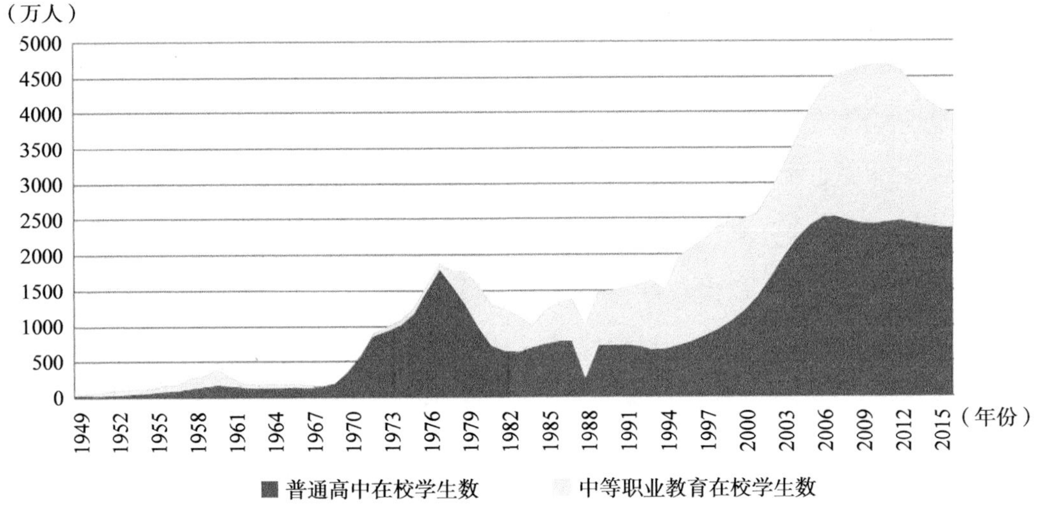

图 7.5　1949—2016 年中国高中教育规模变化趋势

7.1.2.3　扩大高等教育规模，提高质量，实现大众化

“文化大革命”结束以后，国家恢复高考和恢复研究生培养体系的政策。1978 年年底，国务院批准恢复建设 169 所普通高等学校，中国高等教育振兴的大幕徐徐拉开。

40 万名学生被大学录取，1 万名研究生开始接受研究训练。同时还建立了学士、硕士和博士学位体系。学生们通过公开选拔获得出国留学的资格，仅 1978 年就有 860 人被派遣到海外。所有这些措施都促进了高等教育的发展，并为人力资本长期的积累奠定制度基础。

国家一方面通过挖掘高校内部潜力积极扩大高等教育规模，为社会发展提供丰厚的人力资本；另一方面，特别重视高等教育质量，加强重点大学建设。1993 年 2 月，中共中央、国务院印发了具有里程碑意义的《中国教育改革和发展纲要》及其实施意见，指出：为迎接世界新技术革命的挑战，要集中中央、地方以及其他各方力量，分期分批地重点建设 100 所左右的高等学校，在部分高校选择一些将会对国家经济、科技、国防、社会发展等领域产生重大影响的研究领域作为重点研究基地，以提高我国高校的学术影响力，进而提高高等教育质量，即“211 工程”。1998 年建议，1999 年国务院批转教育部《面向 21 世纪教育振兴行动计划》，“985 工程”正式启动建设，主要目的是中国“建设若干所具有世界先进水平的一流大学”。与此同时，在政府的直接组织与促动下，我国通过强强或强弱等不同的合并方式，在全国范围内组建了一批新的较大规模的“综合性大学”，其主要目的是通过合并重组形成一定的规模效应，进而向世界一流大学发起冲击。

1999 年 1 月，国务院批转教育部制定的《面向 21 世纪教育振兴行动计划》，该计划一方面提出“积极稳步发展高等教育”，在提高规模效益的同时，不断提高教育教学质量；另一方面，使高等教育规模实现较快增长，提出至 2010 年高等教育毛入学率将达到 15% 的发展目标。1999 年，在东南亚危机的社会经背景下，中国决定大幅度扩大高等教育招生规模，由此开始了前所未有的高等教育规模大扩张。1999 年普通高校在校本专科学生达 409 万人，增 68 万人，增幅为 20%。此后，我国普通高校招生以年均 20.8% 的增率增长，2002 年，全国高等教育毛入学率首次超过 15%，跨入国际公认的大众化阶段门槛。

这段时期，我国人力资本积累模式处在初中阶段教育驱动型阶段。

7.1.3　高中教育普及化阶段（2001—2012 年）

进入 21 世前 10 年，教育事业在新的起点上进入快速发展轨道。这个时期发展主要体现在三个方面，一是强化基础教育“两基”工程；二是高中阶段教育普及化；三是高等教育大众化，规模持续高速发展。

7.1.3.1　强化基础教育“两基”工程

虽然2000年全国85%人口所在地区如期实现“两基”目标，初中毛入学率达到88.6%，但在西部地区“两基”人口覆盖率仅为70%左右。为适应西部大开发战略对国民素质提升的需要，国家从2004年起实施西部地区“两基”攻坚计划，又经过政府和社会的不懈奋斗，截至2010年底，全国2856个县（市、区）全都普及九年义务教育，2011年，所有省（自治区、直辖市）通过国家级“普九”和扫盲检查验收，中国全面普及九年义务教育，青壮年文盲率下降到1.08%。这是中国和世界教育发展的奇迹，在我国这样一个人口超过13亿的发展中国家，100%人口所在地区普及九年义务教育，这一巨大成就将作为重要里程碑事件载入史册。

7.1.3.2　高中阶段教育普及化

2002年中共十六大定位“教育是发展科学技术和培养人才的基础，在现代化建设中具有先导性全局性作用，必须摆在优先发展的战略地位”，并明确提出“基本普及高中阶段教育”目标。中国教育部随即提出了“2010年普及高中阶段教育地区的人口覆盖率达到70%左右，2020年普及高中阶段教育地区的人口覆盖率达到85%左右，实现基本普及高中阶段教育的目标”。

自2002年起，教育系统本身也发生变化。一是随着初中在校生高峰的到来，从2002年起，我国初中毕业生超过2000万，如果不扩大高中阶段教育规模，就必然导致更多学生失去求学机会，造成教育内部结构性比例失调，影响教育的正常发展、社会的安定团结及我国劳动力素质的提高。另一方面，自1999年我国高等学校实行扩招以来，高等教育规模不断扩大。如果高中阶段教育不扩大规模，不能为高等教育输送更多的优秀人才，我国高校的扩招将成为“无源之水”，很难实现。针对“入口”和“出口”两方面的旺盛需求来说，我国高中阶段教育发展的规模和速度开始进入快速发展轨道。高中阶段毛入学率快速提升，只用了 10 年时间就基本普及高中阶段教育，毛入学率提高了一倍多（提升 43 个百分点）（见图 7.6）。

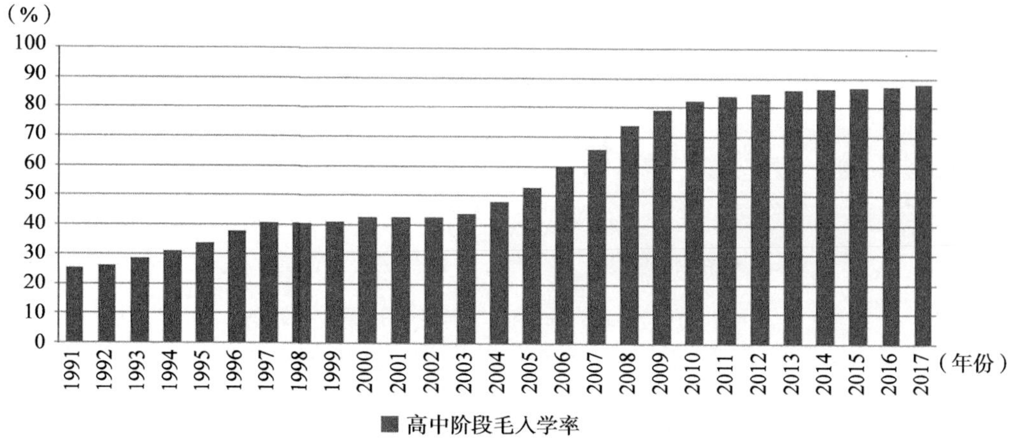

图 7.6　1991—2017 年中国高中阶段毛入学率变化趋势

7.1.3.3　高等教育大众化

1999 年高等教育扩招后，中国高等教育规模先后超过俄罗斯、印度（2002 年）和美国（2004 年），成为世界第一。进入新世纪 2012 年，高等教育毛入学率达到 30%，在校规模达到 3146 万人。从 2000 年至 2012 年，高等院校数量从 1041 所增加到 2442 所。新世纪第一个十年的后五年，每年向社会各行各业输送高校毕业生 500 万至 700 万人（见图 7.7、图 7.8）。

毛入学率从 1999 年的 6.5% 提高到 2002 年的 15%，经过短短数年的艰苦努力，在人均国内生产总值 1000 多美元的条件下，中国高等教育发展实现了从精英教育到大众化，走完了其他国家需要几十年甚至更长时间的道路。

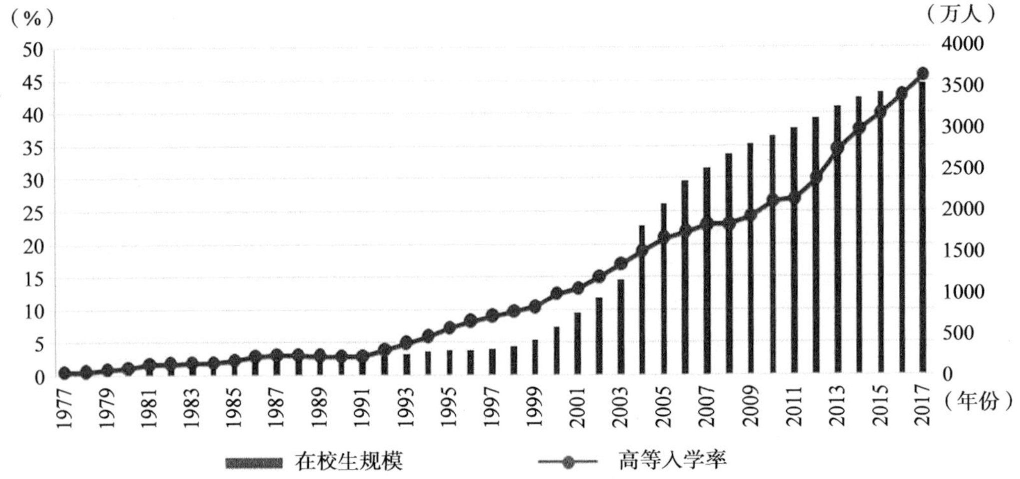

图 7.7　1977—2017 年中国高等教育规模变化趋势

在相继实施“211”“985”重点发展工程后，2011 年 4 月 24 日，中共中央总书记、国家主席胡锦涛在清华大学百年校庆上发表讲话时提出了“推动协同创新”的理念和要求，特别强调，“高等教育是科技第一生产力和人才第一资源的重要结合点，在国家发展中具有十分重要的地位”。2012 年 5 月 7 日中华人民共和国教育部、中华人民共和国财政部联合召开工作会议，正式启动实施《高等学校创新能力提升计划》，也就是“2011 计划”。此工程打破学校身份限制，突出大学特色与贡献，鼓励大学积极建立与外部企业协同创新。与此同时，在高等教育质量建设方面也取得较好的成绩。2004 年我国进入世界 500 强（上海交大世界学术排名）大学只有十几所，其中只有清华大学进入前 200 名，到 2010 年进入世界 500 强（上海交大世界学术排名）大学 20 多所，清华北大均进入前 200 名。

这段时期，我国人力资本增长模式处在高中阶段教育驱动型阶段，中国人力资本积累将主要依靠高中阶段教育的扩大。

7.1.4　进入高等教育普及化阶段（2012 年至今）

自 2010 年起，进入新世纪第二个十年，我国开启从教育大国向教育强国、从人力资源大国向人力资源强国迈进的历史征程，我国高等教育事业将进入由大到强的新阶段。这个时期主要任务：一是夯实高中阶段基础。二是加快高等教育发展，实现高等教育普及化，建设高等教育强国。

普及高中阶段教育是我国继普及九年义务教育之后进一步提升国民整体素质、劳动力竞争能力、建设人力资源强国的重大举措。2010 年《国家中长期教育改革与发展规划纲要（2010—2020 年）》对高中阶段教育性质进行了重新定位，即"高中阶段教育是学生个性形成、自主发展的关键时期，对于提高国民素质和培养创新人才具有特殊意义"。这是高中阶段教育在国家政策表述中第一次获得独立的教育意义。而且，发展规划纲要将高中阶段教育毛入学率达到 85% 视为"基本普及"，毛入学率 95% 则为"普及阶段"，99% 以上则为"完全普及"阶段。2017 年教育部发布《高中阶段教育普及攻坚计划（2017—2020 年）》，提出了 1 个总目标和 5 个具体目标。一个总目标是：到 2020 年，全国普及高中阶段教育，适应初中毕业生接受良好高中阶段教育的需求。五个具体目标包括：一是全国、各省（区、市）毛入学率均达到 90% 以上，中西部贫困地区毛入学率显著提升；二是普通高中与中等职业教育结构更加合理，招生规模大体相当；三是学校办学条件明显改善，满足教育教学基本需要；四是经费投入机制更加健全，生均拨款制度全面建立；五是教育质量明显提升，办学特色更加鲜明，吸引力进一步增强。通过实现以上目标，努力形成结构合理、保障有力、多样特色的高中阶段教育。

2015 年 8 月 18 日，中共中央总书记习近平主持的中共中央全面深化改革领导小组第 15 次会议审议通过《统筹推进世界一流大学和一流学科建设总体方案》统筹推进一流大学和一流学科建设将分三步走：2020 年，若干所大学和一批学科进入世界一流行列，若干学科进入世界一流学科前列；2030 年，更多的大学和学科进入世界一流行列，若干所大学进入世界一流前列，一批学科进入世界一流学科前列，高等教育整体实力显著提升；21 世纪中叶，一流大学和一流学科的数量和实力进入世界前列，基本建成高等教育强国。

2016 年 6 月 2 日，《华盛顿协议》全票通过中国科协代表我国由《华盛顿协议》预备会员“转正”，成为该协议第 18 个正式成员。今后，凡通过中国科协所属中国工程教育专业认证协会（CEEAA）认证的中国大陆工程专业本科学位将得到美、英、澳等所有该协议正式成员的承认。标志着中国高等工程教育已开始与国际接轨，进入新的发展时期。

2017 年高中阶段毛入学率 88.3%，比 2010 年提升 5.9 个百分点，已接近完全普及，见图 7.6。高等教育毛入学超过 45.7%，比 2010 年提升 19.2 个百分点；普通高校数量达到 2596 所，每年可向社会各行各业输送普通高校毕业生 600 万至 800 万人（总体高校毕业生 800~1000 万人）。预计 2020 年进入 50% 的普及化阶段。2018 年我国进入世界 500 强（上海交大世界学术排名）大学已达 53 所，其中清华大学、北京大学、浙江大学进入前 100 名，跨入世界一流大学行列。

2012 至今，这段时期，我国人力资本增长模式处在由高中阶段教育驱动型向高等教育驱动型转型阶段。中国人力资本积累将主要依靠高中阶段教育与高等教育的扩大。预计 2020 年中国人力资本积累将进入高等教育驱动型阶段。

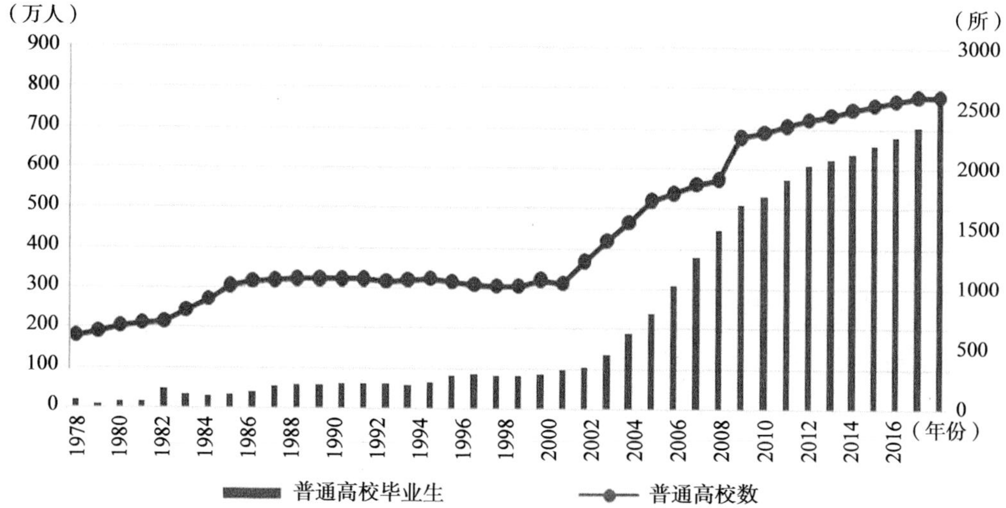

图 7.8　1978—2017 年中国普通高校及毕业生数量变化趋势

7.2　中国教育体系

教育体系是在旧中国学校教育制度的基础上起步，并随着经济社会发展而不断演化。

7.2.1　教育制度

1951 年《中央人民政府政务院关于改革学制的决定》，小学五年、初中和高中各为三年，高等教育的专科为两至三年，大学和专门学院四至五年，研究生阶段未作详细规定。同时，学习当时苏联经验，停设职业学校，设置六至七年的中等专业学校，并增设工农速成中小学。后来由于师资和教材条件等因素，1953 年政务院规定小学分设四年初小两年高小，各地区各部门增设技工学校。1954、1955 年工农速成初等学校和中学相继停止招生，1958—1963 年部分省市试验小学五年一贯制，先后设置农业中学、城市职业中学以及试办半工（农）半读中等技术学校。

在1966—1976年“文化大革命”结束以后，1978年底我国进入改革开放和社会主义现代化新时期，各级各类教育事业全面步入正轨，小学五六年制并存，初中依然保持三年，高中从两年恢复到三年，恢复了初中和高中阶段的职业学校。1982年全国人大通过的1988年、1999年、2004年相继修正的《中华人民共和国宪法》规定，中华人民共和国公民有受教育权利和义务。公民不分民族、种族、性别、职业、财产状况、宗教信仰，依法享有平等的受教育机会。

我国依据《宪法》建立了以《教育法》为核心的教育法律法规体系，规范了中国教育体系的基本组成部分。国家实行学前教育、初等教育、中等教育、高等教育的学校教育制度。由国务院或者由国务院授权教育行政部门规定学制系统内的学校和其他教育机构的设置、教育形式、修业年限、招生对象、培养目标等；国家实行九年制义务教育制度、职业教育制度、继续教育制度、国家教育考试制度、学业证书制度、教育督导制度和学校及其他教育机构教育评估制度等（见表7.1）。

表7.1　中国教育体系的基本组成部分

教育层次	教育对象	教育学制
学前教育	6岁以下儿童，3~5岁为主	主要施教年限一至二年
九年制义务教育	6~14岁人口，原则上6岁入学	基本学制为小学六年加初中三年，或施行九年一贯制；个别地区小学五年加初中三年
高中阶段教育	15~17岁人口	基本学制三年为主
高等教育	18-22岁人口	高等职业教育/专科教育两至三年、本科四年、硕士研究生两至三年、博士研究生三年及以上

续表

教育层次	教育对象	教育学制
职业教育	法定为初中、高中、高等阶段三层，以高中及以上阶段的职业教育为主，加上职业培训	修业年限和方式多样
成人教育或继续教育	从扫盲班至在职攻读研究生学位	修业年限和方式多样

同时，我国依法实行教育考试和教育证书制度，学位制度（分为学士、硕士、博士三层），教育督导与评估制度。

我国教育体系不断发展、调整和完善，工农速成中小学等一些过渡性办学形式消失，自学考试、网络教育学院等一些新的办学形式适应新形势、新需求应运而出，近年来基本稳定下来，参照国际社会关于教育体系结构分类标准，有助于理解我国教育体系的全貌，也有利于中外教育交流与合作。当前我国教育体系结构与 ISCED 2011 年版相比，相同或相似性主要体现在四个方面：一是未涉及军队、警察、宗教、政党等特殊领域和范畴的教育行为，也就是说，我国教育体系的基本运行载体是教育法规定的学校和其他教育机构；二是在层次上从学前教育延展到高等教育，与国际标准总体上一致；三是在类型上划分为普通教育和职业教育；四是在统计指标数据汇总时，可以区分公办教育和民办教育（包括混合体制的公办大学外设独立学院、民办自学考试助学等其他教育机构），但是，我国也存在着许多与国际标准不同的特点，主要有三个方面：一是实行独特的自学考试制度；二是划分了面向适龄人口的教育和面向成人学习者的教育，包括独立设置的成人学校、普通高校举办函授部、夜大学，但是在职攻读研究生和网络本专科归入普通高等教育；三是在统计指标汇总时，涵盖了本年度参与非学历教育与培训、来华留学等情况，但未详细统计中外合作办学机构和项目（见表 7.2）。

表 7.2　当前中国教育体系的基本结构

	普通教育	成人教育	自学考试	非学历教育
基础教育	· 学前教育 / 幼儿园 · 小学 · 普通初中 · 职业初中 · 普通高中 · 特殊教育学校 · 工读学校	· 扫盲班 · 成人小学 · 成人初中 · 成人高中		
中等职业教育	· 普通中专学校 · 技工学校 / 职业高中	· 成人中专学校 · 成人技术培训学校	中专	· 职业和技术培训 · 资格证书培训 · 岗位证书培训
高等教育	· 高校 / 科研机构研究生 · 普通本科高校 / 独立学院 · 高职 / 专科院校 · 在职攻读博士 / 硕士学位 · 网络本专科生	· 成人高校 · 普通高校举办函授部、夜大	高等教育	· 研究生课程进修班 · 自学考试助学班 · 普通预科生 · 进修及培训 · 资格证书培训 · 岗位证书培训

7.2.2　教育管理体制

根据 2015 年修订的中华人民共和国教育法规定，国务院和地方各级人民政府根据分级管理、分工负责的原则，领导和管理全国的教育工作。中等及中等以下教育在国务院领导下，由各级地方人民政府管理。高等教育由国务院和省、自治区、直辖市人民政府管理。县级政府是管理教育的最低一级政府。

国务院教育行政部门主管全国教育工作，统筹规划、协调管理全国的教育事业。县级以上地方各级人民政府教育行政部门主管本行政区域内的教育工作。县级以上各级人民政府其他有关部门在各自的职责范围内，负责有关的教育工作。

国务院和县级以上地方各级人民政府应当向本级人民代表大会或者其常务委员会报告教育工作和教育经费预算、决算情况，接受监督（见表 7.3）。

表 7.3　中国教育管理体制

各级政府		负责管理各级教育
国务院	教育部	主管全国教育工作，统筹规划、协调管理全国的教育事业；目前直接管理中国最好的 70 多所大学
	工信部	目前直接管理中国国防工业领域最好的 7 所大学
	外交部	管理外交学院
	公安部	管理中国公安大学
	国安部	管理国际关系学院
	国防部	管理国防科技大学
	其他部门	
地方政府	省、直辖市、自治区教育行政部门	主管本行政区域内的教育工作，主管地方大学及部分重要的中等学校
	市教育行政部门	主管本行政区域内的教育工作，主管中等及以下层次学校
	县教育行政部门	主管本行政区域内的教育工作，主管中等及以下层次学校

7.2.3　教育体系发展特点

7.2.3.1　义务教育

纵观欧美发达国家义务教育的发展历程，其义务教育年限一般都呈现出不断被延长的趋势。在义务教育制度确立之初，各国对义务教育年限规定不统一。随着社会的发展对劳动者受教育水平要求的提高，义务教育年限逐步被延长 9~12 甚至 13 年。尤其第二次世界大战结束后，苏联和美国两个超级大国为尽快提升综合国力，不断延长义务教育年限，培养优秀人才，以便在军事、科技竞争中战胜对方。其他几个发达国家也采取了相关措施，不断延长本国义务教育年限，从而达到进一步本国开发人力资源，提高国家综合国力的作用。

世界主要发达国家义务教育年限变化情况（见表 7.4），德国是最早实行义务教育的国家，也是目前施行义务教育年限最长的国家之一。

表 7.4　主要发达国家义务教育发展历程

国家	发展历程	义务教育年限
德国	义务教育起源于德国。宗教领袖马丁·路德是最早提出义务教育概念的人。为使人们都有学习《圣经》的能力，路德颁布了义务教育法。在 1763 年到 1819 年，德国基本完善了义务教育法规。1872 年颁布的《普通教育法》规定 6~14 岁的 8 年初等教育为强迫义务教育，20 世纪初，又实行了中小学一贯的教育制度。1959 年联邦各州基本上都实行了八年半的免费义务教育。60 年代初《汉堡协定》签订后，统一了学校教育系统，务教育延长至 9 年。进入 70 年代后期，又把义务教育的年限延长至 12 年，其中 9 年（个别州为 10 年）为全日制普通义务教育，3 年为半日制职业义务教育	13 年
英国	1870 年《初等教育法》的颁布，标志着英国义务教育制度正式形成。1880 年又颁布了新的《初等教育法》，规定对 5~10 岁的儿童实行 5 年的普及初等教育。1893 年实行 6 年的普及初等教育。1899 年实行 7 年的普及初等教育。1918 年，国会颁布了《费舍法案》，实行 9 年普及义务教育。1944 年颁布的《白特勒法案》把义务教育年限延长至 10 年。1959 年实现对英国全国 5~16 岁儿童 11 年的义务教育。到 1972 年前后，英国基本上实现了 11 年义务教育	11 年
法国	1881 年颁布《费里法案》，明文规定对 6~13 岁儿童实行 7 年免费普及义务教育。1959 年 1 月 6 日《贝图安法令》规定，从 1967 年起把义务教育期限从原来的 6~14 岁延长到 6~16 岁，实行 10 年制义务教育	10 年
日本	日本在 1872 年颁布第一个《学制》时，要求儿童 6 岁入学，实行 8 年强迫小学教育。1879 年又制定颁布了《教育令》，将原来规定的普及小学教育的八年制改为四年制。1886 年，制定颁布了《小学校令》，正式规定小学 4 年为普及义务教育年限，但要征收学费。1907 年，日本政府宣布实施小学六年制义务教育。1947 年，日本国会通过了《教育基本法》和《学校教育法》，规定了家长送子女接受 9 年普通教育的义务。70 年代初日本基本上普及了 9 年制义务教育，开始逐步普及高中教育	9 年
美国	1852 年，马萨诸塞州颁布了美国第一个正式的义务教育法律，规定该州 8~14 岁的儿童每年上课 12 周，违者罚款。至 1898 年全国 45 个州中已有 32 个州实行强迫义务教育。工业革命进一步推进了全国实施普及初等义务教育，19 世纪末 20 世纪初，全美各地都实现了以公共税收为经费的普及初等义务教育。美国于 1958 年颁布了《国防教育法》，加大了教育普及步伐。20 世纪 70 年代初，适龄儿童的入学率已经达到 99%，中等教育普及率达到 85%，并于 1965 年颁布了《初等教育于中等教育法》，很多州都延长了义务教育年限，但各州的义务年限长短规定不同，从 9~12 年不等	9~12 年

1999—2006 年间，全球义务教育立法国家平均年限从 8.96 年略升至 9.06 年，其中 13 年制的只有 5 个国家及地区（比利时、德国、荷兰、安吉拉、特克斯和凯科斯群岛），8~10 年制的比重高达 56%，6 年制的占 13.5%（见表 7.5）。

表 7.5　1999—2006 年各国实施义务教育的法定年限及其变化状况 ❶

义务教育年限	1999 年		2006 年	
	国家（地区）数	百分比（%）	国家（地区）数	百分比（%）
13	5	2.60	5	2.50
12	16	8.20	19	9.50
11	20	10.3	20	10.0
10	40	20.6	39	19.5
9	46	23.7	54	27.0
8	21	10.8	19	9.50
7	12	6.20	12	6.0
6	27	13.9	27	13.5
5	6	3.10	5	2.50
4	1	0.50	0	0.00
国家（地区）总计	194	100	200	100
平均年限	8.96 年		9.06 年	

与世界大多数国家相同，我国实施九年义务教育制度，但本身发展也有其鲜明的特点。

（1）起步晚，进程快。

从历史上看，中国是世界上以立法实行普及义务教育较晚的国家之一。1986 年颁布《义务教育法》，自此开启了普及九年制义务教育的伟大历程。然而，与世界上许多发达国家相比，平均晚了 127 年。

❶ 张力．教育强国战略 [M]. 海口：海南出版社，2012.

“快”体现在两个方面：第一，立法快。1985 年 5 月 27 日颁布《中共中央关于教育体制改革的决定》，做出实施九年制义务教育的决策，同时提出立法要求，“需要制定义务教育法，经全国人民代表大会审议通过后颁行”。1986 年 4 月 12 日第六届全国人民代表大会第四次会议通过了《中华人民共和国义务教育法》，规定自 1986 年 7 月 1 日开始实行。前后所用时间不到一年。第二，实施快。立法后，全国迅速进入“普九”（基本普及九年义务教育）实施状态。由此，各级政府部门即开始着手落实义务教育的实践推进，“普九”在全国迅速展开。全国小学学龄儿童入学率和毕业生升学率逐年上升：1985 年，入学率是 95.9%；1990 年入学率是 97.8%，升学率是 74.6%；2000 年入学率是 99.1%，升学率是 94.9%；2010 年入学率是 99.7%，升学率是 98.7%；2013 年入学率是 99.7%，升学率 98.3%；此后，入学率、升学率均保持在 99.5% 以上。

（2）困难多，政府支持力度大。

中国是世界上最大的发展中国家，学龄人口最多。因此，在普及义务教育的过程中面临着多重困难。这些困难主要有：第一，转变观念难。中国虽有尊师重教的悠久传统，但长期根植于民众中的重男轻女观念根深蒂固，这为女童的义务教育普及带来了多重阻碍。第二，动员入学难。中国地域广大，民族众多且分布不均匀，如何进行恰当的学校布局，保证每一个家庭都能送孩子入学，是一件很难的事情。第三，师资保障难。学龄人口众多，需要更多大量的合格教师，但国家贫穷，保障教师的工资待遇、稳定教师队伍是各级政府面临的一大难题。第四，改善条件难。义务教育的实施在硬件设施上需要合格的校舍、必要的教室、桌椅板凳、基本的办公设备。但在穷国办大教育的背景下，能够保障学生在合格的校舍里上课对当时的中国来说都是非常困难的。第五，提高水平难。优质的教育才能有效地促进人的发展和社会的发展，但提高师资水平、改善办学条件、提高教育质量绝非一朝一夕就可以实现。穷国办出有质量的义务教育是当时面临的最大难点。

政府支持力度大主要体现在以下几个方面。一是党中央高度重视义务教育普及。从 1987 年起到 2010 年，党的十三大、十四大、十五大、十六大、十七大报告都有“百年大计，教育为本；大力发展基础教育；大力普及九年义务教育、扫除青壮年文盲。促进义务教育均衡发展”等内容。二是政府重点投入，优先发展义务教育。中国政府在诸多的法律政策文件中提出经费投入的目标，并在实践中不断加大投入力度。从 20 世纪 90 年代起，除个别年份外，生均预算内公用经费均逐年增长；从 2000 年开始，生均预算内事业费和预算内公用经费均以两位数的速度增长。三是政府强化督导，“人大”检查绩效。为了实现普九目标，中国政府制定了多项的督导制度。1992 年国务院颁布的《义务教育法实施细则》明确指出，地方各级人民政府及其教育主管部门应当建立实施义务教育的目标责任制，把实施义务教育的情况作为对有关负责人员政绩考核的重要内容。至此，“普九”成为考核各级政府政绩的重要指标。到 2013 年，“人大”进行了十五批次“基本普及九年义务教育、基本扫除青壮年文盲”的评估验收，有效督促了地方政府对义务教育的推进。

（3）时间短，成效好。

自 1986 年《义务教育法》颁布到 2011 年，全国所有省级行政区、所有县级行政单位全部通过普及九年制义务教育和扫除青壮年文盲的国家验收，人口覆盖率达到 100%，青壮年文盲率下降到 1.08%。中国用 26 年时间完成了普及义务教育的目标，其进程之短，显示出中国政府励精图治、通过教育增强国家实力的决心和能力。英国于 1870 年颁布《初等教育法》，到 1918 年才实现全国范围内的免费初等义务教育，前后用了 48 年的时间。美国从第一个州颁布义务教育法案到第四十八个州实施义务教育法案，总共用了 68 年时间。而德国早在腓特烈二世就提出了普及初等教育，直到1888年才实现小学免费义务教育，前后用了一个世纪之久。而作为世界上受教育人口最多的中国普及义务教育不仅时间短，其成效更是有目共睹。

成效好一是过程落实卓有成效。中国义务教育实施实行分步走的范式：先考虑地区发展的不均衡，再重点突破，最后全面实现9年制义务教育。先普及发达地区，再普及落后地区；先普及初等教育，再普及中等教育。二是教育质量不断提高。中国的义务教育普及不仅关注数量，亦同步重视质量。世界上较早推行义务教育的国家在其起步阶段，面临着教育质量相对低下的境况。其原因是国家缺乏教师，尤其是专任教师，教师素质不高。中国作为后发的现代化国家，在着眼于保证每个适龄儿童能上学的同时，更关注能够上好学。提高教育质量的关键是教师的质量。20世纪90年代以后，中国政府颁布了一系列师资调控政策，极大提高了教师素质，为高质量、高水平的普及九年义务教育提供了坚实保障。

随着我国经济社会快速发展，经济发展模式逐步从资源依赖性向知识、人力资本依赖性转变，对人力资源质量的需求越来越高。与此同时，国家对教育的财力支撑度越来越强，人民对教育的需求也越来越高，客观上有延长义务教育年限的要求。有相当的意见是要求实行12年义务教育；也有人认为，目前我国全面普及九年义务教育还不满10年，这种普及还是低层次的普及，特别是我国西部地区，相当一部分农村地区普及水平还很低，各地区之间，同一地区各义务教育学校之间，办学水平和办学资源都有相当的差距，还需要巩固和均衡发展，提高总体质量。另一方面，如果要延长义务教育年限，是向上延长到高中阶段3年，还是向下到延长到学前3年，目前都有争议。最有可能的是进行10年义务教育，向下延长至学前1年，或者在经济发达地区先行进行免费10~12年教育，然后逐步过渡到义务教育。

7.2.3.2　高中阶段教育

为了国际可比，联合国教科文组织采用“高级中等教育（upper secondary）”用于标识高中阶段教育”，基本上定位“普通”和“职业”两大类。“普通”的高级中等教育（在我国就是指普通高中教育）的未来通路，一是未完成学业直接就业，二是完成学业再接受中等后非高等教育，三是完成学业直接通向高等教育；相应在“职业”高级中等教育方面，也有类似的通路。《中华人民共和国教育法》的“教育基本制度”一章，确定了国家实行中等教育的学校教育制度，未对高中阶段包括普通高中作细致规定，而且此前的义务教育法覆盖小学初中教育，此后又有职业教育法和高等教育法，但对普通高中教育，至今还没有专门的国家教育法律法规做出规定。在我们国家教育体系中，普通高中、职业高中、中等专业学校、中等技术学校同属于“高中阶段教育”。我国高中阶段年龄段统计口径为 15~17 岁。

我国高中阶段教育发展呈现以下几个特点：

（1）由“结构调整”向“规模扩张”普及化发展。

20 世纪 80 年代，我国的高中阶段教育被赋予三个发展目标：普通高中为大专院校输送人才；中等专业学校扩大办学规模并继续培养中、初级技术员；新办职业高中培养劳动市场需要的技术工人。由于当时高等教育毛入学率很低，普通高中的出口通道受到约束，因此中等职业教育得到了较大发展。高中阶段职业技术学校在校生占高中阶段在校生总数的比例由 1980 年的 18.9% 提高到 1996 年的 51.2%。正是在这一段时期内中等职业教育在校生人数不断增加，为高中阶段教育后来的政策目标打下了扎实的基础。

20 世纪 90 年代以来，我国基础教育的分界线由初中上移到高中，基础教育不断走向综合化，普通高中教育开始受到重视。从世界教育发展趋势来看，普及义务教育、不断提高人口受教育年限水平、大力提升劳动者基本素质成为推动知识经济社会发展的基本要求。1993年中共中央、国务院《中国教育改革和发展纲要》强调高中阶段教育发展的“基础性”，把包括它在内的十二年基础教育作为重中之重提出来。其主要出于两点考虑：一是为了促进普通高中教育发展，提出普通高中办学体制改革，要求根据各地的需要和可能适度发展高中阶段教育；二是为了减轻普通高中的入学压力，要大力发展中等职业教育。“结构调整”一直是高中阶段教育发展的关键词。而结构调整的重点内容就是普通高中与职业高中的比例关系。多年来，高中阶段教育是在“普及九年义务教育的基础上”以“分区规划、分类指导，适度发展规模”的思路对高中阶段教育结构进行调整改革的。90年代中后期，教育部开始关注“普及高中阶段教育”的重要性,提出了“普及高中阶段教育”的工作要求。1994年《国务院关于〈中国教育改革和发展纲要〉的实施意见》中提出普通高中可根据各地的需要和可能适量发展。

我国真正开始普及高中阶段教育，是在世纪之交义务教育基本普及后、从城市和发达地区起步的。就在2000年“两基”（基本普及九年义务教育、普及扫除青壮年文盲）目标如期实现之际，1999年《中共中央国务院关于深化教育改革全面推进素质教育的决定》提出，“要在确保‘两基’的前提下，积极发展包括普通教育和职业教育在内的高中阶段教育，为初中毕业生提供多种形式的学习机会。在城市和经济发达地区要有步骤地普及高中阶段教育”。同年国务院批转教育部的《面向21世纪教育振兴行动计划》把城市和经济发达地区普及高中阶段教育的时点定在2010年。进入21世纪以来，2001年《国务院关于基础教育改革与发展的决定》进而提出，“大力发展高中阶段教育，促进高中阶段教育协调发展。有步骤地在大中城市和经济发达地区普高中阶段教育”。2002年党的十六大报告确定了到2020年全国“基本普及高中阶段教育”的目标，2007年党的十七大报告强调“加快普及高中阶段教育”。2010年《国家中长期教育改革与发展规划纲要（2010—2020 年）》对高中阶段教育性质进行了重新定位，即“高中阶段教育是学生个性形成、自主发展的关键时期，对于提高国民素质和培养创新人才具有特殊意义”。这是高中阶段教育在国家政策表述中第一次获得独立的教育意义。但在实践过程中，中等职业学校发展的基本任务就是“就业”，普通高中学校发展的基本任务是“升学”，综合高中学校发展的基本任务兼顾“升学”与“就业”。2017 年国务院比准“高中阶段教育普及攻坚计划（2017—2020 年）”，目标是：到 2020 年，全国普及高中阶段教育，适应初中毕业生接受良好高中阶段教育的需求。

（2）以职业教育发展为重点。

职业教育的目的是培养应用人才和具有一定文化水平和专业知识技能的劳动者，侧重于实践技能和实际工作能力的培养。职业教育的最终目的是为社会输送合格的劳动力。而普通教育（General education）则指为发展学习者的普通知识、技艺和能力以及读写和计算技能而设计的教育课程，它们通常是在学校或学院设置的。普通教育包括那些为参加者进入职业教育课程做准备的教育课程，但是这些教育课程既不为参加者从事某一特定的职业或行业做准备，也不直接授予与劳务市场相关的资格证书。基础教育属于普通教育。

在我国，职业教育是指对受教育者实施可从事某种职业或生产劳动所必需的职业知识、技能和职业道德的教育，包括职业学校教育和职业培训。职业学校教育是学历性的教育，分为初等、中等和高等职业学校教育，其中，职业高中、技工学校、中专等学校教育属于中等职业学校教育。在落实整个普及高中阶段教育政策的过程中，由于就业、升学的双重压力，可以说改革开放以后，我国绝大绝大多数时期都以“大力发展职业教育”为重点，把普通高中定位于“非重点”的位置，普通高中始终处于教育发展战略重点的“边缘”位置。

（3）普通高中精英化。

普通高中发展的突出特点的就是创办各级重点高中，建立示范性普通高中。重点高中作为普通高中的示范和“窗口”接受了国家财政倾斜投入、优先发展的扶持政策，将普通高中定位为精英教育，目标就是升学，为高等教育输送人才。随着高中阶段的“普及”的要求，普通高中也“水涨船高”，得到了相应的规模发展。

随着普及水平的提升，来自普通高中系统内外的多样化需求开始呈现。进入普及阶段的我国普通高中教育的主要功能，首先是巩固九年义务教育普及成果，为提高全民族思想道德素质、科学文化素质和健康素质做贡献；其次是为升入高等教育、培养专业技术人才做好必要准备，并兼顾未升学就业及接受高中后职业教育培训的需求。按照《2020教育规划纲要》对推动普通高中多样化发展的总体要求,在普通高中“推进培养模式多样化,满足不同潜质的发展需要”。主要两大主要途径实现多样化发展：

第一个途径旨在普通高中“探索发现和培养创新人才的途径”。国家将“支持有条件的高中与大学、科研院所合作开展创新人才培养研究和试验，建立创新人才培养基地”，“鼓励普通高中办出特色”。目前各地较为成功的特色高中，主要集中在外语、艺术、体育等方面，也是升学为主，只有少数在国学、手工艺、文化遗产传承等形成特色，而欧美国家特色学校涉及的领域更宽，如自然科学、数学等。

第二个途径旨在普通高中渗透职业教育元素，探索培养模式多样化的有效实现方式。即使普通高中的升学目的和功能十分明确，但是学生的学习水平、意愿和条件都在变动和分化之中，越是进入高中教育普及阶段，普通高中越有必要关注学生需求状况。国外经验显示，普通高中培养模式多样化，重点是适应不愿或未能直接升入高校的学生需要，兼顾所有学生的个人兴趣志向。

7.2.3.3　高等教育

根据联合国教科文组织的国际教育标准分类 ISCED，高等教育是建立在中等教育之上，在专业化的教育学科领域提供学习活动，以高度复杂和专业化的学习为目标。高等教育包括通常所理解的学术教育，还包括了高级职业或专业教育。高等教育包括 ISCED5、6、7、8 级，分别代表为短线高等教育、学士或等同学历、硕士或等同学历以及博士或等同学历四个层次。

我国高等教育是指在完成中等教育的基础上进行的专业教育，是培养高级专门人才的社会活动。我国高等教育学历有五种：普通高等教育、成人高等教育、高等教育自学考试、电大开放教育、远程网络教育。我国高等教育年龄段统计口径为 18~22 岁。

普通高等学校指按照国家规定的设置标准和审批程序批准举办的，通过全国普通高等学校统一招生考试（全国招生），招收普通高中毕业生为主要培养对象，实施高等教育的有公办本科大学、独立学院、民办高校和职业技术学院、高等专科学校，这是我国实施高等教育的主要形式。

成人高等教育属国民教育系列，是高等教育的重要组成部分，列入国家招生计划，国家承认学历，参加全国招生统一考试，各省、自治区统一组织录取。成人高等学历教育分为三种：专科起点升本科（简称专升本）、高中起点升本科（简称高起本）、高中起点升高职（高专）（简称高职、高专）。经教育部审定核准举办成人高等学校教育类型有：远程教育学院、广播电视大学、职工大学、业余大学、职工医学院、管理干部学院、教育学院、普通高校的成人（继续）教育学院（以下统称成人高校），实行全国统一招生。

高等教育自学考试是对自学者进行的以学历考试为主的高等教育国家考试，是个人自学、社会助学和国家考试相结合的高等教育形式，是中国社会主义高等教育体系的重要组成部分。

电大开放教育是相对于封闭教育而言的一种教育形式，基本特征为：以学生和学习为中心，取消和突破对学习者的限制和障碍。远程网络教育和传统教学方式不同，主要通过远程教育实施教学，学生点击网上课件（或是光盘课件）来完成课程的学习，通过电子邮件等的方式向教师提交作业或即时交流，另有一些集中面授。

（1）发展战略。

① 规模发展。规模增长是评价高等教育发展水平的重要指标。卓越的教学和科研质量是建立在一定规模基础上的，没有量就没有质。规模发展是高等教育满足经济社会需求的结果，也是教育发展规律的必然要求。我国政府一直坚持高等教育规模发展，我国高等教育毛入学率也由 1999 年扩招时的 10.5%，提高到 2002 年的 15%，2010 年的 26.5%，直到 2016 年的 44.2%，仅用 3 年就由精英教育阶段跨入高等教育大众化阶段，近 5 年时间高等教育毛入学率提高了近 14.5%。建成世界最大规模的高等教育系统。

② 重点发展。重点建设是加快我国高等教育发展步伐，提高高等学校办学水平，建设世界一流大学和一流学科，培养一流创新人才的重大战略。党和政府采取了一系列重大措施，相对集中国家有限财力，调动多方积极性进行重点建设，推进重点发展。

高等教育重点建设是党和政府一贯的政策。1954 年 10 月 5 日，当时的高等教育部颁发了《高等教育部关于重点高等学校和专家工作范围的决议》，确定 6 所高校为“全国性重点学校”。此后，陆续确定全国重点高等学校，至 1960 年达 64 所，1963 年又增设 4 所，共计 68 所。1977 年 8 月初，邓小平连续两次对重点高校建设做出指，“要抓一批重点大学。重点大学既是办教育的中心，又是办科研的中心”。1978 年 2 月，国务院下发《国务院转发教育部关于恢复和办好全国重点高等学校的报告的通知》，提出了第一批确定的全国重点高校88所，至1979年底，全国共有重点高等学校97所。20世纪90年代起，高等教育重点建设进入一个新阶段，先后实施了“211工程”“985工程”“2011计划”和“双一流”建设。

③优化整体结构，分类特色发展。高等教育发展要与社会经济发展相协调。一个国家的教育发展要形成一种与本国经济社会发展需要相吻合的科学的分层分类，以满足劳动力市场对各类人才的需求。

每个国家高等教育的结构及其特色，是由各自国情所决定的。我国现代化建设对高级专门人才需求的多样性及区域差异性，是世界上不多见的。高等教育处于“精英”阶段的质量标准，并不能简单移至“大众化”乃至“普及化”阶段的所有高校。1993年。《中国教育改革和发展纲要》(1993年)指出，“要区别不同地区、科类和学校，确定发展目标和重点。制订高等学校分类标准和相应的政策措施，使各种类型的学校合理分工，在各自的层次上办出特色，明确要求各类各层次学校都要办出特色。《国家中长期教育改革和发展规划纲要(2010—2020年)》将特色发展推向现代教育、高等教育，提出“办出具有中国特色、世界一流的现代教育”，“建成一批国际知名、有特色、高水平的高等学校”。“双一流”建设十分强调中国特色，指出一流大学要扎根中国大地，传承中华民族优秀传统文化，实现中国特色、世界一流。

我国第一次分类发展，从20世纪90年代开始，我国重视发展高等职业教育，建立了一批高职院校。至2015年，共建立了1341所高职院校，学校数和在校生数都占高等教育的“半壁江山”。第二次分类发展，提出建设一批应用型大学。2014年2月，国务院做出“引导一批普通本科院校向应用技术型转型”的战略部署,对部分本科高校转型发展提出了明确的要求。2015年10月，教育部、国家发改委、财政部三部委联合颁发《关于引导部分地方普通本科高校向应用型转变的指导意见》，要求部分本科高校向应用型转型，为地方经济社会发展服务。

（2）发展特点。

与西方发达国家相比，我国高等教育具有自身的发展特点与扩张路径。具体表现为：后发追赶的跨越态势、政府主导的管理模式、内外并举的发展道路、严进宽出的培养方式等。

① 后发追赶式发展。我国现代高等教育尤其是现代大学主要生成于 19 世纪末以及 20 世纪初期，与欧洲中世纪大学及欧美现代高等教育机构相比，具有明显的后发性。中华人民共和国成立后，我国高等教育取得了长足的进步，但由于经济基础薄弱，高等教育一直处于相对落后的境地。后发国家高等教育的落后地位与薄弱的社会经济基础激发国人追赶跃进的急切心理，于是，高等教育出现了两次较大规模的扩张。1958 年，伴随中国工农业的跃进热潮，高等教育亦出现跃进态势，在校生由 1957 年的 44 万增至 66 万；1960 年全国普通高校在校生规模达到 96 万，表现出明显的追赶、跃进势头。自 1999—2002 年，我国仅用 4 年时间即将我国高等教育毛入学率从 9.8% 升至 15%，进入高等教育大众化阶段，4 年时间毛入学率共提高近 5.2 个百分点，平均年增 1.3 个百分点。2000—2016 年，我国高等教育毛入学率持续增长，提高了近 30 个百分点，平均年增 1.85 个百分点，出现第二次大的追赶热潮，成为 21 世纪初期 15 年高等教育增长最多、速度最快的国家之一。

② 政府主导的管理模式。就管理模式而言，与世界发达国家的高等教育（私立与公立）相对独立发展不同，中国以政府管理主导，大学自主性相对不足。我国政府通过法律、政策、人事组织、评估拨款等途径，对高等教育管理体制、高等教育发展规模、速度、区域布局、办学方式、学科设置等实施全面统筹，

形成了政府主导下的行政管理模式。我国政府主导下的高等教育管理模式在不同时期有不同的表现形式：一是政府主导下的集中管理，如 1953 年政务院公布《关于高等学校领导关系的决定》后，开始提出“有步骤地对全国高等学校实现统一与集中管理”；二是政府主导下的分权管理，如 1958 年中央提出除少数综合大学、某些专业学院和某些中等技术学校外，其他高校和中等技术学校可以下放，不再执行统一教学计划、教学大纲和统编教材等。政府主导下的分权管理也有三种形式，即：纵向分权、横向分权、纵横结合分权。

从我国高等教育管理体制发展的总体脉络看，无论是集中管理还是分权管理，无论是“块”（地方）的分割还是的“条”（部委）的分立，均无法摆脱行政主导的管理属性，其问题弊病是忽视市场，缺少中介，远离社会。首先，缺少市场调节的政府主导模式，极易形成行政管理遮蔽市场调节、主观决策遮蔽客观发展的现象；其次，缺少中介参与的政府主导模式，可能出现专家与社会监督缺位，易滋生更多官僚特权;第三，忽视社会力量的政府主导模式，可造成社会公众冷观高等教育，高校失去丰富的社会资源。此种种问题，势必影响高等教育发展。当然，运用行政手段，通过政府集中管理，将有利于高等教育的迅速恢复与快速发展，可在较短时间内提高发展效率，大众化即为典型案例。

③“内外轮值”的扩张路径。这里所说的“内”“外”是指高等教育扩张所选择的道路或途径——“内涵道路”“外延道路”。“内涵道路”系指通过挖掘高等教育机构（主要指高校）内部潜力从而实现高等教育扩张的方式。“外延道路”则是指在原有高等教育机构外建立新的或新模式的高等教育机构的发展方式。

单一的扩张路径一般指在较短时间内或一味扩大高等学校规模，或一味扩大高等学校数量。单一路径的优点是目标单一，容易执行，其劣势为高校压力过大，或在定时期后造成高校的闲置与浪费。“内外并举”路径则指在扩大高等学校规模的同时，扩大高等学校数量。“内外并举”路径可以形成比较均衡的发展态势，但要同时兼顾两个扩大问题，则任务十分艰巨。我国高等教育基于社会经济发展的基本状况与大众需求，选择了“内外轮值”之路，在一定历史时期，既抓住了主要矛盾，化解了主要问题，又降低了解决问题的难度。

④ 严进宽出的培养方式。严进宽出的核心内容是控制入口、开放出口，即通过考试等选才途径，严格控制生源质量，但对最终结果则不过多干预的培养方式。我国严进宽出培养方式的实行主要基于国家经济发展相对落后、教育资源相对匮乏、国家急需人才的社会背景所做出的判断与选择。该培养方式比较适合精英教育，即通过先行选材、集中资源的方式，进而提高办学效率与社会效益。宽出的核心问题是缺少竞争淘汰机制，学生缺少学习与成才压力，影响高校教育质量与学习风气;尤其是大众化时期，由于生源质量有所下降，无原则、无条件地“宽出”，势必影响高校的声誉与秩序。

我国高等教育严进宽出与国外的宽进严出、严进严出有很大差异。法国、意大利的综合性大学，往往采取“宽进严出”的培养方式，即但凡获得高中会考文凭者，皆可通过注册进入综合性大学，给大众以同等的、充分的受教育机会。美国的4年制以上大学尤其是研究型大学，这些机构往往采用综合的、十分严格的入学考试以选优才。

7.3　教育系统绩效

国家教育系统绩效是国家教育系统人才培养综合能力的体现。中华人民共和国成立以来，经过近70年的不懈努力，我国形成了学前教育至高等教育、普通教育与职业教育并重、学历教育与非学历教育并举、课堂教学与远程教育并存等层次、类别和形式多样的格局。各级政府和社会各界都高度重视全体公民、特别是弱势群体受教育权利的实现。积极促进教育公平，保障义务教育学龄儿童少年就学，为公民接受职业教育和培训以及高等教育提供更多的机会。中国教育系统在培养规模、普及程度、投入能力等方面取得了巨大进步。

7.3.1　培养能力

7.3.1.1　在校学生规模

自中华人民共和国成立以来，我国教育事业不断发展，教育系统规模和层次不断提高。总体规模呈波浪式增加，自 1995 年起，在校生规模一直保持在 2 亿人以上，是世界教育第一大国。随着时间的不断推移，教育事业发展水平逐步提高，学龄人口逐渐减少，小学教育在校生规模由小变大，再逐渐减少；初中教育在校生规模由小变大，再逐渐减少；高中教育在校生规模由小变大，再由大变小，再逐渐增多；高等教育在校生规模由小变大，逐渐增多。到2016年，高等教育、高中教育、初中教育、小学教育规模之比基本呈 1∶1∶1∶2 比例，按金字塔型看，上部已很宽，基本呈准梯形，立柱与底部基本同宽（见表 7.6、图 7.9）。

表 7.6　1950—2016 年我国大中小学在校规模结构的变化

单位：万人

项目	1950	1980	1990	2000	2010	2015	2016
高等教育	13.7	272	421.9	1100	3105	3647	3699
高中阶段	49.9	1578	1528	2525.	4670.6	4037.	3970
初中阶段	106	4821.	3957.2	6275.	5279.3	4311.95	4329

续表

项目	1950	1980	1990	2000	2010	2015	2016
初等教育	5206	16273	14524	14499	10135	9692	9913
在校学生总数	5377	22944	20431	243989	23190	21689	21911
总人口（亿）	5.52	9.87	11.43	12.67	13.41	13.68	13.83
学生占比（%）	9.74	23.25	17.88	19.26	17.29	15.85	15.84
百分比	100	100	100	100	100	100	100
高等教育阶段	0.25%	1.19%	2.06%	4.51%	13.39%	16.82%	16.88%
高中阶段教育	0.93%	6.88%	7.48%	10.35%	20.14%	18.62%	18.12%
初中阶段教育	1.98%	21.01%	19.37%	25.72%	22.77%	19.88%	19.76%
初等教育阶段	96.83%	70.92%	71.08%	59.42%	43.71%	44.69%	45.24%
结构类型	倒 T 形	锐角金字塔形	锐角金字塔形	金字塔形	准梯形	准柱形	准柱形

注：高等教育为在校人数规模。

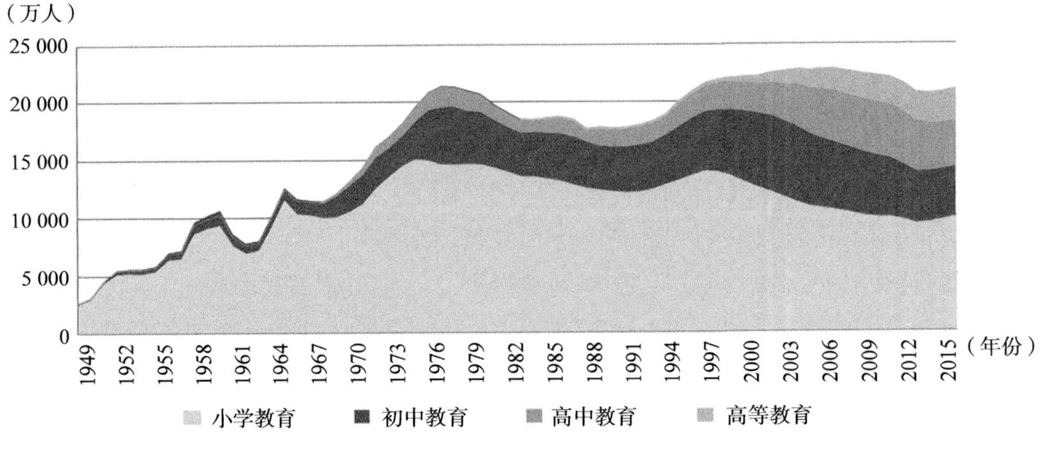

图 7.9　1949—2016 年中国各级教育规模变化趋势

与世界相比，自 2000 年起学历教育在校生数量占世界比例也呈减少趋势，但一直保持 14% 以上。虽然总体学历教育在校生占比在减少，但高等教育，特别是最高层次的博士占比呈增加趋势（见表 7.7、图 7.10）。

表 7.7　2000—2016 年中国各级学历教育规模占世界比例

项目	2000	2001	2002	2003	2004	2005	2006	2007	2008
初等教育	19.97%	19.92%	19.14%	18.21%	17.40%	16.56%	16.00%	15.59%	15.29%
初中教育	20.61%	21.55%	21.80%	22.02%	21.47%	20.71%	20.21%	19.20%	18.52%
高中教育	13.74%	13.80%	14.32%	15.39%	15.39%	15.39%	18.94%	19.95%	20.01%
高等教育	7.41%	8.84%	10.43%	12.15%	13.70%	14.83%	15.94%	16.37%	16.31%
博士教育	4.14%	5.00%	5.92%	6.98%	7.73%	8.71%	9.33%	9.78%	9.92%
学历教育	18.21%	18.48%	18.29%	18.12%	17.87%	17.58%	17.41%	17.18%	16.88%
项目	**2009**	**2010**	**2011**	**2012**	**2013**	**2014**	**2015**	**2016**	**—**
初等教育	14.93%	14.50%	14.21%	14.01%	13.75%	13.29%	13.26%	13.26%	—
初中教育	18.04%	17.30%	16.68%	15.98%	15.08%	14.04%	13.80%	13.80%	—
高中教育	19.86%	19.51%	18.87%	18.24%	18.31%	16.96%	16.25%	16.25%	—
高等教育	17.06%	17.16%	16.43%	16.93%	17.44%	16.93%	17.19%	17.13%	—
博士教育	9.97%	9.95%	10.19%	10.49%	11.10%	11.54%	11.84%	11.73%	—
学历教育	16.67%	16.27%	15.81%	15.52%	15.30%	14.59%	14.43%	14.21%	—

数据来源：根据国家统计局、联合国统计研究所数据整理。

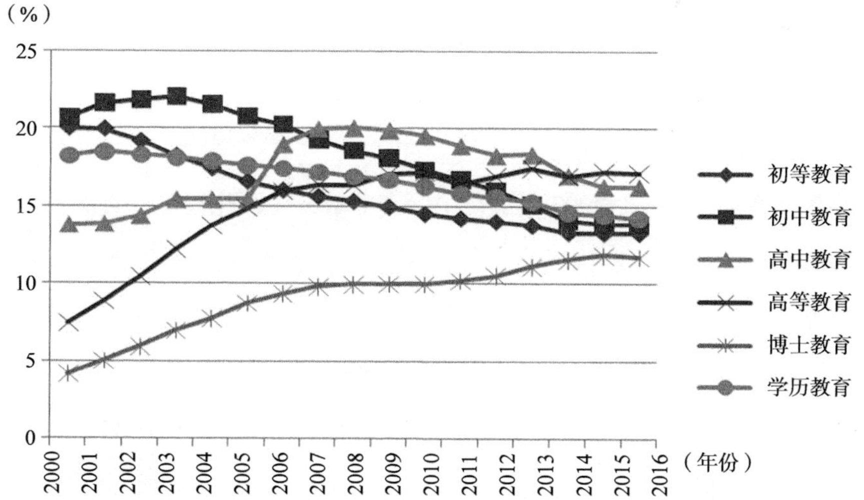

图 7.10　2000—2016 年中国各级学历教育规模占世界比例变化趋势

7.3.1.2　各级教育普及化率

初等教育净入学率。中国初等教育普及化程度一直保持高水平发展。自2000年起，初等教育净入学率均高于99%，超过高收入国家和OECD国家平均水平，达到世界先进水平（见表7.8）。

表7.8　初等教育净入学率变化情况（%）

项目	1990年	2000年	2010年	2011年	2012年	2013年	2014年	2015年	2016年
低收入国家	45.32	54.32	76.60	77.71	78.74	79.50	79.70	79.18	79.17
中低收入国家	76.22	78.47	86.73	86.87	87.46	87.38	87.46	87.85	88.12
中高收入国家	94.35	94.36	95.39	95.35	95.11	94.70	94.84	94.95	94.93
高收入国家	96.06	95.64	95.82	95.52	95.66	95.39	95.43	95.99	95.88
OECD国家	97.47	96.83	95.96	95.79	95.66	95.51	95.54	95.83	95.83
全世界	82.31	83.45	88.80	88.92	89.25	89.16	89.24	89.40	89.49
中国	96.87	99.10	99.70	99.79	99.85	99.71	99.81	99.88	99.92

数据来源：根据世界银行世界发展指标数据、历年中国教育事业统计公告。

中等教育毛入学率。中国中等教育普及化程度一直保持较高水平发展。自2010年起，中等教育毛入学率均高于90%，远高于世界平均水平，超过中高收入国家平均水平，但低于高收入国家和OECD国家平均水平，相当于2005年前的水平（见表7.9）。

高等教育毛入学率。2000年前，中国高等教育普及化程度一直保持低水平发展，1990年低于世界低收入国家平均水平。自2000年起，高等教育毛入学率开始快速提升，2005年超过中低收入国家平均水平；2013年超过世界平均水平；到2016年达到42.7%，但仍低于中高收入国家平均水平8个百分点，与高收入国家和OECD国家相差30多个百分点，相当于它们20世纪90年代水平。但中国高等教育毛入学率提升速度很快，自2000年到2016年的提升35.08个百分点，高于中高收入国家平均提升速度，远高于世界及其他类别国家提升速度（见表7.10）。

表 7.9　中等教育毛入学率变化情况

单位：%

项目	1970 年	1980 年	1990 年	2000 年	2005 年	2010 年
低收入国家	13.24	18.85	19.89	22.55	28.51	36.72
中低收入国家	27.59	32.02	40.17	46.70	52.83	60.14
中高收入国家	39.28	54.38	54.16	71.11	74.63	88.21
高收入国家	77.30	86.12	91.65	99.10	101.05	101.50
OECD 国家	71.89	81.19	85.40	94.67	97.83	98.10
全世界	41.27	49.37	51.43	59.77	63.96	71.14
中国	27.96	43.03	37.44	59.65	73.80	91.30
项目	**2011**	**2012**	**2013**	**2014**	**2015**	**2016**
低收入国家	38.05	39.09	39.49	39.82	39.80	40.02
中低收入国家	62.31	64.35	65.24	67.39	67.96	69.00
中高收入国家	90.29	91.23	94.23	94.34	94.10	93.52
高收入国家	101.64	102.22	105.86	106.47	107.10	107.10
OECD 国家	98.41	98.54	103.00	104.11	105.04	105.29
全世界	72.62	73.77	75.27	76.20	76.24	76.43
中国	92.05	93.55	95.05	95.00	95.50	95.75

数据来源：根据世界银行世界发展指标数据、历年全国教育事业统计公告及测算。

表 7.10　高等教育毛入学率变化情况

单位：%

项目	1970 年	1980 年	1990 年	2000 年	2005 年	2010 年
低收入国家	2.33	3.46	4.24	3.36	4.42	6.67
中低收入国家	6.02	6.72	7.81	11.31	13.18	18.11
中高收入国家	6.37	8.97	9.78	17.21	26.92	33.1
高收入国家	25.26	32.78	41.67	56.45	66.63	73.83
OECD 国家	23.5	30.73	38.29	51.06	60.9	68.7
全世界	10.06	12.39	13.64	19	24.23	29.32
中国	0.13	1.14	3.01	7.62	21	26.5

续表

项目	2012 年	2013 年	2014 年	2015 年	2016 年	2000—2016 年提高
低收入国家	7.35	7.44	7.59	7.56	7.46	4.1
中低收入国家	21.73	21.87	22.94	23.11	23.54	12.23
中高收入国家	37.16	39.83	45.9	48.75	50.74	33.53
高收入国家	75.76	74.43	74.38	74.64	75.15	18.7
OECD 国家	71.18	70.58	71.14	71.85	72.78	21.72
全世界	32.36	33.01	35.29	36.09	36.77	17.77
中国	30	34.5	37.5	40	42.7	35.08

数据来源：根据世界银行世界发展指标数据、历年全国教育事业统计公告。

7.3.1.3 人均预期受教育年限

中国人均预期受教育年限 1980 年以来一直高于中低收入国家平均水平，2005 年起，超过世界平均水平。2010 年以后人均预期受教育年限开始超过 13 年，相当于大学一年级水平，但一直低于中高收入国家平均水平，2005 年后差距不到 1 年。与高收入国家和 OECD 国家差距甚大，2005 年前差距一般在 4 年以上，2005 年后差距在 3 年以上，略有缩小。根据人类发展指数 2018 报告，我国 2016 年人均预期受教育年限 13.8 年，位居世界第 82 位，低于人均国民收入排位（76 名）大约 6 个位次，相当于中高收入国家 2013 年平均水平，高收入国家和 OECD 国家 20 世纪 80 年代末期水平。

但我国人均预期受教育年限提升速度很快，自 2000 年到 2016 年提升了 4.1 年，高于世界平均提高水平，也高于其他类别国家平均提升水平（见表 7.11）。

表 7.11　人均预期受教育年限变化情况

单位：年

项目	1980 年	1985 年	1990 年	1995 年	2000 年	2005 年	2010 年
低收入国家	5.08	5.16	5.02	5.34	6.15	7.69	8.86
中低收入国家	6.97	7.67	7.79	8.20	8.60	9.54	10.38
中高收入国家	9.38	9.67	10.08	10.10	11.05	12.08	13.24
高收入国家	12.97	13.31	13.87	14.88	15.29	15.79	16.26
OECD 国家	13.22	13.52	14.14	15.12	15.51	15.98	16.43
全世界	8.58	8.89	9.07	9.36	9.85	10.69	11.56
中国	8.21	7.95	8.68	8.89	9.60	11.20	12.89
项目	**2011 年**	**2012 年**	**2013 年**	**2014 年**	**2015 年**	**2016 年**	**2000—2016 年提升**
低收入国家	9.03	9.08	9.16	9.19	9.14	—	3
中低收入国家	10.73	10.95	11.05	11.11	11.18	11.39	2.79
中高收入国家	13.39	13.56	13.88	14.01	14.18	14.28	3.23
高收入国家	16.35	16.38	16.59	16.64	16.71	16.71	1.42
OECD 国家	16.50	16.49	16.68	16.71	16.75	16.75	1.24
全世界	11.79	11.95	12.12	12.19	12.26	12.39	2.54
中国	13.07	13.27	13.54	13.6	13.7	13.8	4.1

数据来源：联合国统计中心数据（UIS），1985。

7.3.2　教育产出

7.3.2.1　高等教育毕业生人数

中国是高等教育培养毕业生人数第一大国，从 2014 年起，各类高等教育毕业生人数超过 1000 万人。超过 50 万的国家有印度（超过 843 万）、美国（385 万）、俄罗斯（170 万）、印度尼西亚（114 万）、日本（98 万）、英国（79 万）、法国（75 万）、伊朗（86 万）、韩国（63 万）、墨西哥（61 万）、波兰

（60万）、越南（58万）、菲律宾（58万）、马来西亚（51万），基本都是人口大国（见表7.12）。

表7.12　高等教育培养主要大国（培养毕业人数超过20万人）

单位：人

国家及地区	2010年	2011年	2012年	2013年	2014年	2015年	2016年
孟加拉国	—	302965	316024	—	329181	—	493379
智利	120694	—	147549	176216.8	191141	211644	—
中国	7863663	8733298	9135720	9366202	11380503	11923653	12443378
哥伦比亚	190250	235203	266413	344066	359607	374738	417856
埃及	—	—	510390	547925	—	—	428629
法国	—	—	697193	726540	741044	752068	—
印度	—	—	—	8846030	7741584	8428836	8437710
印度尼西亚	811455	—	867822	—	948638	941038	1145276
伊朗	—	607121	570730	716096	718801	738260	859697
意大利	—	388837	374994	361907	374353	368533	—
日本	966635	968807	980902	977214	980726	984499	—
哈萨克斯坦	—	—	—	238220	238013	241472	207262
马来西亚	—	—	—	—	350639	362806	518074.6
墨西哥	465813	499303	533867	563913	588692	615106	—
菲律宾	481331	496949	522570	564769	585288	—	—
波兰	624799	648045	638957	598124	557769	516675	487640
韩国	—	609719	618281	609104	611512	629790	633970
俄罗斯	—	2075040	1995269	1921834	1732208	1706754	—
沙特阿拉伯	115790	120780	137119	141196	148841	185122	203704
南非	—	—	183864	195269	199821	208971	—
西班牙	336810	381926	391956	407036	443321	438616	438661
泰国	534736	—	443648	—	345899	371412	—

续表

国家及地区	2010 年	2011 年	2012 年	2013 年	2014 年	2015 年	2016 年
乌克兰	650450	670080	642387	621790	593803	499993	464118
英国	709880	754310	780606	791945	772362	740276	—
美国	2997614	3164951	3308494	3784640	3813956	3855101	—
越南	273301	—	417436	406068	420607	585554	536712

数据来源：联合国统计研究中心（UIS）（德国缺数据）。

中国是硕士培养毕业生人数第四大国，从 2015 年起，硕士毕业生人数超过 60 万人。世界硕士生毕业人数第一大国是印度，从 2015 年起每年超过 160 万人；第二大国俄罗斯（超过 100 万人）；第三大国美国（超过 85 万），都是人口大国（见表 7.13）。

表 7.13　硕士培养主要大国（培养毕业人数超过 5 万人）

单位：人

国家及地区	2012 年	2013 年	2014 年	2015 年	2016 年
澳大利亚	—	68299.528	73350	77093	—
孟加拉国	—	—	—	—	89378
巴西	—	—	50229	55129	—
中国	—	570279	594051	614898	629892
哥伦比亚	—	69778	76066	76678	85871
法国	—	259849	268090	277242	—
德国	—	183931	191000	196668	202984
印度	—	1464443	1513666	1681973	1622686
印度尼西亚	—	—	45288	59171	79611
伊朗	—	60604	80921	102192	126161
意大利	—	148534	154731	154277	—
日本	—	107202	102821	100463	—

续表

国家及地区	2012 年	2013 年	2014 年	2015 年	2016 年
墨西哥	—	69967	73913	74118	—
波兰	—	198956	189872	177973	166754
韩国	—	82479	82207	80648	80369
罗马尼亚	—	69155	66888	52706	47381
俄罗斯	—	1269594	1170798	1011659	—
西班牙	—	165403	151370	131253	129787
土耳其	37034	—	51143	—	—
乌克兰	—	340814	314657	241952	215624
英国	—	234727	233768	233681	—
美国	—	869173	870445	873763	—

数据来源：联合国统计研究中心（UIS）。

中国是博士培养毕业生人数第二大国，从 2013 年起，每年毕业生人数超过 5 万人。世界博士生毕业人数第一大国是美国，2005 年起每年超过 6 万人；第三大国俄罗斯（超过 3 万人）、第四德国（超过 2.9 万）、第五英国（超过 2.6 万）、第六是印度（2.5 万），基本都是人口大国（见表 7.14）。

表 7.14　博士培养主要国家（近年毕业生曾经超过 4500 人）

单位：人

国家及地区	2000 年	2005 年	2010 年	2011 年	2012 年	2013 年	2014 年	2015 年	2016 年
澳大利亚	3802	4931	6079	6547	—	8101	8400	8627	—
巴西	—	39695	11314	12321	13912	—	16745	18625	—
加拿大	—	4200	5673	5906	6396	7059	7190	7546.12	—
中国	—	—	—	—	—	52755	54218	54891	55151
埃及	—	—	—	—	6150	6877	—	—	7702

续表

国家及地区	2000 年	2005 年	2010 年	2011 年	2012 年	2013 年	2014 年	2015 年	2016 年
法国	9903	9818	—	—	13188	13419	13729	13774	—
德国	25780	25952	25629	26981	26807	27707	28147	29218	29303
印度	—	—	—	—	—	24300	24318	22528	25095
伊朗	—	2711	—	4788	4012	5195	6842	7402	7531
意大利	4044	8466	—	11270	11458	10687	10678	10485	—
日本	12192	15286	15867	15910	16286	16471	16039	15714	—
马来西亚	—	—	—	—	—	—	3472	4058	7798
墨西哥	1036	2432	4167	3795	5119	5013	5782	6050	—
荷兰	2489	2879	3736	3715	4040	4321	4528	—	—
韩国	6143	8449	—	11645	12243	12625	12931	13077	13882
俄罗斯	—	34046	35537	35022	34403	36533	—	29632	—
土耳其	2124	2838	4684	4653	8734	—	4516	—	—
乌克兰	—	6466	8394	8918	9248	8923	9081	8270	8208
英国	11566	15778	18756	20076	20438	25896	25020	26636	—
美国	44808	52631	69570	73041	76288	65051	67449	68923	—

数据来源：联合国统计研究中心（UIS）。

7.3.2.2　成人文盲率

1978 年以来，在改革开放前的扫盲工作基础上，在各级教育普及化程度不断提高的推动下，成人文盲率及人数持续下降。扫盲和“普九”使中国文盲数量和文盲率不断下降，成人文盲数从 1982 年的 2.35 亿人减少到 2000 年的 8100 多万人，成人文盲率从 1982 年的 34.5% 降到 2000 年的 6.72%，青壮年文盲率降到 4.8% 以下，全国如期实现了基本扫除青壮年文盲的目标。2010 年，全国第六次人口普查数据表明：从 2000—2010 年的 10 年中，全国共扫除成人文盲 4545 万多人。2010 全国 15 岁以上人口文盲率从 2000 年的 9.08% 下降 4.88%，首次突破 5%。2010 年以后，中国教育事业进入新的快速发展时期，特别是义务教育持续巩固发展，基本没有新文盲人口；另一方面，由于自然规律，很多高龄文盲人口陆续死亡，我国成人文盲率水平基本与世界发达国家持平。

7.3.2.3 人均受教育年限

我国教育是后发追赶式国家，由于我国有着巨大人口存量，虽然教育系统培养能力得到极大提高，但由于持续时间不长，短时间很难提高人均受教育年限水平。

25 岁以上人口人均受教育年限。2010 年中国第六次人口普查数据显示，我国 25 岁以上人口人均受教育年限为 8.63 年（国际组织估计为 7.5 年）。按中国测算结果 2016 年为人均受教育年限 9.1 年（相当于初中毕业，国际组织估计为 7.8 年），低于主要发达国家 1990 年平均水平，相当于次发达国家 1995 年水平，略高于新兴经济体国家平均水平（见表 7.15）。

表 7.15　25 岁以上人口受教育年限

单位：年

项目	1990 年	2000 年	2005 年	2010 年	2011 年	2012 年	2013 年	2014 年	2015 年
主要发达（23）	9.26	10.47	11.14	11.64	11.69	11.82	11.98	12.09	12.11
次发达国家（11）	8.52	9.63	10.38	10.80	10.89	10.91	10.99	11.05	11.07
其他国家（13）	5.58	7.35	7.55	8.29	8.38	8.53	8.65	8.72	8.78
中国	4.8	6.5	6.9	7.1	7.3	7.4	7.5	7.6	7.6

注：主要发达国家指 OECD23 个早期国家；次发达国家指 OECD 后来进入的南美、东欧 11 个国家；其他国家指 13 个最主要新新经济体国家，不含中国。* 中国为 2016 年数据。

根据 2018 年人类发展指数报告显示，位于世界 91 名，低于人均国民收入排位（76 名）大约 15 个位次。高于发展中国家、高人类发展指数国家和世界平均水平（见表 7.16）。

表 7.16　2016 年中国 25 岁以上人口受教育年限

单位：年

项目	按人类发展指数				按发达水平		全世界	中国
	超高	高	中	低	OECD	发展中		
25 岁以上受教育年限（年）	12.21	8.23	6.70	4.71	12.00	7.32	8.40	7.8（9.1）

15 岁以上人口人均受教育年限。从 1964 年有人口文化素质统计以来，中国人均受教育年限快速提升，15 岁以上人口人均受教育年限从 1964 年的 3.43 年提高到 2010 年的 9.10 年，年限提高 0.12 年，比世界平均速度快 50%；15 岁以上人口文盲比例从 48% 下降到 5.2%；小学文化水平人口比例从 41.3% 下降到 23.6%；中学文化水平人口比例从 8.76% 上升到 60.65.0%；大学文化程度比例从 0.61% 提高到 10.7%。创造了人类教育发展和人力资源开发的奇迹。中国人均受教育年均高于发展中国家和世界平均水平，相当发达国家 20 世纪 90 年代水平（见表 7.17）。

表 7.17　全球 15 岁以上人口受人均教育年限变化趋势

项目	时间	15 岁上人口（百万）	未上过学（%）	小学（%）	中学（%）	大学（%）	人均受教育年限（年）
世界（146）	1950	1588	47.2	38.1	12.5	2.2	3.17
	1960	1831	42.5	38.4	16.3	2.7	3.65
	1970	2221	35.6	38.1	22.4	3.9	4.45
	1980	2761	30.61	33	30.5	6	5.29
	1990	3413	25.5	30.5	35.6	8.3	6.09
	2000	4064	20.1	27.5	41.8	10.6	6.98
	2010	4759	14.8	25.2	48	11.9	7.76

续表

项目	时间	15岁上人口（百万）	未上过学（%）	小学（%）	中学（%）	大学（%）	人均受教育年限（年）
发达国家（24）	1950	428	9.2	60.1	25	5.7	6.22
	1960	476	7.8	54.3	31.1	6.9	6.81
	1970	541	6.2	45.3	38.6	9.9	7.74
	1980	614	5.5	34.2	44.4	16	8.82
	1990	683	5.5	27	44.9	22.6	9.56
	2000	746	3.4	19.1	49.5	28	10.65
	2010	805	2.3	14.2	57.9	25.6	11.03
发展中国家（122）	1950	1160	61.2	30	7.9	0.9	2.05
	1960	1355	54.7	32.9	11.1	1.3	2.55
	1970	1681	45.1	35.8	17.2	1.9	3.39
	1980	2146	37.7	32.7	26.5	3.1	4.28
	1990	2730	30.5	31.4	33.3	4.8	5.22
	2000	3318	23.9	29.4	40.1	6.6	6.15
	2010	3954	17.4	27.4	46	9.2	7.09
中国	1964	723	48.27	41.36	8.76	0.61	3.42
	1982	1031	23.5	42.19	29.08	0.71	5.33
	1990	1134	18.52	43.22	36.61	1.66	6.4
	2000	1295	11.86	30.25	48.89	9	7.79
	2010	1370	5.02	23.62	60.65	10.71	9.09

资料来源：Robert J. Barro，Jong-Wha Lee. A NEW DATA SET OF EDUCATIONAL，第六次人口普查数据。

7.3.3 教育投入

7.3.3.1 公共教育经费占 GDP 比例

中国早在 1993 年就提出要在 2000 年实现国家财政性教育经费占 GDP4% 的目标，但时间表却已推至 2012 年。自 2012 年以后，中国公共教育经费占

GDP 比例一直都在 4% 以上。但与国际相比，仅略高于低收入国家平均水平，与中低收入国家持平；但与世界平均水平，特别是中高收入国家（4.8% 以上）、高收入国家（5.15% 以上）、OECD 国家（5.15% 以上）平均水平尚有差距（见表 7.18）。中国公共教育经费占 GDP 比例上有较大提升空间。

表 7.18　公共教育经费投入强度

单位：%

项目	2000 年	2005 年	2010 年	2011 年	2012 年	2013 年	2014 年	2015 年
低收入国家	2.97	3.39	3.63	3.84	4.04	3.47	3.52	3.98
中低收入国家	3.13	3.13	4.01	3.63	3.41	4.24	4.29	4.29
中高收入国家	3.85	4.03	4.19	4.48	4.39	4.12	4.85	4.84
高收入国家	4.77	4.91	5.39	5.11	4.99	5.04	5.16	5.16
OECD 国家	4.86	5.07	5.47	5.19	5.18	5.26	5.19	5.19
全世界	3.95	4.13	4.60	4.49	4.61	4.73	4.89	4.80
中国	2.87	2.82	3.65	3.93	4.28	4.30	4.15	4.26

数据来源：世界发展指标数据、人类发展指数数据、中国教育。

7.3.3.2　人均公共教育经费

虽然 2010 年后中国政府加大对教育投入，人均公共教育经费虽然逐年递增，但由于人口基数太大，人均规模到 2016 年还不到 294 美元，不到世界平均水平的 60%，中高收入国家平均水平的 77%，高收入国家平均水平的 14%；OECD 国家平均水平的 15%（见表 7.19）。

表 7.19　人均公共教育经费（2010 年美元不变价）

单位：美元（2010 年不变价）

项目	2000 年	2005 年	2010 年	2011 年	2012 年	2013 年	2014 年	2015 年	2016 年
低收入国家	12	15	19	20	22	19	20	23	23
中低收入国家	34	42	68	64	62	80	84	88	91
中高收入国家	148	196	268	302	309	302	367	375	385

续表

项目	2000 年	2005 年	2010 年	2011 年	2012 年	2013 年	2014 年	2015 年	2016 年
高收入国家	1711	1902	2119	2036	2001	2036	2112	2146	2169
OECD 国家	1604	1798	1963	1886	1894	1938	1937	1968	1988
全世界	322	368	437	435	452	471	494	492	499
中国	51	77	166	195	228	246	253	277	294

数据来源：根据世界银行 WDI 数据整理。

如果考虑经济发展水平，中国历年人均公共教育经费相对投入，都低于中高收入国家、高收入国家、OECD 国家以及世界平均水平均。例如，2016 年，中国人均 GDP 分别相当于中高收入国家、高收入国家、OECD 国家以及世界平均的 87%、16%、18% 和 66%；但是，人均公共教育经费分别只相当于中高收入国家、高收入国家、OECD 国家以及世界平均的 76%、14%、15% 和 59%，低于人均 GDP 占比（见表 7.20）。此说明，即使考虑经济发展水平因素，我国公共教育经费的投入水平也是相对较低的，有待提高。

表 7.20　中国经济发展水平占比与公共教育投入占比

单位：%

中国人均 GDP 相对占比									
项目	2000 年	2005 年	2010 年	2011 年	2012 年	2013 年	2014 年	2015 年	2016 年
中高收入国家	46	56	71	74	76	79	81	84	87
高收入国家	5	7	12	12	13	14	15	16	16
OECD 国家	5	8	13	14	15	16	16	17	18
世界	22	31	48	51	54	58	60	63	66
中国	100	100	100	100	100	100	100	100	100

续表

中国人均公共教育经费相对占比（%）									
项目	2000 年	2005 年	2010 年	2011 年	2012 年	2013 年	2014 年	2015 年	2016 年
中高收入国家	34	39	62	64	74	82	69	74	76
高收入国家	3	4	8	10	11	12	12	13	14
OECD 国家	3	4	8	10	12	13	13	14	15
世界	16	21	38	45	50	52	51	56	59
中国	100	100	100	100	100	100	100	100	100

数据来源：根据世界银行 WDI 数据整理。

7.4　教育事业面临的问题与挑战

7.4.1　义务教育方面

经过 30 年努力，中国的义务教育发展虽取得了骄人成就，在实现数量普及的目标后，以下几个方面须待加强：

一是学校的办学理念、管理水平、人才培养模式有待改进；第二，总体教师质量有待提高，城乡教师质量差别大，特别是农村教师的专业发展水平、教师信息技术应用能力等水平较低；第三，学生全面发展与可持续发展教育不够，适应社会需求和终生发展的能力不强。第四，对服务经济社会发展、办好人民满意的教育等方面的需进一步提高。

7.4.2　高中教育方面

目前我国已基本普及高中阶段教育，在政府的强力推动下，普通高中与中职规模大体相当。随着经济社会发展，对高中阶段教育质量要求也越来越高。但总体来讲，社会对职业教育需求更强一些，而人民群众对普通高中的需求更强一些。当前中等职业教育发展面临的最大矛盾是国家需求与群众选择之间的矛盾，是满足国家需求以政府强制力量保持高中阶段职普比例大体相当、稳定中等职业教育规模，还是遵循群众意愿，对中等职业教育进行“市场化”选择，是当前理论界和实践界在探讨中等职业教育未来走向问题的争论焦点。

普通高中有两个功能：一是为升入高等教育、培养专业技术创新人才做好必要准备，二是并兼顾未升学就业及接受高中后职业教育培训的需求。普及普通高中后，随着普及水平的提升，来自普通高中系统内外的多样化需求才会形成足够的压力。推进培养模式多样化、特色化不够。一是发现和培养创新人才的途径还很单一，与大学、科研院所等社会元素融合不充分；二是渗透职业教育元素不充分，不能满足落考生就业需求。国外经验显示，普通高中培养模式多样化，重点是适应不愿或未能直接升入高校的学生需要，兼顾所有学生的个人兴趣志向。

中等职业教育。随着高等教育招生规模的不断扩大，使得普通高中的需求明显增大，各级政府根据社会需求对高中阶段教育结构做出了相应调整。此外，中等职业教育自身发展的途径、人才培养模式还不能完全适应社会的需求，导致中等职业教育出现一定程度的下滑。主要存在以下问题：一是传统价值观影响，社会对职业教育认可度不高，仍有强烈歧视，生源质量低。二是普职融通不协调，升学就业两个方向，资源整合难度大，普职割裂导致成长性问题。三是区域发展不平衡，供需错位较明显；发达地区职业教育发达，但需求不足，落后地区职业教育落后，但需求旺盛。四是缺层次上移途径，中高职衔接不畅，上升动力不足。五是办学同质化突出，师资、设施、课程设置等不佳。

总体而言，职业教育中存在着学生文化基础薄弱、可持续发展能力弱的问题；普通教育中存在着学生脱离现实生活特别是缺乏对职业的了解，应用能力和动手能力弱，学生若升学不成则很难就业等问题。加强高中阶段普通教育与职业教育之间的融合已是迫在眉睫。积极探索“普职沟通”，促进普通高中教育与中等职业教育的协调发展，建立普通教育与职业教育相互融通、相互渗透、优势互补的机制是当务之急。

7.4.3　高等教育方面

第一，具有创新意识、创新精神和创新能力的优秀人才较少，缺乏一大批大师级人才，影响知识创新和科技创新的成果产出，在关键技术领域的对外依赖程度较高。必须进一步加大高等教育投入力度，着力提高高等教育质量，尤其是要加快推进世界一流大学和一流学科建设，提供高质量人力资本，尤其是创新型人才支撑。一方面加快建设造就创新人才的世界一流大学，另一方面大力吸引国际上的优秀人才（例如“千人计划”）。

第二，高等学校层次类型结构不合理，高校学科结构体系仍与行业产业发展需求存在差距，满足不了经济社会发展对各类人才的需求。需要实现我国高等教育系统的科学分层分类，实现不同类型、不同层次高等学校的功能与特色的合理定位。既要加快创建世界一流大学，培养拔尖创新人才和科技领军人物，也需要办好更多的培养各层次各类型毕业生的各具特色的高质量高等院校，以培养数以千万计的中高级专门人才和数以亿计的高技能人才。

第三，优质高等教育资源相对短缺。相对于我国 13 亿人口而言，我国的优质高等教育资源还是非常宝贵的稀缺资源，而且都集中在少数大城市的少数重点大学。

第四，大学毕业生就业竞争压力日趋增大。每年高校毕业生已超过当年城镇新增就业岗位的一半，本来在发达国家高教毛入学率超过 50% 才出现的现象，在我国较发达的城镇地区提早出现，导致社会高学历需求进一步高涨，势必对人才培养和使用环节都提出新的更高要求。国家必须密切关注社会和公民个人谋生需求的职业性和专业性。

第五，人才培养质量标准的单一性。高校检验毕业生的质量，主要有以学术性、专业性、职业性的学科专业标准作为评价尺度。1998 年世界高等教育大会的宣言，提出了两个重要理念，一是高等教育不仅培养科学家、工程师、企业管理精英，更应培养“负责任的公民”；二是高等教育系统要为公民进入、离开、再进入、再离开提供支持，成为他参与终身学习的重要链环。从人力资源市场到社会各界，将逐渐放弃用同一学术性尺子去衡量所有高校质量的做法，而是更多地看重高校毕业生的社会责任感、创新精神、实践能力和岗位适应性。少数高校固然可以巩固和发展学术、学科性精英人才培养高地，但大多数高校则不得不面向社会和企业，满足实用型、应用型、复合型、高技能人才的多层次、多样化需求，来调整和改革人才培养模式。

7.4.4 教育投入方面

教育经费投入是教育人力资源开发的先决条件，也是教育质量保障和人才培养质量的基础。虽然自 2012 年以后，中国公共教育经费占 GDP 比例一直都在 4% 以上，生均教育经费有所增长，但与国际发达国家相比，还是处于较低水平。低水平的教育投入，可以在一定时期内获得教育规模上的扩张，但这只是低水平基础上的扩张，难以获得大范围高水平教育产出。我国教育发展面临的很多问题都与教育投入不足有着直接或间接关系。

7.5　未来发展目标

7.5.1　学龄人口预测

根据本书第 3 章人口预测结果可以得出以下学龄人口预测结果（见表 7.21）。

表 7.21　2035 年中国学龄人口预测

单位：万人

年份	6~11 岁	12~14 岁	15~17 岁	18~22 岁	年份	6~11 岁	12~14 岁	15~17 岁	18~22 岁
2016	8989	4184	4258	8314	2026	9707	4813	4523	7531
2017	9132	4289	4230	7828	2027	9684	4786	4574	7613
2018	9223	4467	4127	7471	2028	9644	4755	4824	7496
2019	9304	4511	4181	7305	2029	9464	4833	4810	7590
2020	9346	4598	4286	7149	2030	9281	4901	4784	7679
2021	9371	4638	4464	6951	2031	9097	4952	4752	7725
2022	9589	4470	4508	7036	2032	8911	4866	4831	7765
2023	9654	4526	4595	7063	2033	8688	4776	4899	7995
2024	9695	4577	4636	7158	2034	8469	4685	4950	7954
2025	9714	4826	4467	7315	2035	8258	4591	4864	8022

7.5.1.1　小学学龄人口（6~11 岁）

呈先缓慢增长，后下降趋势。由 2016 年 8989 万人增长到 2025 年最高点 9714 万人，9 年增加 726 万人；然后逐渐减少到 2035 年 8258 万人，10 年减少 1456 万人，减少约 15%。

7.5.1.2　初中学龄人口（12~14 岁）

呈波动式缓慢增长趋势，到 2035 年前略呈降趋势。最低点 2016 年 4184 万人，最高点 2031 年 4952 万人，增幅 766 万人。然后，逐年减少至 2035 年的 4591 万人。

7.5.1.3 高中学龄人口（15~17 岁）

同初中学龄人口，呈波动式缓慢增长趋势。最低点 2018 年 4127 万人，最高点 2034 年 4950 万人，增幅 823 万人。

7.5.1.4 大学学龄人口（18~22 岁）

呈先缓慢减少，后逐渐增加趋势。由 2016 年 8314 万人逐步减少到 2021 年的 6951 万人，5 年之内减少 1363 万人；在 2028 年略有下降，此后一直增长至 2035 年的 8022 万人。2016~2030 年 14 年间，大学学龄人口数低于 2016 年水平。为实现高等教育普及化奠定人口基础（见图 7.11）。

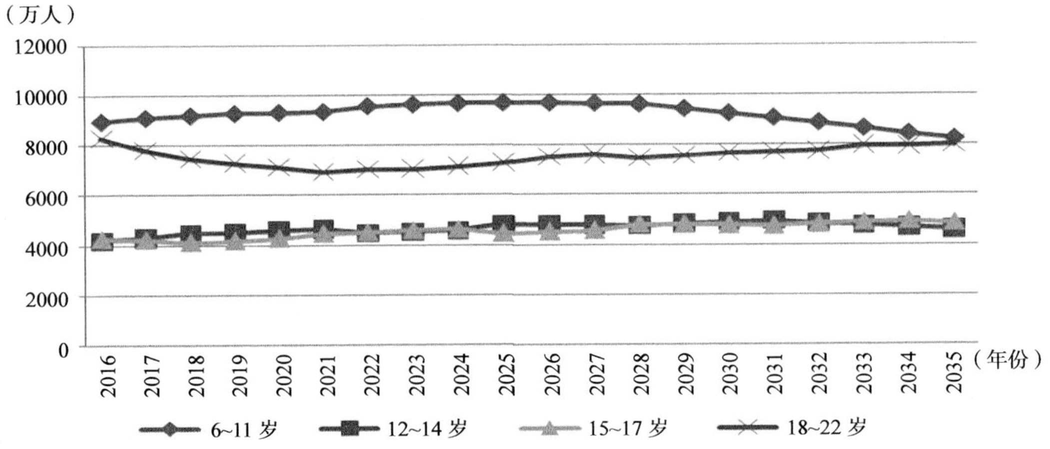

图 7.11 2016—2035 年中国各级教育学龄人口变化趋势

7.5.2 教育与人力资源发展目标

2009 年，国家中长期教育改革和发展规划纲要（2010—2020 年）中提出，2020 年前，中国教育与人力资源应达到各主要年份具体目标值（见表 7.22）。

表 7.22　国家教育发展纲要目标

指标	2009 年	2015 年	2020 年
九年义务教育			
在校生（万人）	15772	16100	16500
巩固率（%）	90.8	93	95
高中阶段教育			
在校生（万人）	4624	4500	4700
毛入学率（%）	79.2	87	90
职业教育			
中等职业教育在校生（万人）	2179	2250	2350
高等职业教育在校生（万人）	1280	1390	1480
高等教育			
在学总规模（万人）	2979	3350	3550
在校生（万人）	2826	3080	3300
其中：研究生（万人）	140	170	200
毛入学率（%）	24.2	36	40
人力资源开发			
具有高等教育文化程度的人数（万人）	9830	14500	19500
主要劳动年龄人口平均受教育年限（年）	9.5	10.5	11.2
其中：受过高等教育的比例（%）	9.9	15	20
新增劳动力平均受教育年限（年）	12.4	13.3	13.5
其中:受过高中阶段及以上教育的比例（%）	67	87	90

教育发展目标是基于学龄人口与经济发展水平综合判断的结果，而人力资源开发指标是基于教育发展目标所产生的结果来确定的。以 2016 年作为起点，距 2020 年只有 4 年时间。2016 年以前的教育发展指标值都已确定，人力资源发展指标有些属于存量指标，大规模调查（例如人口普查）很难确定，只能估算。

本书通过定量分析方法，模拟分析了各级教育在校生人、毕业生人数，经济发展水平与中高等毛入学率关系，对教育与人力资源的主要发展指标进行了预测，并给出各主要年份具体可能目标值（见表 7.23）。

其中 2016 年为已有实际数值，与发展纲要 2015 年目标值相比：① 义务教育在校生人数比目标值减少，义务教育巩固率达标；② 高中阶段在校生人数比目标值减少，毛入学率达标，已接近 2020 年目标；中职在校生比目标值减少；③ 高等教育所有指标全面超过目标值，其中在校规模、在校生规模、毛入学率提前已超过 2020 年目标，研究生规模与 2020 年已相差无几。

表 7.23　中国教育与人力资源发展目标

项目		2016 年	2020 年	2025 年	2030 年	2035 年
义务教育	小学在校生（万人）	9913	9300	9700	9200	8200
	小学净入学率（%）	99.92	99.99	99.99	99.99	99.99
	初中在校生（万人）	4329	4750	4900	5050	4700
	初中毛入学率（%）	104	103	102~104	102~104	101~103
	义务教育巩固率（%）	93.4	95	97	99	99.9
高中教育	高中阶段在校生（万人）	3970	3800	4200	4690	4800
	中职在校生（万人）	1599（40%）	1520（40%）	1470（35%）	1407（30%）	1200（25%）
	毛入学率（%）	87.5	90	95	98	99
高等教育	在学规模（万人）	3699	4000	4200	4500	5000
	在校生（万人）	3478	3700	3900	4200	4500
	其中研究生	198	250	275	335	400
	毛入学率（%）	42.7	52	55	60	63
	毕业生人数（万人）	1193	1300	1400	1500	1600
新增劳动力受教育年限（年）		13.35	13.5	13.8	14.2	14.5
接受过高等教育人数（万人）		1.5	2	2.6	3.3	4

注：2016 年教育数据来自《中国教育事业发展统计公报》，2020 年及以后数据为作者推算。毕业生人数为普通高校和成人高校以及高自考合计。

7.6　基本结论

（1）中国教育综合培养能力快速提升，中等教育普及化程度超中高收入国家，高等教育普及化程度低于中高收入国家，更远低于高收入国家、OECD 国家平均水平。

截止到 2016 年，中国人均预期受教育年限 13.8 年，高于世界平均水平（12.7 年），低于中高收入国家平均水平（14. 年）、高收入国家平均水平（16.7）和 OECD 国家平均水平（16.8 年）。但自 2000 以来，中国人均预期受教育年限提升了 4.1 年，提高幅度高于世界及其他类别国家平均水平。

初等教育普及化水平处于世界先进水平；中等教育普及化水平远高于世界平均水平，超过中高收入国家平均水平，但低于高收入国家和 OECD 国家平均水平，相当于其 2005 年前的水平；高等教育普及化水平与中高收入国家平均水平相差 8 个百分点，与高收入国家和 OECD 国家相差 30 多个百分点，相当于它们 20 世纪 90 年代的水平。

（2）中国已从一个文盲大国转变成为一个教育大国，是世界高等教育第一大国，博士研究生培养第二大国，硕士研究生培养第四大国。实现了从人口大到人力资源大国的转变。

2000 年，中国基本实现了“基本普及九年义务教育”和“基本扫除青壮年文盲”目标。2010 年成人文盲率下降到的 4.88%，首次突破 5%。青壮年文盲率下降到 1.08%，接近世界发达国家水平。高等教育在校规模 2002 年 1200 万以上，超过印度；2004 年 1800 以上，超过美国，成为世界高等教育第一大国；此后，一直保持世界第一，2016 年超过 3700 万。每年培养毕业高等教育人才七八百万人，居世界第一;其中博士毕业生 5 万人以上，居世界第二;硕士毕业生 60 多万，据世界第四；并培养出数以百万中等文化程度的各种技能劳动者。

（3）教育投入水平偏低，与教育大国地位不相称。

虽然中国政府不断加大公共教育经费投入，我国公共教育经费占 GDP 比例只与中低收入国家平均水平相当，低于中高收入、高收入、OECD 国家平均水平，也低于世界平均水平，使得人均公共教育经费始终处于较低水平。中国学历教育在校人数超过 2 亿人，占世界学历教育人数 14% 以上。但公共教育经费占世界的比例始终没有超过 11%，没有达到与之规模相匹配的教育投资力度（见表 7.24）。

表 7.24　中国公共教育经费、学历教育在校人数占世界比例

项目	2000	2005	2010	2011
公共教育经费占比	3.27%	4.19%	7.33%	8.59%
学历教育人数占比	18.21%	17.58%	16.27%	15.81%
项目	**2013**	**2014**	**2015**	**2016**
公共教育经费占比	9.87%	9.61%	10.50%	10.91%
学历教育人数占比	15.30%	14.59%	14.43%	14.21%

数据来源：根据世界银行数据（WDI）测算。

（4）教育系统结构不合理，人力资源培养质量有待提高。

虽然中国在规模上已成为世界教育第一大国、世界高等教育第一大国，各级教育普及程度大大提高，特别是高等教育已近普及化，由于教育投入水平不高，教育供给落后于人民对教育质量、多样性和个性化的需求。中国虽已基本解决了教育服务供给问题，但难以满足人们对高质量教育的需求，特别是面对巨大规模义务教育学生群体，更是面临公共优质教育资源短缺。中高等教育层次、类型结构、质量与经济社会发展对各类人才和劳动力需求也有较大差距，形成错位培养、缺位培养、无效培养等结构性偏差现象，知识经济、数据经济、产业结构调整、经济转型升级、国际化、全球化等方面的社会变革所需求的创新型人才、各类高技能人才、具有国际视野各类人才难以寻找，而大量普通毕业生由于自身知识结构等素质原因难以就业。

（5）中国已经进入教育人力资源开发中高层次阶段，但与发达国家相比还有很大差距。

中国教育人力资源开发经历了初等教育驱动、初中教育驱动、高中教育驱动阶段，现正在由高中教育驱动向高等教育驱动转化，预计 2020—2030 年进入高等教育驱动的最高阶段。

中国 1950—1978 年基本普及小学教育，1979—2000 年基本普及初中教育，2001—2012 年基本普及高中教育，2013—现在正处于由高中教育驱动向高等教育驱动转化阶段。2016 年高等教育毛入学率已经由 2010 的 26.5% 提高已超过 45%，高中阶段教育毛入学率 87.5%。2016 年预期受教育年限 13.8 年，25 岁以上人均受教育年限 9.1 年，居于发展中国家前列，进入人力资源开发中高层次阶段。

但以 OECD 为代表的发达国家早已进入教育与人力资源开发的高层次阶段，2016 年人均预期受教育年限 16.2 年，25 岁以上人口受教育年限 12.00 年；中国与之相比还有很大差距，分别相差 2.4 年和 3 年。

练习与思考

1. 改革开放前，我国教育发展进入哪个阶段？发展水平怎样？主要发展特点？
2. 中华人民共和国成立以来，我国高等教育发展经历了哪些波动起伏？其经济社会背景是怎样的？
3. 解释一下我国高等教育发展特点？
4. 我国职业教育发展主要阶段？目前面临的主要问题？如何解决？

5. “两基”的含义及其背景？我国是如何完成的？

6. 中华人民共和国成立以来，我国整个教育系统发展战略是怎样的？

7. 说明我国教育系统发展水平在世界的位置？

8. 中国教育投入水平在世界的位置？

9. 我国现在处于人力资源开的那个阶段？根据？

10. 高等教育毛入学率与哪些因素有关？

参考文献

陈颖 . 我国中等职业教育发展的历史脉络与现实困境 [J]. 教育经济评论，2018（4）：91-108.

高书国，杨晓明 . 中国人口文化素质报告 [M]. 北京 ：社会科学文献出版社，2004.

郭静 . 中等职业教育的发展走向 [J]. 中国职业技术教育，2016（34）：135-141.

胡鞍钢，等 . 中国现代化：人力资源与教育（1949—2030）[J]. 教育发展研究，2015（1）:9-14.

胡鞍钢 . 从人口大国到人力资本大国 ：1980—2000 年 [J]. 中国人口科学，2002（5）：1-10.

李芙蓉 . 全国高中阶段教育 ：发展与问题探究 [J]. 教育发展研究，2002（12）：12-16.

李盛兵 . 我国高等教育发展的现阶段特征 [J]. 高等教育研究，2016（12）：1-6.

刘戈，王洪波 . 从教育需求看我国高等教育发展的战略选择 [J]. 湖北社会科学，2007（5）：154-156.

刘献君 . 我国高等教育发展的主导思想及面临的主要矛盾 [J]. 高等教育研究，2017（1）：1-7.

柳海民，王澍 . 中国义务教育实施 30 年：成就、价值与展望 [J]. 北京大学教育评论，2016（4）：175-184.

卢立涛 . 试论我国高中教育的政策变迁 [J]. 内蒙古师范大学学报，2008（4）：1-5.

闵维方 .“十三五”时期我国高等教育展战略的若干问题 [J]. 北京大学教育评论，2016（1）：92-104，191.

潘懋元 . 规模、速度、质量、特色 [J]. 河北师范大学学报 / 教育科学版，2007（1）：5-12.

田帆 . 我国未来劳动力供给总量及结构预测 [J]. 全球化，2017（10）：93-107.

田晶 . 我国高等教育规模发展的历史进程与应对策略 [J]. 当代教育科学，2013（9）：38-41.

汪明 . 关于我国高中阶段教育发展策略的若干思考 [J]. 2003（5）：90-95.

晏成步 . 二十年来高中阶段教育普及发展的政策文本分析 [J]. 现代教育管理，2017（6）：42-46.

杨润勇，杨依菲 . 我国普通高中发展二十年政策回顾与分析 [J]. 教育理论与实践，2010（7）：23-27.

赵俊芳 . 中国高等教育改革与发展六十年历程与经验 [J]. 中国高教研究，2009（10）：3-10.

中国教育与人力资源报告课题组 . 从人口大国迈向人力资源强国 [M]. 北京：高等教育出版社，2003.

周凤华 . 中等职业教育事业发展四十年：在反复中前行 [J]. 中国职业技术教育，2018（7）：47-54.

朱新卓，陈俊一 . 我国中等教育阶段普职关系面临的问题与变革的方向 [J]. 教育研究与实验，2013（4）：11-15.

第 8 章　人力资源开发水平评价

对于一个国家人力资源开发水平及其在世界上位置的总体了解，是基于一定的评价标准为基础的。建立一套科学合理的人力资源开发水平的评价指标体系和评价标准，对于全面了解和客观分析一国人力资源开发状况，比较该国与他国的优势和劣势，制订人力资源发展发展目标，具有重要意义。

8.1　基本概念

8.1.1　综合评价

综合评价，也叫综合评价方法或多指标综合评价方法，是指使用比较系统的、规范的方法对于多个指标、多个单位同时进行评价的方法。综合评价是针对研究的对象，建立一个进行测评的指标体系，利用一定的方法或模型，对搜集的资料进行分析，对被评价的事物作出定量化的总体判断。

8.1.2 统计指数

统计指数简称指数，有广义和狭义之分。广义地讲，任何两个数值对比形成的相对数都可以称为指数；狭义地讲，为了反映某一社会经济现象而产生的两组有关联的数值对比形成的相对数称为指数。

指数是一种表明社会经济现象动态的相对数，运用指数可以测定不能直接相加和不能直接对比的社会经济现象的总动态；可以分析社会经济现象总变动中各因素变动的影响程度；可以研究总平均指标变动中各组标志水平和总体结构变动的作用。指数按所反映的现象范围不同，分为个体指数和总指数。前者反映个体经济现象变动的相对数，后者是表明全部经济现象变动的相对数。

8.1.3 标杆评价法

标杆评价法，也称基准化分析法（Benchmarking），又称竞标赶超、战略竞标。

就是对经济体所有能衡量的东西或衡量指标给出一个参考值，以此为目标，评价经济体目标实现水平。标杆评价法是形成指数的常用工具，特别是在社会科学各领域（例如，生活质量、市场化进度、现代化水平、国家创新能力等）综合评价中，常被用做归一（不同量纲指标的同一化）的方法工具。

8.1.4 人力资源开发指数

它是人力资源开发水平的数据评价标准，也就是人力资源开发水平的评价指数。一国人力资源开发主要包括人力资源生产、人力资源健康保健、人力资源教育培养。本书中一个国家的人力资源开发指数就是人力资源生产、人力资源健康保健和人力资源教育培养三个方面发展水平的综合评价指数。

8.2 人力资源发展相关评价指数报告

目前国内外主要有以下几个人力资源发展相关评价指数报告。

8.2.1 人类发展指数

1990年，联合国开发计划署（United Nations Development Programme，UNDP）创立了人类发展指数（Human Development Index，HDI），即以“预期寿命、教育水平和生活质量”三个维度，按照一定的计算方法，得出的综合指数，并在当年的《人类发展报告》中发布。1990年以来，人类发展指数已在指导发展中国家制定相应发展战略方面发挥了极其重要的作用。之后，联合国开发计划署每年都发布世界各国的人类发展指数（HDI），并在《人类发展报告》中使用它来衡量各个国家人类发展水平（见表8.1）。

表8.1 人类发展指数指标体系

维度	指标	
	2010年前	2010年后
健康水平	出生时预期寿命	出生时预期寿命
教育水平	成人识字率	预期受（学校）教育年限
	小学、中学、大学综合入学率	25岁以上人均受（学校）教育年限
生活质量	人均GDP（购买力平价美元）	人均国民总收入（GNI）（购买力平价美元）
计算公式	设置各指标最小值与最大值： 出生时预期寿命（LE）：25岁到85岁； 成人识字率（ALI）：0%到100%； 综合入学率（GEI）：0%到100%； 人均GDP（购买力平价美元）： 100美元到40000美元	设置各指标最小值与最大值： 出生时预期寿命（LE）：20岁到83.2岁； 预期受教育年限（EYS）：0到20.6年； 平均学校教育年数（MYS）：0到13.2年； 人均GNP（2011年购买力平价）： 163美元到108211美元

续表

维度	指标	
	2010 年前	2010 年后
计算公式	指数值 =（实际值 – 最小值）/（最大值 – 最小值） 预期寿命指数 = (LE–25)/(85–25) 教育指数 = (2/3)*ALI+(1/3)*GEI 成人识字率指数 ALI= (ALR–0)/(100–0)； 综合粗入学率指数 GEI= (CGER–0)/(100–0)； GDP 指数 = [ln(GDPpc)–ln(100)]/[ln(40000)–ln(100)]； 综合指数 HDI=（预期寿命指数 + 教育指数 + GDP 指数）/3	指数值 =（实际值 – 最小值）/（最大值 – 最小值） 预期寿命指数 (LEI)=(LE–20)/(83.2–20)； 收入指数 =[ln(GNIpc)–ln(163)]/[ln(108211)–ln(163)] 教育指数 (EI) = $\sqrt{(MYSI \times EYSI - 0)} / (0.951 - 0)$ 其中： 平均学校教育年数指数 (MYSI) = (MYS–0)/(13.2–0); 预期学校教育年数指数 (EYSI) = (EYS–0)/(20.6–0); 综合指数 HDI= 三个基本指数的几何平均数

8.2.2　瑞士洛桑国际管理学院《世界人才报告》

瑞士洛桑国际管理学院（International Institute for Management Development，IMD）发布的《世界人才报告》，主要对世界 63 个经济体在培育当地人力资源及吸引优秀人才方面进行评估。评估主要由以下 3 大维度要素决定：一是对本国人才的投资与培养（Investment and Development Factor），反映政府在教育方面的投资和教育制度的完善水平；二是对国外人才的吸引力（Appeal Factor），即反映留住本地人才和吸引海外人才的能力；三是人才储备程度（Readiness Factor），反映现有人才满足市场需求的能力。共用 30 个指标反映这三个方面情况，其中硬指标（客观指标）12 项，软指标（主观感知调查指标）18 项。其特点是主要是以相对指标、人均指标、软指标为主，主要关注人才环境和人才可得性，没有体现人才规模（见表 8.2）。

评价方法：建立评价指标体系，每一个指标，采用标杆评价法形成该指标指数，再按照评价指标体系形成维度指数和综合评价指数。

表 8.2　世界人才报告评价体系

评价要素		评价指标	指标类型
投资与培养（权重 1/3）	教育	公共教育经费占 GDP 比例	硬指标
		生均公共教育经费指数（中等教育）	硬指标
		初等教育生师比	硬指标
		中等教育生师比	硬指标
	企业	学徒制是否充分实施	软指标
		公司是否优先雇员训练	软指标
	社会	就业人员中女性比例	硬指标
		公共健康体系能否满足社会需要	软指标
人才吸引力（权重 1/3）	环境	生活成本指数	硬指标
		生活质量	软指标
		个人安全及财产是否得到有效保护	软指标
	企业	用人单位是否将吸引和保留人才放在优先地位	软指标
		劳动者积极性	软指标
		人才内耗被挤压状况	软指标
		公司环境对国外人才吸引力	软指标
	收入	年均收入	硬指标
		年均收入加长期激励收入	硬指标
		个人收入税率与人均 GDP 的比例	硬指标
人才储备（权重 1/3）		劳动力增长率	硬指标
	人才可得	技能人才可得性	软指标
		金融人才可得性	软指标
		管理人员的国际经验	软指标
		优秀高级管理人员可得性	软指标
	教育适应性	教育系统满足竞争性经济	软指标
		基础教育对科学教育的重视	软指标
		大学教育满足竞争性经济	软指标
		管理教育满足商业经济	软指标
		语言技能满足企业需求	软指标
		每千人口中外国高等教育留学生	硬指标
		PISA 成绩	硬指标

8.2.3　世界经济论坛《全球人力资本报告》

世界经济论坛自 2013 年开始发布“全球人力资本报告”。该报告主要对世界 130 个经济体在人力资本发展方面进行评估。目前每 2 年发布一次，现已发布 2015 年、2017 年报告，后 2 期报告对 2013 年报告评价指标有所调整。报告从四个维度对各国人力资本利用状况进行衡量：人力资本能力，主要关注劳动力的受教育程度；人力资本配置，即能力的积累与应用程度；人力资本开发，对新型劳动力的培养投入；专业技能水平，即现有劳动力技能的广度与深度。同时，报告将研究人口划分为五个年龄层，分别为：0~14 岁、15~24 岁、25~54 岁、55~64 岁、65 岁及以上。将四个维度在五个年龄层上分别进行测量分析。评价体系共 20 个指标，其中硬指标 12 个，软指标 8 个；其特点是以相对指标、人均指标为主，主要关注教育发展和技能人才可得性，并在年龄层次上进行了细分，更好地体现四个维度在不同年龄段人口中的实施情况；但教育指标主要显示教育人力资本建设成果的产出外在表现，体现“人均”；没有教育系统的财力支持等投入指标，也没有健康描述。

评价方法：建立评价指标体系，每一个指标，采用标杆评价法形成该指标指数，再按照评价指标体系形成维度指数和综合评价指数（见表 8.3）。

表 8.3　全球人力资本报告评价指标

维度	指标	指标类型
人力资本能力（权重 25%）	初等教育水平以上	硬指标
	中等教育水平以上	硬指标
	高等教育水平以上	硬指标
人力资本配置（权重 25%）	劳动参与率	硬指标
	劳动力性别比	硬指标
	失业率	硬指标
	不充分就业率	硬指标

续表

维度	指标	指标类型
人力资本开发（权重 25%）	初等教育净入学率	硬指标
	初等教育质量	软指标
	中等教育毛入学率	硬指标
	中等教育学生性别比	硬指标
人力资本开发（权重 25%）	职业教育毛入学率	硬指标
	高等教育毛入学率	硬指标
	毕业生技能多样性	软指标
	教育系统质量	软指标
	员工培训程度	软指标
专业技能水平（权重 25%）	高等技以上能员工比例	硬指标
	中等以上技能员工比例	硬指标
	经济复杂性	软指标
	技能员工的可获得性	软指标

8.2.4 全球人才竞争力指数

全球人才竞争力指数（Global Talent Competitiveness Index，GTCI）是欧洲工商管理学院（INSEAD）与新加坡人力资本领导能力研究院（HCLI）和人力资源公司德科集团（Adecco）发布的一份年度基准报告，通过衡量一个国家在人才培养、吸引、留存等方面的表现，对国家和城市进行测评和排名，从而评估全球各国的人才竞争力，并为各国的政府、企业提供提升人才竞争力的建议。GTCI 于 2013 年首次推出，到 2018 年共发布四次报告。

人才竞争力，是指一个国家吸引、培养和保留有助于提高该国生产力（在这里生产力是指每单位投入的产出）的人力资本的政策和实践的集合。全球人才竞争力指数（GTCI）是一个综合指数，它采用投入 – 产出模型（见图 8.1），由六类指标（投入端四个，产出端两个）组成。在这个意义上，它既评估了国家为了制造和获得人才（投入）而付出的努力，也评估了最终获得的可用技能（产出）。

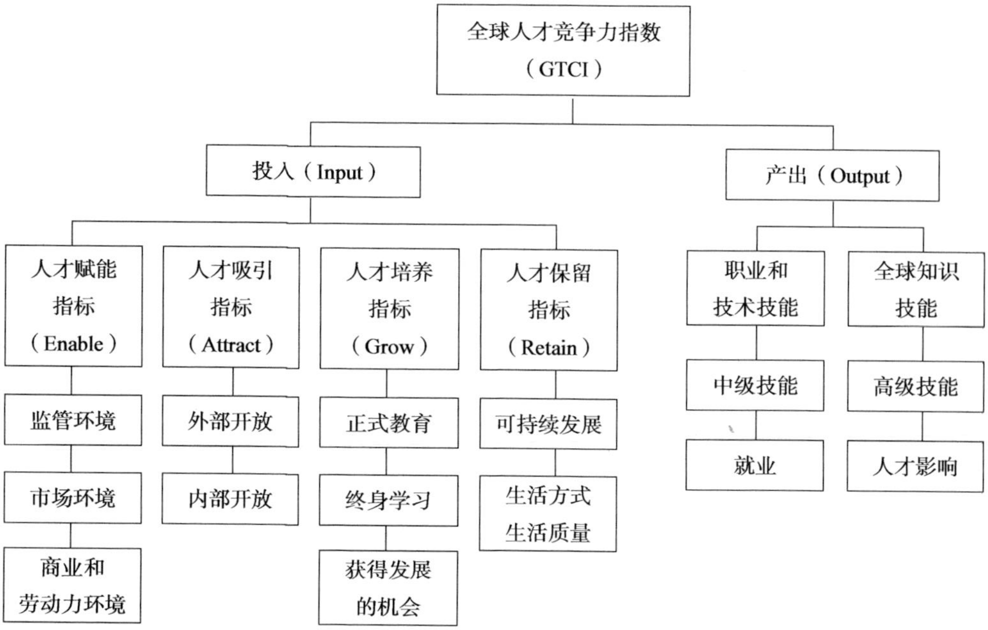

图 8.1　GTCI 投入 – 产出模型

在产出方面，全球人才竞争力指数（GTCI）划分了两种层次的人才，可以粗略划分为中等技能人才和高技能人才。中等技能人才，一般被称为劳动和职业技能人才［LV 技能（Labour and Vocational Skill）人才］，是指通过职业或者专业培训和经验获得技术或者专业基础的人才。劳动和职业技能人才（LV）的经济影响，主要通过劳动生产率、工资和生产力之间的关系以及依赖这种技能的中等价值出口产品进行衡量。高技能人才，一般被称为全球知识技能人才 [GK 技能（Global Knowledge Skill）人才]，主要指需要创造力和解决问题能力的专业性、管理性或者领导性的知识型工作者。他们的经济影响，主要通过创新和创业指标以及依赖这类素质的高价值出口产品进行评估。由于该报告关注的重点是人才，所以没有讨论第三种人力，即非熟练劳动力。整体上，劳动和职业

（LV）技能人才和全球知识（GK）技能人才构成了全球人才竞争力指数（GTCI）模型的两大产出指标。

2018年的GTCI模型较之前版本还有所改进，增加了国家内部和组织之间合作质量的相关考量。因为GTCI认为“协作”在知识经济中变得越来越重要，它是利用全球人才库和知识多样性的关键。

8.2.5 教育部教育发展中心与北京科技大学合作《人力资源竞争力报告》

教育部教育发展中心与北京科技大学合作“世界人力资源竞争力报告”自2010年开始以“人力资源强国报告”的形式发布。目前现已发布2015年、2017年报告，后两个报告评价指标、评价国家有所调整。目前该报告主要对世界62个国家人力资源竞争力水平进行评估，报告从四个维度对各国人力资源竞争力状况进行衡量：人力资源数量结构，主要关注劳动力规模、负载和活力；人力资源开发质量，主要关注人力资源存量，表示教育、健康质量以及创新人力资源情况；人力开发能力，主要关注教育培养能力以及教育、卫生系统的保障能力；人力资源贡献，表示现有人力资源对创新和经济的贡献。这个体系的特点：人力资源开发各方面考虑比较周全，考虑国家规模，但规模指标较多。另外，加入一些与人力资源本身并不直接相关的指标，例如GDP，专利等，这些指标其实是反映一个国家综合实力，是一个多因素结果，单独显示会夸大（人口大国）或降低（人口小国）的人力资源作用（见表8.4）。

评价方法：建立评价指标体系，每一个指标，采用标杆评价法形成该指标指数，再按照评价指标体系形成维度指数和综合评价指数。

表 8.4　人力资源竞争力评价指标体系

一级指标		二级指标	三级指标
人力资源数量结构（20%）	规模	劳动力总数	劳动力总数
	载荷力	劳动力人口比例	15~64 岁人口占总人口的百分比
	活力	人口年龄中位数	人口年龄中位数
人力资源开发质量（30%）	素质	健康—教育水平	人均预期寿命
			人均受教育年限（25 岁以上）
		核心人力资源	科学家与工程师人数
			每十万人口科学家与工程师人数
人力资源开发能力（30%）	支持能力	教育综合培养能力	预期人均受教育年限
		高层次人才培养能力	在校大学生
			每十万人口在校大学生数
		教育保障能力	公共教育经费占 GDP 比例
			人均公共教育经费
		健康保障能力	公共卫生支出占 GDP 比重
			人均公共卫生支出
人力资源贡献（20%）	物质贡献	经济产出量	国内生产总值 GDP
			劳动生产率
	知识贡献	专利申请量	专利总量
			每百万人口申请量

8.3　人力资源开发指数

国家人力开发指数（National human development index：NHDI）的目标是提供一个对国家当前人力资源状况的定量描述手段，并设定“理想状态”（最大值或最小值）。该指数对所有国家都适用同一标准，可以衡量每个国家与“理想状态”的距离或称差距。每个指标都有一个“理想”的最大值或最小值。

本书借鉴上面五个评价指标体系基本思想，依据以下原则建立国际人力资源开发水平评价指标体系，一是客观性原则，用联合国等国际组织已有客观定量指标；二是可比性原则，选取指标使在国与国之间均有可比性；三是系统结构性原则，指标体系能够整体反映一国人力资源开发整体状况；四是全面性原则，既考虑一个国家人均开发水平，也考虑开发规模和结构；五是简洁性原则，尽量使用少的指标来反映最广的内容。

8.3.1 评价模型

8.3.1.1 评价维度

根据本书第 1 章有关国家人力资源开发的定义，本书从人力资源开发的功能角度建立评价模型。人力资源开发基本功能有三个：人力资源生产、健康人力资源培育和教育人力资源培养。本书建立三维国家人力资源开发水平评价模型（见图 8.2）。

人力资源生产，指一个国家提供给经济社会发展所需要的劳动力综合成果，包括劳动力规模、结构、质量和活力等，它是一个国家长期进行人力资源开发的积累结果，是一个存量概念。

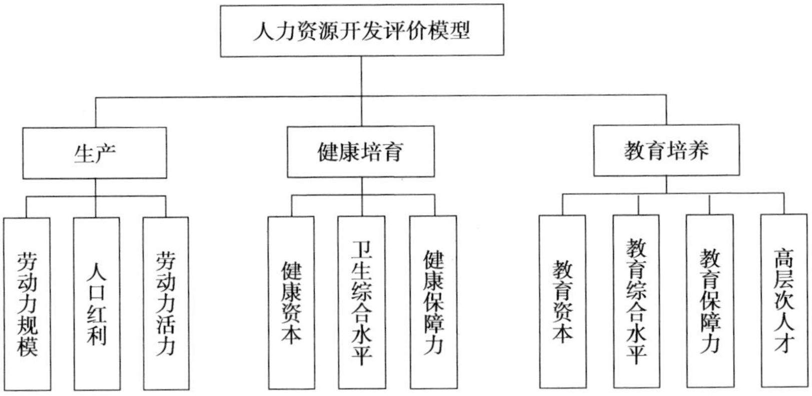

图 8.2 国家人力资源开发水平评价模型

健康人力资源培育，指一个国家人力资源的健康程度以及为提高公民健康水平所提供的医疗保障体系水平和为健康所做的努力程度。

教育人力资源培养，指一个国家人力资源的文化教育水平以及为提高公民教育文化素质水平所提供的教育培养体系水平和为提高教育水平所做的努力程度，还包括高层次人才，特别是创新人才的培养能力。

8.3.1.2　评价指标

根据国家人力资源开发水平评价模型，建立以下评价指标结构（见表 8.5）。

表 8.5　人力资源开发水平评价指标结构

一级指标	二级指标	三级指标	指标单位
人力资源生产	劳动力规模	劳动力总数占比	%（正向）
	人口红利	15~64 岁人口比例	%（正向）
	劳动力活力	20~39 岁人口比例	%（正向）
健康人力资源培育	健康资本	健康预期寿命	年（正向
	卫生综合水平	出生时预期寿命	年（正向）
	卫生保障	人均卫生费用	美元（正向）
		个人卫生支出指数	%（负向）
教育人力资源培养	教育资本	25 岁及以上人口人均受教育年限	年（正向）
	教育综合水平	预期受教育年限	年（正向）
	教育保障	广义生均公共教育经费	美元（正向）
	高层次人才培养	高等教育毛入学率	%（正向）
		在校博士人数占比	%（正向）

（1）人力资源生产。

人力资源生产包括劳动力规模、结构和活力，主要体现在现有劳动力规模、人口红利以及劳动人口活力几方面，用 5 个指标来表示：劳动力数量、25 岁以上人口受教育年限、健康预期寿命、15~64 岁人口占总人口的百分比、20~39 岁人口占总人口的人口比例。

① 劳动力数量。

按世界劳工组织定义，劳动力是指在一定时期内为生产商品和服务提供劳动力的 15 岁以上的人。它包括目前有工作的人、失业但正在找工作的人以及首次找工作的人。无薪工人、家庭工人和学生一般不算在内，有些国家也不把军人计算在内。这是个存量指标，一般用单位万人表示。

劳动力主要由 15~64 岁劳动人口组成，但随着寿命的不断提升，越来越多的 65 岁及以上老人继续也从事劳动。另外，随着经济社会发展水平的不断提高高，人们在校受教育年限越来越长，首次工作的年龄越来越推迟，所以劳动力数量一般少于 15~64 岁劳动年龄人口数量。所以，用劳动力数量比用 15~64 岁劳动年龄口更能反映人力供应实际情况。

② 15~64 岁人口比例。

年龄在 15~64 岁之间的人口占总人口的百分比。15~64 岁人口比例反映的是劳动人口占总人口的比重，也是人口红利（负担水平）的重要标志。一般用单位百分比表示。

③ 20~39 岁人口比例。

年龄在 20~40 岁之间的青年人口占总人口的百分比。它反映一个人力资源的经济活力和创新活力。随着教育水平的不断提高，青年人接受高等教育的机会越来越多，一般 20 岁前大部分人还在都在校校学习。20~39 岁青年人，或者已在工作，或者正接受高等教育，或者已完成最高层次教育进入劳动力市场，是处在智力、体力高峰时期的最具创新力和活力的人群。本书用此指标代表人力资源的活力。一般用单位百分比表示。

（2）健康人力资源培育。

指一个国家人力资源的健康程度以及为提高公民健康水平所提供的医疗保障体系水平和为健康所做的努力程度。用4个指标来表示：健康预期寿命、平均预期寿命、人均卫生经费和个人卫生经费指数。

① 健康预期寿命。

健康期望寿命是一个相对数据，估算的是一个人在完全健康状态下生存的平均年数。这一数据是基于现在人口的死亡率和普遍的健康状况。它是衡量一个国家、民族和地区居民健康生存质量水平的一个指标。一般用单位年表示。

② 平均预期寿命。

平均预期寿命是在一定的年龄别死亡率水平下，活到确切年龄X岁（一般设0岁和60岁）以后，平均还能继续生存的年数，它是衡量一个国家、民族和地区居民生存数量的指标，也是一个代表卫生健康水平的指标。一般用单位年表示。

③ 人均卫生经费。

一个国家或地区按居民人口，平均每人卫生费用。卫生费用指在一定时期（例如一年）内，社会卫生事业为提供卫生保健服务所耗费的经济资源，包括提供保健服务（预防和治疗）、计划生育活动、营养活动和指定用于保健的紧急援助，但不包括提供水和卫生设施。卫生费用包括公共（包括社会）和个人卫生支出两部分。国际上，一般用单位国际美元PPP（2011年不变价）表示。

④ 个人卫生支出指数。

指人均个人卫生支出占人均GDP的比例，也就是个人卫生支出占GDP的比例，反映私人在卫生保健方面经济负担水平。卫生费用包括公共（包括社会）和个人卫生支出两部分，个人负担水平越低，越有利于人力资源健康资本积累。一般用单位百分比表示。

（3）教育人力资源培养。

指一个国家人力资源的文化教育水平以及为提高公民教育文化素质水平所做的努力程度，还包括高层次人才培养能力，用5个指标来表示：25岁以上人均受教育年限、人均预期受教育年限、生均公共教育经费、高等教育毛入学率和在校博士人数。

① 人均受教育年限。

人均受教育年限指对一定时期、一定区域某一人口群体接受学历教育（包括成人学历教育，不包括各种学历培训）的年数总和的平均数。由于教育水平不断提高，很多国家25岁以下人口还在校学习。因为测量的主要对象为劳动力人力资源，所以国际上一般测量25岁及以上人口的平均受教育年限，基本上是真实学历，而不是还没有毕业的学历。这个指标反映了一国或地区某特定劳动人口文化教育（学校）的程度，是一国或地区长期教育产出的积累。一般用单位年表示。

② 预期受教育年限。

所谓预期受教育年限，是指达到入学年龄（国外最早5岁，中国为6岁）儿童可期望的一生能够获得的接受正规教育的平均年数。它由累加入学年龄以上每岁年龄的净入学率而得。该指标反映了一国教育发展的总体水平，即国家教育体系能够为国民提供的平均学校教育年限。由于世界各国入学年龄、学制不同，会影响预期受教育年限。一般用单位年表示。

③ 广义生均公共教育经费。

一个国家或地区按现有教育系统中所有学历教育在校学生总数，平均每个学生公共教育费用。它表示政府对教育的支持保障水平，也代表教育质量发展水平。公共教育费用指在一定时期（例如一年）内，政府为提供教育服务所消耗的经济资源，包括事业费（国外称经常性支出）和基建费（国外称资本性支出）。

国际上，一般用单位国际美元 PPP（2011 年不变价）表示。生均公共教育经费一般随着教育水平的发展而增长，预期受教育年限越长，高层次在校人数比例越高，则生均教育经费就越高。

广义生均公共教育经费 = 国家公共教育费用 /（学历教育在校人数 + 高中后非高等教育在校人数 +0~5 岁人口）。

④ 高等教育毛入学率。

国际上高等教育的毛入学率指，ISCED 5 至 8 级教育在校人数（不论年龄大小）与中学毕业后的五岁年龄组总人口的百分比。中国指高等教育在校人数与适龄人口之比。适龄人口是指在 18~22 岁这个年龄段的人口数。由于教育普及发展总是从低层次向高层次发展，高等教育是最高层次教育，其普及程度基本可以代表总体教育发展水平。预期受教育年限是整体教育普及程度指标，而高等教育的毛入学是高层次教育普及程度指标，可以作为前者的补充。

⑤ 在校博士人数。

指目前正在校学习的博士生数量，博士教育是教育体系中的最高层次教育，博士教育主要目的是为社会培养知识创新、技术创新以及引领社会发展的创新人才。博士培养的规模代表一个国家教育系统生产高层次创新人才的能力，用单位万人表示。

8.3.2　开发指数构建

采用标杆评价方法，对每个指标进行归一化，形成指标指数；然后再按照相应权重，形成三大维度指数：人力资源生产指数、健康人力资源培育指数和教育人力资源培养指数；最后人力资源开发指数为三个指数进行几何平均（见表 8.6~ 表 8.8）。

表 8.6　人力资源开发指数构建

维度	指标	阈值		指数 Y 构建
		最大值	最小值	
人力资源生产	劳动力总数占比	20	0.1	（lnX–ln0.1）/（ln20–ln0.1）
	25 岁及以上人口人均受教育年限	13.2	0	（X–0）/（13.2–0）
	健康预期寿命	75	15	（X–15）/（75–15）
	15~64 岁人口比例	71.5	20	（X–20）/（71.5–20）
	20~39 岁人口比例	35	0	（X–0）/（35–0）
健康人力资源培育	出生时预期寿命	83.2	20	（X–0）/（83.2–20）
	人均卫生费用	5500	50	（lnX–ln50）/（ln5500–ln50）
	个人卫生支出指数		1	1/X
教育人力资源培养	预期受教育年限	20	0	（X–0）/（20–0）
	生均公共教育经费	12000	100	（lnX–ln100）/（ln12000–ln100）
	高等教育毛入学率	100	0	（X–0）/（100–0）
	在校博士人数占比	15		（lnX–ln0.05）/（ln15–ln0.05）

表 8.7　人力资源开发指数阈值（理想值）说明

指标	阈值说明
劳动力总数占比	最大值 20%，超过按此计算，目前世界上只有中国超过；最小值 0.1%
人均受教育年限	按人类发展指数规定值 13.2 年，最小值 0
健康预期寿命	最大值 75 岁（95% 以上国家低于此值），最小值 15 岁
15~64 岁人口比例	按抚养比 40%（人口红利）为 100 分，50% 为 90 分；最大值 71.5%，超过值仍为 100；最小值 20
20~39 岁人口比例	最大值 35%（95% 以上国家低于此值）
出生时预期寿命	按人类发展指数规定值，最大 83.2 年，最小 20 年
人均卫生费用	最大值 5500 国际美元（2011 年 PPP 不变价，最小值 50（PPP2011 不变价）

续表

指标	阈值说明
个人卫生支出指数	理想值：1%
预期受教育年限	按人类发展指数，最大值 83.2 年，最小值 20
高等教育毛入学率	最高为 100%，超过按此计算，最低为 0
广义生均公共教育经费	最大值 12000 国际美元（（2011 年 PPP 不变价，整体数据分布 95% 低于此值），最小值 100（PPP2011 不变价）
在校博士人数占比	美国占比世界第一，大约 13%，超过按此计算，最小 0.05%

表 8.8 人力资源开发指数测算

指数	测算方法
人力资源生产指数	$\sqrt[3]{劳动力规模指数 \times 人口红利指数 \times 劳动力活力指数}$
健康人力资源培育指数	$\sqrt[3]{健康人力资本指数 \times 卫生综合水平指数 \times 卫生保障指数}$ 其中，卫生保健指数 =（人均卫生费用指数 + 个人卫生支出指数）/2
教育人力资源培养指数	$\sqrt[4]{教育人力资本指数 \times 教育综合水平指数 \times 教育保障指数 \times 高层次人才培养指数}$ 其中，高层次人才培养指数 =（高等教育毛入学率 + 在校博士人数占比）/2
人力资源开发指数	$\sqrt[3]{人力资源生产指数 \times 健康人力资源培育指数 \times 教育人力资源培养指数}$

8.4 比较国家

本书选择世界最主要的国家进行比较，主要要求以下几个方面：

一是具有国际影响力，是国际著名组织成员；二是代表不同发展水平的国家，有发达国家也有发展中国家，特别是新兴经济体国家；三是考虑人口规模，因为研究的是人力资源，所以人口规模要求 600 万以上；四是分布于各大洲；五是包括世界最发达的人口大国；六是所选国家总体在经济规模和人口规模具有世界代表性。

8.4.1 主要国际组织与国家分类

8.4.1.1 主要国际组织

目前国际上有以下几个最著名的国际组织：

（1）20国集团（G20）。

1975年成立工业化七国集团（Group of Seven，简称G7），1997年俄罗斯的加入，G7转变为G8。在此基础上，于1999年由原八国集团以及其余12个重要经济体组成，包括中国、阿根廷、澳大利亚、巴西、加拿大、法国、德国、印度、印度尼西亚、意大利、日本、韩国、墨西哥、沙特阿拉伯、南非、土耳其、英国、美国、俄罗斯以及欧盟。20国集团成员涵盖面广，代表性强，该集团的GDP占全球经济的90%，贸易额占全球的80%。这里将整个欧盟视为一个国家，但欧盟本身有28个会员国，又包括法国、德国、意大利。

（2）OECD国家。

经济合作与发展组织，经济合作与发展组织的前身为1948年4月16日西欧十多个国家成立的欧洲经济合作组织。该组织是由市场经济国家组成，基本都是发达国家，也称为“富人俱乐部”。经合组织的宗旨：促进成员方经济和社会的发展，推动世界经济增长；帮助成员方政府制定和协调有关政策，以提高各成员方的生活水准，保持财政的相对稳定；鼓励和协调成员方为援助发展中国家做出努力，帮助发展中国家改善经济状况，促进非成员方的经济发展。2010年1月11日，智利正式签署加入经济合作与发展组织的协定，使其成为该组织第31个成员方；同时经济合作与发展组织2010年5月10日宣布，同意吸收爱沙尼亚、以色列和斯洛文尼亚三国为新成员，使其成员数量增至34个。智利是第一个加入经合组织的南美洲国家，以色列是继土耳其之后第二个加入经合组织的中东国家，爱沙尼亚是第一个加入经合组织的苏联国家，斯洛文尼亚是第一个加入经合组织的前南斯拉夫国家。2016 年 7 月 1 日，拉脱维亚正式加入经济合作与发展组织，成为其第 35 个成员方。2018 年 7 月 5 日，立陶宛正式加入经合组织，成为其第 36 个成员方。目前成员方是：

澳大利亚、奥地利、比利时、加拿大、智利、捷克、丹麦、爱沙尼亚、芬兰、法国、德国、希腊、匈牙利、冰岛、爱尔兰、以色列、意大利、日本、韩国、拉脱维亚、立陶宛、卢森堡、墨西哥、荷兰、新西兰、挪威、波兰、葡萄牙、斯洛伐克、斯洛文尼亚、西班牙、瑞典、瑞士、土耳其、英国、美国。

8.4.1.2　国家分类

（1）发达国家。

发达国家（Developed Country），又称已开发国家，也称已发展国家，是指那些经济发展水平较高、技术较为先进、生活水平较高的国家，另外，也被称作工业化国家、高经济开发国家（MEDC）。发达国家的普遍特征是较高的人类发展指数、人均国民生产总值、工业化水准和生活品质。借由开发自然资源也可以达到较高的人均国民生产总值和人类发展指数，但未必属于发达国家（比如文莱、沙特阿拉伯、卡塔尔等国）。

目前世界公认的发达国家主要有早期的 OECD 国家及个别其他国家，包括：

亚洲：日本、韩国、新加坡、以色列；欧洲：法国、德国、荷兰、芬兰、卢森堡、英国、冰岛、挪威、瑞典、奥地利、比利时、意大利、西班牙、爱尔兰、丹麦、瑞士；美洲：美国、加拿大；大洋洲：新西兰、澳大利亚。

（2）发展中国家。

发展中国家（Developing country）也称作开发中国家、欠发达国家，指经济、技术、人民生活水平程度较低的国家，与发达国家相对。发展中国家的评价标准主要是这个国家的人均国内生产总值（人均 GDP）相对比较低，通常指包括亚洲、非洲、拉丁美洲及其他地区的 130 多个国家，占世界陆地面积和总人口的 70% 以上。

从国际组织来看，从来就没有一个国际组织明确提出过发展中国家的概念，并在法律上予以确定。联合国明确认定了 50 个国家为最不发达国家。在国际上有一种共识，某个国家一旦加入经济合作与发展组织（OECD）便被认为是经济发达国家，但随着一些取得良好发展绩效的发展中国家（如墨西哥）的加入，使这种共识在实际操作中变得难以把握。

（3）世界银行国家分类。

世界银行（World Bank）通常的做法是将人均国民生产总值（GNP），现改为人均国民总收入（GNI）或国内生产总值（GDP）作为衡量一个国家经济发展水平的主要参数。

世界银行国家分类：低收入国家、中低收入国家、中高收入国家、高收入国家。截至 2011 年 7 月 1 日，低收入经济体系指其 2010 年平均收入在 1005 美元以下的经济体，中低收入经济体的平均收入为 1006~3975 美元；中高收入经济体的平均收入为 3976~12275 美元，高收入经济体的平均收入为 12276 美元以上。一般发展中国家包括前三类。当下在世界上综合国力较强的发展中国家有——亚洲：中国，印度，印度尼西亚，马来西亚，泰国；欧洲：俄罗斯；非洲：南非，埃及，尼日利亚；美洲：墨西哥、巴西、阿根廷、智利。中国、印度、巴西、俄罗斯、南非被称为金砖五国家。

另外，博鳌亚洲论坛 2010 年年会首次提出“E11”（新兴经济体 11 国）概念，包括：阿根廷、巴西、中国、印度、印度尼西亚、韩国、墨西哥、俄罗斯、沙特阿拉伯、南非、土耳其。

8.4.2　比较样本国家

比较国家主要选取 G20 国家、主要 OECD 国家、综合国力较强的发展中国家以及新兴经济体国家。由于考虑的是国家人力资源，既要考虑人口规模，又要考虑经济总量，一般要求或者 GDP 总量超过 1000 亿美元，或者人口超过 1000 万人，还要洲际分布，共选取 44 个国家，这些国家在国际上无论是经济体量、经济发展水平，还是人口规模及影响力，都是世界上最重要国家。这 44 个国家 2016 年 GDP 占世界 90% 以上，人口占 70% 以上（见表 8.9、表 8.10）。

表 8.9　样本国家分布

	发展水平			合计
	OECD 发达国家	OECD 次发达国家	其他	
亚洲	3	0	7	10
欧洲	14	6	3	23
北美	2	0	0	2
南美	0	2	2	4
非洲	0	0	3	3
大洋洲	2	0	0	2
合计	21	8	15	44

表 8.10　样本国家基本情况（2016 年）

国家	洲际	国家类型	GDP 总量（亿美元）	人口（万人）	人均 GDP（美元）
美国	北美	发达国家	185691	32313	57467
中国	亚洲	其他	111991	137867	8123
日本	亚洲	发达国家	49394	12699	38894

续表

国家	洲际	国家类型	GDP 总量（亿美元）	人口（万人）	人均 GDP（美元）
德国	欧洲	发达国家	34668	8267	41936
英国	欧洲	发达国家	26189	6564	39899
法国	欧洲	发达国家	24655	6690	36855
印度	亚洲	其他	22635	132417	1709
意大利	欧洲	发达国家	18500	6060	30527
巴西	南美	其他	17962	20765	8650
加拿大	北美	发达国家	15298	3629	42158
韩国	亚洲	发达国家	14113	5125	27539
俄罗斯	欧洲	其他	12832	14434	8748
西班牙	欧洲	发达国家	12321	4644	26528
澳大利亚	大洋洲	发达国家	12046	2413	49928
墨西哥	南美	次发达国家	10460	12754	8201
印度尼西亚	亚洲	其他	9323	26112	3570
土耳其	欧洲	次发达国家	8577	7951	10788
荷兰	欧洲	发达国家	7708	1702	45295
瑞士	欧洲	发达国家	6598	837	78813
沙特阿拉伯	亚洲	其他	6464	3228	20029
阿根廷	南美	其他	5459	4385	12449
瑞典	欧洲	发达国家	5110	990	51600
波兰	欧洲	次发达国家	4695	3795	12372
比利时	欧洲	发达国家	4664	1135	41096
泰国	亚洲	其他	4068	6886	5908
尼日利亚	非洲	其他	4051	18599	2178

续表

国家	洲际	国家类型	GDP 总量（亿美元）	人口（万人）	人均 GDP（美元）
奥地利	欧洲	发达国家	3864	875	44177
挪威	欧洲	发达国家	3706	523	70812
埃及	非洲	其他	3363	9569	3514
以色列	亚洲	发达国家	3187	855	37293
丹麦	欧洲	发达国家	3061	573	53418
马来西亚	亚洲	其他	2964	3119	9503
南非	非洲	其他	2948	5591	5274
爱尔兰	欧洲	发达国家	2941	477	61606
智利	南美	次发达国家	2470	1791	13793
芬兰	欧洲	发达国家	2368	550	43090
葡萄牙	欧洲	次发达国家	2046	1032	19813
越南	亚洲	其他	2026	9270	2186
希腊	欧洲	次发达国家	1946	1075	18104
捷克	欧洲	次发达国家	1929	1056	18267
罗马尼亚	欧洲	其他	1867	1971	9474
新西兰	大洋洲	发达国家	1850	469	39427
匈牙利	欧洲	次发达国家	1243	982	12665
乌克兰	欧洲	其他	933	4500	2186
样本国合计	—	—	680184	526539	26724
全世界	—	—	755435	744214	10164

数据来源：世界银行—世界发展指标（WDI）数据。

练习与思考

1. 标杆评价法主要思想是什么？

2. 人力资源开发水平评价模型的理论基础？

3. 你认为本书人力资源开发水平评价指标体系合理吗？有何建议？

4. 国家人力资源开发指数是怎样构建的？

5. 你认为世界最重要的国家有哪些？尝试了解一下。

6. “一带一路”国家都有哪些？都是重要国家吗？

参考文献

吕路平 . 人力资源强国评价指标体系与实证研究 [D]. 北京：北京科技大学，2016.

谢炜 . 人力资源强国战略：内涵、挑战及路径选择 [J]. 云南社会科学，2011（3）：19-23.

杨晓明 . 我国人力资源文化素质存量及其经济分析 [J]. 北京科技大学学报，2004（3）：52-55.

张力，高书国 . 人力资源强国报告 [M]. 北京：北京师范大学出版社，2010.

中国科学技术发展战略研究院 . 国家创新指数报告 2016—2017 [M]. 北京：科学技术出版社，2017.

UNITED NATIONS DEVELOPMENT PROGRAMME(UNDP).Human development report[EB/OL].（2010-02-25）[2019-10-15]. http://hdr.undp.org.

SCHWAB.The global human capital report[EB/OL].（2017-12-20）[2019-10-12].https://www.weforum.org/reports/the-global-human-capital-report-2017.

SOUMITRA DUTTA，et al.The global innovation index 2017[R].Ithaca：Cornell University，2017.

BRUNO LANVIN PAUL EVANS.The global talent competitiveness index 2017[R].INSEAD-Wharton Alliance：INSEAD，2018.

THE WORLD BANK.World development indicators[EB/OL].（2018-09-28）[2019-10-12].http://datatopics.worldbank.org/world-development-indicators/.

The IMD World Competitiveness Center.IMD WORLD TALENT RANKING 2017[EB/OL].（2018-05-05）[2019-10-12].https://www.imd.org/wcc/world-competitiveness-center-publications/talent-ranking--talent-flow/.

第 9 章　人力资源开发国际比较

1978 年改革开放以来，我国经济社会持续发展，综合国力显著增强，然而人均自然资源不足矛盾日趋突出，能源资源需求和生态环境压力大幅上升，迫切需要经济由资源消耗粗放式增长方式向集约式方式转变，而这其中最重要的是人力资源质量的提高。我国要在 2020 年全面建成小康社会、21 世纪中叶基本实现现代化，就要将经济发展切实转到依靠科技进步、劳动力素质提高和管理创新上来，建设人力资源强国，势必成为转变经济发展方式的基础工程。建设人力资源强国，也是我国实现从人口大国向人力资源大国转变后的必然选择。

人力资源强国是一个相对概念，它是在世界范围内相比较于其他国家，在人力资源数量、质量、发展能力以及对经济社会贡献等方面具有综合优势的国家，一般都是具有一定人口规模的发达国家。而人力资源开发水平是人力资源强国的最重要标志。本书前几章阐述了中国人力资源开发的历程和取得的成就，本章主要从国际比较的视角，分析中国人力资源开发水平与世界主要国家相比，处在什么位置，哪些是中国的强项，哪些是弱项，分 2010 年和 2016 年两个时段进行比较。

9.1 人力资源生产

9.1.1 劳动力占世界份额

1990—2016 年，同人口规模一样，中国是世界上劳动力总量第一大国，虽然占世界份额呈下降趋势，但一直保持在 20% 以上。第二是印度，占世界份额呈上升趋势，大约在 15% 左右。第三是美国，占世界份额呈下降趋势，大约在 5% 左右。第三是印度尼西亚，占世界份额呈上升趋势，大约在 3.7% 左右。达到理想值 15% 占比的国家只有中国（见图 9.1）。

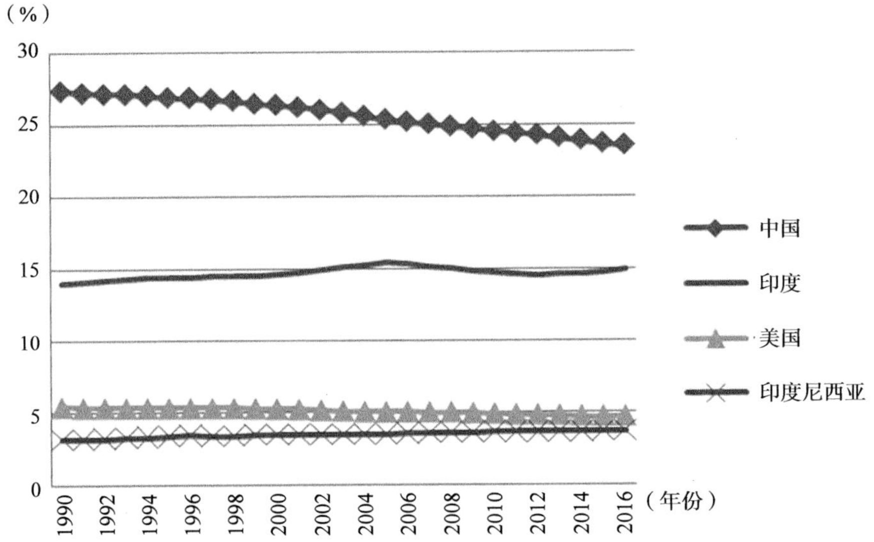

图 9.1　四个人口大国劳动力占比

2010—2016 年大部分国家劳动力占比都有所下降，其中中国降低最多，下降达 0.96 个百分点；美国下降 0.21 个百分点。只有印度、印度尼西亚、尼日利亚、土耳其、越南、埃及、南非等国家增加，多是发展中的人口大国。

从名次上看，提升较大的有埃及（+5）、尼日利亚（+3）、土耳其、阿根廷、马来西亚（+2）等发展中的人口大国；降低较大的有乌克兰（–5）、波兰、罗马尼亚（–3）、越南、德国（–2）等主要以东欧为代表的国家（见表 9.1）。

表 9.1　劳动力占比

国家及地区	2010 年		2016 年		指数		2010—2016 年变化	
	数值（%）	排名	数值（%）	排名	2010 年	2016 年	增加值（%）	排名提升
中国	24.52	1	23.56	1	100	100	–0.96	0
印度	14.74	2	14.89	2	95.99	96.12	0.15	0
美国	4.95	3	4.74	3	81.63	81.06	–0.21	0
印度尼西亚	3.68	4	3.72	4	77.73	77.87	0.04	0
巴西	3.16	5	3.14	5	75.72	75.64	–0.02	0
俄罗斯联邦	2.4	6	2.21	6	72.11	71.02	–0.19	0
日本	2.09	7	1.91	7	70.29	69.1	–0.18	0
尼日利亚	1.55	11	1.72	8	66.35	67.72	0.17	3
墨西哥	1.59	10	1.69	9	66.69	67.49	0.1	1
越南	1.6	8	1.63	10	66.77	67.02	0.03	–2
德国	1.32	9	1.27	11	64.24	63.73	–0.05	–2
泰国	1.23	12	1.18	12	63.31	62.76	–0.05	0
英国	1	13	0.99	13	60.59	60.45	–0.01	0
埃及	0.88	19	0.92	14	58.91	59.49	0.04	5
法国	0.93	14	0.87	15	59.63	58.75	–0.06	–1
土耳其	0.8	18	0.87	16	57.65	58.75	0.07	2
韩国	0.78	17	0.78	17	57.32	57.32	0	0
意大利	0.77	16	0.74	18	57.15	56.63	–0.03	–2
西班牙	0.74	20	0.67	19	56.63	55.32	–0.07	1
乌克兰	0.72	15	0.66	20	56.27	55.12	–0.06	–5
南非	0.57	22	0.62	21	53.19	54.3	0.05	1

续表

国家及地区	2010 年		2016 年		指数		2010—2016 年变化	
	数值（%）	排名	数值（%）	排名	2010 年	2016 年	增加值（%）	排名提升
阿根廷	0.58	24	0.59	22	53.42	53.65	0.01	2
加拿大	0.59	23	0.58	23	53.65	53.42	–0.01	0
波兰	0.57	21	0.53	24	53.19	52.23	–0.04	–3
马来西亚	0.38	27	0.38	25	47.86	47.86	0	2
澳大利亚	0.37	26	0.37	26	47.51	47.51	0	0
沙特阿拉伯	0.31	29	0.37	27	45.18	47.51	0.06	2
罗马尼亚	0.29	25	0.27	28	44.3	43.36	–0.02	–3
荷兰	0.28	28	0.26	29	43.84	42.86	–0.02	–1
智利	0.25	30	0.26	30	42.35	42.86	0.01	0
捷克	0.16	31	0.16	31	36.48	36.48	0	0
葡萄牙	0.17	32	0.15	32	37.27	35.63	–0.02	0
比利时	0.15	34	0.15	33	35.63	35.63	0	1
瑞典	0.16	35	0.15	34	36.48	35.63	–0.01	1
希腊	0.16	33	0.14	35	36.48	34.72	–0.02	–2
瑞士	0.14	38	0.14	36	34.72	34.72	0	2
匈牙利	0.14	36	0.13	37	34.72	33.75	–0.01	–1
奥地利	0.14	37	0.13	38	34.72	33.75	–0.01	–1
以色列	0.11	40	0.11	39	31.55	31.55	0	1
丹麦	0.09	39	0.09	40	28.91	28.91	0	–1
芬兰	0.08	41	0.08	41	27.36	27.36	0	0
挪威	0.08	42	0.08	42	27.36	27.36	0	0
新西兰	0.07	43	0.07	43	25.6	25.6	0	0
爱尔兰	0.07	44	0.07	44	25.6	25.6	0	0

数据来源：根据世界银行世界发展指标 WDI 数据测算。

9.1.2 15~64 岁人口比例

劳动年龄人口比例最高的国家是中国，2010 年、2016 年均超过理想值

71.5%，分别达到 74.34% 和 72.72%，说明 2010—2016 年中国处于人口红利的高利时期。达到理想值的国家还有韩国和泰国，也处于人口红利的高利时期。

2010—2016 年绝大部分国家劳动年龄人口比例都有所下降。下降比较多的国家有捷克（–4.09%）、芬兰（–3.72%）、日本（–3.43%），基本都是发达国家；有所提升的基本都是发展中国家，墨西哥（2.01%）、南非（1.93%）、印度（1.86%）印度尼西亚（1.01%）等。

从排名上看，排序有提升的国家有墨西哥（+16）、南非（+15）、土耳其（+14）、沙特阿拉伯（+11）等；位次降低的国家有爱尔兰（–16）、捷克、芬兰（–13）、希腊（–12）等。

2010—2016 年中国劳动年龄口比例降低 1.62 个百分点，处于下降趋势，但仍处 72.72% 的人口红利的高利状态（见表 9.2）。

表 9.2　各国劳动年龄比例

国家及地区	2010 年		2016 年		指数		2010—2016 年变化	
	数值（%）	排名	数值（%）	排名	2010 年	2016 年	增加值（%）	排名提升
中国	74.34	1	72.72	1	100.00	100.00	–1.62	0
韩国	72.67	2	72.68	2	100.00	100.00	0.01	0
泰国	71.91	4	71.68	3	100.00	100.00	–0.23	1
越南	69.78	8	70.01	4	96.66	97.10	0.23	4
乌克兰	70.14	7	69.26	5	97.36	95.65	–0.88	2
巴西	67.94	16	69.25	6	93.09	95.63	1.31	10
俄罗斯联邦	72.02	3	69.16	7	100.00	95.46	–2.86	–4
马来西亚	67.65	17	69.09	8	92.53	95.32	1.44	9
波兰	71.55	5	68.93	9	100.00	95.01	–2.62	–4
智利	68.47	11	68.80	10	94.11	94.75	0.33	1

续表

国家及地区	2010 年		2016 年		指数		2010—2016 年变化	
	数值（%）	排名	数值（%）	排名	2010 年	2016 年	增加值（%）	排名提升
沙特阿拉伯	66.81	22	68.70	11	90.90	94.57	1.89	11
加拿大	69.37	9	67.47	12	95.87	92.18	–1.9	–3
匈牙利	68.63	10	67.25	13	94.44	91.75	–1.38	–3
印度尼西亚	66.18	28	67.19	14	89.67	91.63	1.01	14
瑞士	68.04	15	66.92	15	93.28	91.11	–1.12	0
土耳其	66.09	30	66.90	16	89.49	91.08	0.81	14
奥地利	67.52	18	66.90	17	92.28	91.07	–0.62	1
罗马尼亚	68.34	12	66.87	18	93.86	91.01	–1.47	–6
捷克	70.36	6	66.27	19	97.79	89.85	–4.09	–13
西班牙	68.24	13	66.18	20	93.66	89.67	–2.06	–7
墨西哥	64.15	37	66.16	21	85.73	89.64	2.01	16
美国	67.23	20	65.99	22	91.72	89.30	–1.24	–2
南非	64.01	38	65.94	23	85.46	89.21	1.93	15
澳大利亚	67.50	19	65.91	24	92.23	89.14	–1.59	–5
印度	63.99	39	65.85	25	85.42	89.03	1.86	14
德国	65.87	32	65.71	26	89.08	88.75	–0.16	6
挪威	66.19	27	65.46	27	89.68	88.27	–0.73	0
葡萄牙	66.28	26	64.99	28	89.86	87.35	–1.29	–2
荷兰	67.08	21	64.94	29	91.41	87.26	–2.14	–8
爱尔兰	68.14	14	64.75	30	93.48	86.90	–3.39	–16
新西兰	66.49	23	64.69	31	90.27	86.78	–1.8	–8
比利时	66.04	31	64.54	32	89.40	86.49	–1.5	–1
英国	66.13	29	64.22	33	89.57	85.87	–1.91	–4
丹麦	65.38	34	64.04	34	88.11	85.51	–1.34	0

续表

国家及地区	2010 年		2016 年		指数		2010—2016 年变化	
	数值（%）	排名	数值（%）	排名	2010 年	2016 年	增加值（%）	排名提升
阿根廷	63.72	41	63.88	35	84.90	85.21	0.16	6
希腊	66.36	24	63.80	36	90.03	85.05	–2.56	–12
意大利	65.54	33	63.66	37	88.42	84.77	–1.88	–4
芬兰	66.36	25	62.64	38	90.02	82.79	–3.72	–13
瑞典	65.29	35	62.35	39	87.94	82.22	–2.94	–4
法国	64.52	36	62.09	40	86.45	81.73	–2.43	–4
埃及	63.15	42	61.23	41	83.78	80.07	–1.92	1
以色列	62.33	43	60.62	42	82.19	78.88	–1.71	1
日本	63.77	40	60.34	43	84.99	78.33	–3.43	–3
尼日利亚	53.34	44	53.30	44	64.74	64.66	–0.04	0

数据来源：世界银行世界发展指标 WDI 数据。

9.1.3　20~39 岁人口比例

2016 年人口最有活力的国家（20~39 岁人口比例）是沙特阿拉伯，达到理想值的国家是沙特阿拉伯和马来西亚。沙特阿拉伯 2010 年、2016 年均超过理想值 35%，分别达到 37.21 和 37.56%，说明 2010—2016 年沙特阿拉伯处于人口最具活力时期。

2010—2016 年绝大部分国家活力都有所下降。下降比较多的国家有爱尔兰（–4.68%）、西班牙（–4.53%）、日本（–2.89%）、意大利（–2.68%），基本都是发达国家；有所提升的国家有，印度尼西亚（1.86%）、瑞典（0.69%）、芬兰（0.65%）、印度（0.46%）等。

从排名上看，排序有提升的国家有瑞典、芬兰（+7）、挪威、阿根廷（+6）、美国（+5）；排序有降低的国家有西班牙（–15）、爱尔兰（–13）、葡萄牙（–10）、希腊（–8）等，基本都是发达国家。

2010—2016 年中国人口活力有所下降。20~39 岁人口比例由 33.06% 减少到 30.72%，减少了 2.34 个百分点，排位也从第 8 名降到第 11 名（见表 9.3）。

表 9.3　各国青年人口比例

国家及地区	2010 年		2016 年		指数		2010—2016 年变化	
	数值（%）	排名	数值（%）	排名	2010 年	2016 年	增加值（%）	排名提升
沙特阿拉伯	37.21	1	37.56	1	100.00	100.00	0.35	0
马来西亚	33.92	4	35.78	2	96.92	100.00	1.86	2
越南	34.80	2	34.84	3	99.42	99.55	0.04	–1
南非	34.25	3	34.18	4	97.85	97.65	–0.07	–1
巴西	33.58	5	33.24	5	95.93	94.96	–0.34	0
印度	32.12	12	32.58	6	91.77	93.09	0.46	6
墨西哥	33.37	7	32.56	7	95.35	93.04	–0.81	0
印度尼西亚	33.55	6	32.42	8	95.85	92.64	–1.13	–2
埃及	32.93	9	32.36	9	94.08	92.45	–0.57	0
土耳其	32.91	10	31.77	10	94.01	90.77	–1.14	0
中国	33.06	8	30.72	11	94.45	87.78	–2.34	–3
俄罗斯	31.75	13	30.65	12	90.72	87.57	–1.1	1
智利	30.70	16	30.48	13	87.71	87.10	–0.22	3
阿根廷	30.36	21	30.41	14	86.74	86.89	0.05	7
波兰	30.95	15	30.31	15	88.43	86.59	–0.64	0
以色列	30.45	20	30.19	16	87.00	86.24	–0.26	4
乌克兰	30.55	18	29.83	17	87.30	85.23	–0.72	1
韩国	30.47	19	28.51	18	87.04	81.45	–1.96	1
泰国	31.20	14	28.40	19	89.15	81.13	–2.8	–5
澳大利亚	28.76	24	28.38	20	82.16	81.08	–0.38	4

续表

国家及地区	2010 年		2016 年		指数		2010—2016 年变化	
	数值（%）	排名	数值（%）	排名	2010 年	2016 年	增加值（%）	排名提升
捷克	30.65	17	28.23	21	87.58	80.67	–2.42	–4
尼日利亚	28.41	26	28.10	22	81.18	80.29	–0.31	4
匈牙利	28.73	25	27.61	23	82.10	78.88	–1.12	2
爱尔兰	32.28	11	27.60	24	92.23	78.86	–4.68	–13
加拿大	27.41	28	27.43	25	78.33	78.37	0.02	3
罗马尼亚	29.27	23	27.17	26	83.63	77.63	–2.1	–3
美国	26.65	32	27.12	27	76.15	77.50	0.47	5
挪威	26.48	34	26.86	28	75.66	76.75	0.38	6
瑞士	26.53	33	26.83	29	75.79	76.67	0.3	4
瑞典	25.68	37	26.37	30	73.36	75.34	0.69	7
新西兰	26.89	30	26.36	31	76.83	75.31	–0.53	–1
英国	26.69	31	26.34	32	76.25	75.26	–0.35	–1
奥地利	26.12	35	26.14	33	74.63	74.70	0.02	2
比利时	25.84	36	25.60	34	73.82	73.14	–0.24	2
希腊	28.35	27	25.31	35	80.99	72.31	–3.04	–8
芬兰	24.62	43	25.27	36	70.34	72.19	0.65	7
西班牙	29.70	22	25.17	37	84.86	71.92	–4.53	–15
丹麦	24.81	42	24.69	38	70.89	70.55	–0.12	4
葡萄牙	27.35	29	24.49	39	78.15	69.98	–2.86	–10
荷兰	25.13	40	24.47	40	71.81	69.92	–0.66	0
法国	25.63	38	24.22	41	73.22	69.20	–1.41	–3
德国	24.10	44	24.02	42	68.86	68.62	–0.08	2
日本	25.54	39	22.65	43	72.96	64.71	–2.89	–4
意大利	24.95	41	22.27	44	71.29	63.63	–2.68	–3

数据来源：联合国人口开发署数据库。

9.1.4 人力资源生产指数

2016 年人力资源生产指数最高的国家是中国，第二名是印度。

2010—2016 年大多数国家人力资源生产指数呈下降趋势。下降指数较大（超过 4 分）的国家有：西班牙、日本、希腊、爱尔兰等发达国家；提升较大（超过 1 分）的国家是沙特阿拉伯、印度、南非、马来西亚等新兴经济体国家。

从排名上看，排序有提升的国家有阿根廷、马来西亚兰、南非和沙特阿拉伯（+5）；排序有降低的国家有日本（–8）、西班牙（–7）、希腊（–6）。

2016 年中国人力资源生产指数为 95.75 分，比 2010 年减少指数 2.36 分，排名第 1 位，与 2010 年持平，继续保持人力资源规模、结构、活力综合水平第一名（见表 9.4）。

表 9.4 人力资源生产指数

国家及地区	2010 年		2016 年		2010—2016 年提升	
	指数	排名	指数	排名	指数	排名
中国	98.11	1	95.75	1	–2.36	0
印度	90.95	2	92.70	2	1.75	0
巴西	87.78	3	88.23	3	0.45	0
印度尼西亚	87.42	4	87.11	4	–0.31	0
越南	86.25	6	86.53	5	0.28	1
俄罗斯	86.81	5	84.05	6	–2.76	–1
墨西哥	81.69	9	82.57	7	0.88	2
美国	82.92	7	82.47	8	–0.45	–1
泰国	82.64	8	79.86	9	–2.78	–1
土耳其	78.57	11	78.61	10	0.04	1
南非	76.33	16	77.91	11	1.58	5
韩国	79.31	10	77.58	12	–1.73	–2

续表

国家及地区	2010 年		2016 年		2010—2016 年提升	
	指数	排名	指数	排名	指数	排名
马来西亚	75.43	18	76.98	13	1.55	5
乌克兰	78.20	12	76.60	14	–1.6	–2
沙特阿拉伯	74.33	20	76.59	15	2.26	5
埃及	77.43	14	76.08	16	–1.35	–2
波兰	77.77	13	75.46	17	–2.31	–4
阿根廷	73.27	23	73.51	18	0.24	5
英国	74.52	19	73.11	19	–1.41	0
德国	73.31	22	72.95	20	–0.36	2
加拿大	73.85	21	72.80	21	–1.05	0
西班牙	76.64	15	70.92	22	–5.72	–7
智利	70.44	27	70.72	23	0.28	4
尼日利亚	70.39	28	70.58	24	0.19	4
日本	75.82	17	70.49	25	–5.33	–8
澳大利亚	71.14	26	70.03	26	–1.11	0
法国	72.27	24	69.26	27	–3.01	–3
罗马尼亚	70.32	29	67.41	28	–2.91	1
意大利	71.15	25	67.35	29	–3.8	–4
捷克	67.85	30	64.18	30	–3.67	0
荷兰	66.02	31	63.95	31	–2.07	0
匈牙利	64.57	32	62.51	32	–2.06	0
瑞士	62.61	35	62.36	33	–0.25	2
奥地利	62.07	36	61.23	34	–0.84	2
比利时	61.72	38	60.85	35	–0.87	3
瑞典	61.74	37	60.43	36	–1.31	1
葡萄牙	63.97	34	60.17	37	–3.8	–3
以色列	60.87	39	59.87	38	–1	1

续表

国家及地区	2010 年		2016 年		2010—2016 年提升	
	指数	排名	指数	排名	指数	排名
希腊	64.31	33	59.77	39	–4.54	–6
挪威	57.04	41	57.02	40	–0.02	1
爱尔兰	60.43	40	55.98	41	–4.45	–1
丹麦	56.52	42	55.87	42	–0.65	0
新西兰	56.21	43	55.10	43	–1.11	0
芬兰	55.75	44	54.68	44	–1.07	0

9.2 人力资源健康培育

9.2.1 健康预期寿命

健康预期寿命最高的国家是日本，已达到理想值 74.8 岁，是世界第一健康国。

2010—2016 年绝大部分国家人均健康预期寿命都有所提升。提升年限较多的国家有南非（5.2 岁）、尼日利亚（2.7 岁）、俄罗斯（2.5 岁）等；唯一降低的国家是美国（–0.1 岁）（见表 9.5）。

从排名上看，所有国家排序都没有变化。

2016 年中国人均健康预期寿命 68.7 年，比上年提高提高 1.1 岁，排名第 26 位，与 2010 年同一个位次。

表 9.5　各国健康预期寿命

国家及地区	2010 年		2016 年		指数		2010—2016 年变化	
	数值（岁）	排名	数值（岁）	排名	2010 年	2016 年	增加值（岁）	排名提升
日本	73.80	1	74.80	1	98.00	99.67	1	0
西班牙	72.90	2	73.80	2	96.50	98.00	0.9	0

续表

国家及地区	2010 年		2016 年		指数		2010—2016 年变化	
	数值（岁）	排名	数值（岁）	排名	2010 年	2016 年	增加值（岁）	排名提升
意大利	72.80	3	73.20	3	96.33	97.00	0.4	0
瑞士	72.50	4	73.50	4	95.83	97.50	1	0
以色列	72.40	5	72.90	5	95.67	96.50	0.5	0
法国	72.20	6	73.40	6	95.33	97.33	1.2	0
加拿大	72.20	7	73.20	7	95.33	97.00	1	0
澳大利亚	72.20	8	73.00	8	95.33	96.67	0.8	0
新西兰	72.00	9	72.80	9	95.00	96.33	0.8	0
瑞典	71.90	10	72.40	10	94.83	95.67	0.5	0
挪威	71.80	11	73.00	11	94.67	96.67	1.2	0
爱尔兰	71.50	12	72.10	12	94.17	95.17	0.6	0
希腊	71.50	13	72.00	13	94.17	95.00	0.5	0
韩国	71.40	14	73.00	14	94.00	96.67	1.6	0
奥地利	71.40	15	72.40	15	94.00	95.67	1	0
荷兰	71.40	16	72.10	16	94.00	95.17	0.7	0
英国	71.30	17	71.90	17	93.83	94.83	0.6	0
德国	70.90	18	71.60	18	93.17	94.33	0.7	0
葡萄牙	70.80	19	72.00	19	93.00	95.00	1.2	0
比利时	70.80	20	71.60	20	93.00	94.33	0.8	0
丹麦	70.40	21	71.80	21	92.33	94.67	1.4	0
芬兰	70.40	22	71.70	22	92.33	94.50	1.3	0
智利	68.90	23	69.70	23	89.83	91.17	0.8	0
美国	68.70	24	68.50	24	89.50	89.17	–0.2	0
捷克	68.10	25	69.30	25	88.50	90.50	1.2	0
中国	67.60	26	68.70	26	87.67	89.50	1.1	0
波兰	67.30	27	68.50	27	87.17	89.17	1.2	0
阿根廷	67.30	28	68.40	28	87.17	89.00	1.1	0

续表

国家及地区	2010 年		2016 年		指数		2010—2016 年变化	
	数值（岁）	排名	数值（岁）	排名	2010 年	2016 年	增加值（岁）	排名提升
墨西哥	66.50	29	67.70	29	85.83	87.83	1.2	0
越南	66.50	30	67.50	30	85.83	87.50	1	0
匈牙利	65.60	31	66.80	31	84.33	86.33	1.2	0
马来西亚	65.60	32	66.60	32	84.33	86.00	1	0
泰国	65.50	33	66.80	33	84.17	86.33	1.3	0
罗马尼亚	65.20	34	66.60	34	83.67	86.00	1.4	0
巴西	64.50	35	66.00	35	82.50	85.00	1.5	0
土耳其	64.40	36	66.00	36	82.33	85.00	1.6	0
沙特阿拉伯	64.40	37	65.70	37	82.33	84.50	1.3	0
乌克兰	62.20	38	64.00	38	78.67	81.67	1.8	0
俄罗斯联邦	61.00	39	63.50	39	76.67	80.83	2.5	0
印度尼西亚	60.40	40	61.70	40	75.67	77.83	1.3	0
埃及	60.00	41	61.10	41	75.00	76.83	1.1	0
印度	57.40	42	59.30	42	70.67	73.83	1.9	0
南非	50.50	43	55.70	43	59.17	67.83	5.2	0
尼日利亚	46.20	44	48.90	44	52.00	56.50	2.7	0

数据来源：联合国人口发展署数据库。

9.2.2 预期寿命

2016 年预期寿命最高的国家是日本，83.9 岁。达到理想值的国家有日本、瑞士、西班牙、意大利。

2010—2016 年绝大部分国家预期寿命都有所提高。提高幅度最大的国家有南非（9.01 岁）、尼日利亚（2.57 岁）、巴西（2.44 岁）等发展中国家。唯一减少的国家是智利，减少 0.58 岁。

从排名上看，名次排序提升幅度较大的国家有韩国（+5）、巴西、葡萄牙、芬兰（+4）；名次降低幅度较大的国家有爱尔兰、智利（–5）。

2010—2016 年中国预期寿命有所提升，由 75.1 岁提高到 76.4 岁，排位从第 29 名降到第 30 名（见表 9.6）。

表 9.6　各国预期寿命

国家及地区	2010 年		2016 年		指数		2010—2016 年变化	
	数值（岁）	排名	数值（岁）	排名	2010 年	2016 年	增加值（岁）	排名提升
日本	82.84	1	83.90	1	99.43	100.00	1.06	0
瑞士	82.25	2	83.50	2	98.50	100.00	1.25	0
西班牙	81.63	6	83.30	3	97.52	100.00	1.67	3
意大利	82.04	3	83.20	4	98.16	100.00	1.16	–1
澳大利亚	81.70	4	83.10	5	84.97	99.84	1.4	–1
法国	81.66	5	82.70	6	97.63	99.21	1.04	–1
以色列	81.60	7	82.70	7	97.56	99.21	1.1	0
瑞典	81.45	8	82.60	8	97.47	99.05	1.15	0
加拿大	81.20	9	82.50	9	97.23	98.89	1.3	0
韩国	80.55	15	82.40	10	96.84	98.73	1.85	5
挪威	81.00	10	82.30	11	95.81	98.58	1.3	–1
新西兰	80.70	12	82.00	12	96.52	98.10	1.3	0
荷兰	80.70	13	82.00	13	96.04	98.10	1.3	0
奥地利	80.58	14	81.80	14	96.04	97.78	1.22	0
英国	80.40	16	81.70	15	95.85	97.63	1.3	1
爱尔兰	80.74	11	81.60	16	95.57	97.47	0.86	–5
芬兰	79.87	21	81.50	17	96.11	97.31	1.63	4
希腊	80.39	17	81.40	18	94.73	97.15	1.01	–1
葡萄牙	79.03	23	81.40	19	95.55	97.15	2.37	4
比利时	80.18	19	81.30	20	93.40	96.99	1.12	–1

续表

国家及地区	2010 年		2016 年		指数		2010—2016 年变化	
	数值（岁）	排名	数值（岁）	排名	2010 年	2016 年	增加值（岁）	排名提升
德国	79.99	20	81.20	21	95.22	96.84	1.21	–1
丹麦	79.10	22	80.90	22	94.92	96.36	1.8	0
智利	80.28	18	79.70	23	93.51	94.46	–0.58	–5
美国	78.54	24	79.50	24	95.38	94.15	0.96	0
捷克	77.42	25	78.90	25	92.63	93.20	1.48	0
波兰	76.25	26	77.80	26	90.85	91.46	1.55	0
墨西哥	76.03	27	77.30	27	89.00	90.66	1.27	0
阿根廷	75.48	28	76.70	28	88.66	89.72	1.22	0
越南	74.99	30	76.50	29	87.78	89.40	1.51	1
中国	75.01	29	76.50	30	87.01	89.24	1.39	–1
匈牙利	74.21	31	76.10	31	87.04	88.77	1.89	0
土耳其	74.09	33	76.00	32	85.78	88.61	1.91	1
巴西	73.26	37	75.70	33	85.59	88.13	2.44	4
罗马尼亚	73.46	36	75.60	34	84.27	87.97	2.14	2
泰国	73.69	35	75.50	36	84.59	87.82	1.81	–1
马来西亚	74.16	32	75.50	35	85.70	87.82	1.34	–3
沙特阿拉伯	73.70	34	74.70	37	84.95	86.55	1	–3
乌克兰	70.27	39	72.10	38	79.54	82.44	1.83	1
埃及	70.34	38	71.70	39	79.65	81.80	1.36	–1
俄罗斯联邦	68.84	40	71.20	40	77.28	81.01	2.36	0
印度尼西亚	68.15	41	69.40	41	76.19	78.16	1.25	0
印度	66.51	42	68.80	42	73.59	77.22	2.29	0
南非	54.39	43	63.40	43	54.41	68.67	9.01	0
尼日利亚	51.33	44	53.90	44	49.57	53.64	2.57	0

数据来源：联合国人口发展署数据库。

9.2.3　人均卫生费用

2016 年人均卫生费用最高的国家是美国，达到 8888 国际美元。达到理想值的国家有瑞士、挪威，都是世界最发达国家。

2010—2016 年绝大部分国家人均卫生费用都有所提高。提高幅度最大的国家有沙特阿拉伯（1445 国际美元）、瑞士（1419 国际美元）、瑞典（1247 国际美元）。人均卫生费用减少的国家有希腊（–625 国际美元）、葡萄牙（–428 国际美元）等。

从排名上看，名次排序提升幅度较大的国家有瑞典（+9）、沙特阿拉伯（+7）、爱尔兰（+5）；名次降低幅度较大的国家有希腊（–4）、丹麦等（–3）等。

2016 年中国人均卫生费用 864 美元，列第 37 名；比 2010 年提高 414 美元，位次提升 3 位（见表 9.7）。

表 9.7　各国人均卫生费用

国家及地区	2010 年		2016 年		指数		2010—2016 年变化	
	数值（国际美元）	排名	数值（国际美元）	排名	2010 年	2016 年	增加值（国际美元）	排名提升
美国	8269.00	1	8888.00	1	100.00	100.00	619	0
瑞士	5395.00	3	6814.00	2	99.59	100	1419	1
挪威	5475.00	2	6351.00	3	99.90	100.00	876	–1
瑞典	3762.00	13	5009.00	4	91.92	98.01	1247	9
荷兰	4699.00	4	4955.00	5	96.65	97.78	256	–1
德国	4456.00	8	4883.00	6	95.52	97.47	427	2
爱尔兰	3796.00	12	4730.00	7	92.11	96.79	934	5
丹麦	4545.00	5	4697.00	8	95.94	96.64	152	–3
奥地利	4531.00	6	4548.00	9	95.88	95.96	17	–3
加拿大	4513.00	7	4486.00	10	95.79	95.66	–27	–3
比利时	3907.00	10	4371.00	11	92.72	95.11	464	–1

续表

国家及地区	2010 年		2016 年		指数		2010—2016 年变化	
	数值（国际美元）	排名	数值（国际美元）	排名	2010 年	2016 年	增加值（国际美元）	排名提升
法国	4039.00	9	4179.00	12	93.43	94.16	140	–3
澳大利亚	3858.00	11	4140.00	13	92.46	93.96	282	–2
日本	3232.00	18	4121.00	14	88.69	93.86	889	4
英国	3269.00	17	3803.00	15	88.93	92.15	534	2
芬兰	3317.00	15	3683.00	16	89.24	91.47	366	–1
新西兰	3477.00	14	3236.00	17	90.24	88.72	–241	–3
意大利	3275.00	16	3081.00	18	88.97	87.67	–194	–2
沙特阿拉伯	1514.00	26	2959.00	19	72.56	86.81	1445	7
西班牙	2996.00	19	2953.00	20	87.08	86.77	–43	–1
韩国	2070.00	23	2526.00	21	79.21	83.45	456	2
葡萄牙	2810.00	20	2382.00	22	85.71	82.20	–428	–2
以色列	2116.00	22	2376.00	23	79.68	82.14	260	–1
捷克	1930.00	24	2220.00	24	77.72	80.70	290	0
希腊	2645.00	21	2020.00	25	84.43	78.69	–625	–4
智利	1272.00	30	1819.00	26	68.85	76.46	547	4
匈牙利	1690.00	25	1797.00	27	74.90	76.20	107	–2
波兰	1437.00	27	1606.00	28	71.45	73.81	169	–1
俄罗斯	1397.00	28	1342.00	29	70.85	69.99	–55	–1
巴西	1167.00	31	1307.00	30	67.02	69.43	140	1
阿根廷	1285.00	29	1305.00	31	69.07	69.40	20	–2
南非	991.00	32	1019.00	32	63.54	64.13	28	0
罗马尼亚	964.00	34	1018.00	33	62.95	64.11	54	1
马来西亚	802.00	36	999.00	34	59.04	63.71	197	2
墨西哥	975.00	33	977.00	35	63.19	63.24	2	–2
土耳其	904.00	35	968.00	36	61.59	63.04	64	–1
中国	450.00	40	864.00	37	46.74	60.40	414	3
泰国	476.00	38	575.00	38	47.94	51.96	99	0
乌克兰	603.00	37	458.00	39	52.97	47.12	–145	–2

续表

国家及地区	2010 年		2016 年		指数		2010—2016 年变化	
	数值（国际美元）	排名	数值（国际美元）	排名	2010 年	2016 年	增加值（国际美元）	排名提升
埃及	475.00	39	421.00	40	47.89	45.33	–54	–1
印度尼西亚	227.00	42	347.00	41	32.19	41.21	120	1
越南	275.00	41	320.00	42	36.27	39.49	45	–1
印度	187.00	43	224.00	43	28.06	31.90	37	0
尼日利亚	174.00	44	202.00	44	26.53	29.70	28	0

注：国际美元指国际美元 PPP2011 不变价。

数据来源：根据世界银行数据、联合国人类发展指标数据、联合国人口发展署数据测算。

9.2.4　个人卫生支出系数

2016 年个人卫生支出负担系数最低的国家是泰国，只有 0.44%。达到理想值的国家有南非、土耳其、法国、沙特阿拉伯。个人卫生支出负担最高的国家是瑞士。

2010—2016 年个人卫生支出负担系数降低幅度较大的国家有墨西哥、阿根廷、埃及等国家。

从排名上看，名次排序提升幅度较大的国家有韩国、阿根廷（+10）、墨西哥（+8）等；名次降低幅度较大的国家有英国（–11）、智利（–8）等。

2010—2016 年中国个人卫生支出负担系数有所提高，由 2010 年 1.882% 提高到 2016 年的 1.943%。排位从第 26 名降到第 28 名（见表 9.8）。

表 9.8　各国个人卫生支出系数

国家及地区	2010 年		2016 年		指数		2010—2016 年变化	
	数值（%）	排名	数值（%）	排名	2010 年	2016 年	增加值（%）	排名提升
泰国	0.552	1	0.444	1	100	100.00	0.108	0
南非	0.723	3	0.631	2	100.00	100.00	0.092	1

续表

国家及地区	2010 年		2016 年		指数		2010—2016 年变化	
	数值（%）	排名	数值（%）	排名	2010 年	2016 年	增加值（%）	排名提升
土耳其	0.947	6	0.701	3	100.00	100.00	0.246	3
法国	0.841	4	0.752	4	100.00	100.00	0.089	0
沙特阿拉伯	0.693	2	0.874	5	100.00	100.00	-0.181	-3
罗马尼亚	1.145	9	1.054	6	87.34	94.88	0.091	3
捷克	1.133	8	1.084	7	88.26	92.25	0.049	1
爱尔兰	1.209	10	1.177	8	82.71	84.96	0.032	2
新西兰	1.411	13	1.177	9	70.87	84.96	0.234	4
阿根廷	1.647	20	1.205	10	60.72	82.99	0.442	10
荷兰	1.028	7	1.310	11	97.28	76.34	-0.282	-4
德国	1.565	17	1.397	12	63.90	71.58	0.168	5
丹麦	1.518	15	1.417	13	65.88	70.57	0.101	2
挪威	1.393	11	1.424	14	71.79	70.22	-0.031	-3
日本	1.396	12	1.427	15	71.63	70.08	-0.031	-3
英国	.927	5	1.461	16	100.00	68.45	-0.534	-11
马来西亚	1.430	14	1.466	17	69.93	68.21	-0.036	-3
波兰	1.633	19	1.475	18	61.24	67.80	0.158	1
加拿大	1.735	21	1.522	19	57.64	65.70	0.213	2
印度尼西亚	1.521	16	1.617	20	65.75	61.84	-0.096	-4
瑞典	1.604	18	1.673	21	62.34	59.77	-0.069	-3
以色列	1.746	22	1.811	22	57.27	55.22	-0.065	0
比利时	1.861	25	1.841	23	53.73	54.32	0.02	2
奥地利	1.978	28	1.850	24	50.56	54.05	0.128	4
澳大利亚	1.780	23	1.865	25	56.18	53.62	-0.085	-2
美国	2.072	30	1.866	26	48.26	53.59	0.206	4
芬兰	1.808	24	1.879	27	55.31	53.22	-0.071	-3
中国	1.882	26	1.943	28	53.13	51.47	-0.061	-2

续表

国家及地区	2010 年		2016 年		指数		2010—2016 年变化	
	数值（%）	排名	数值（%）	排名	2010 年	2016 年	增加值（%）	排名提升
俄罗斯	2.413	33	2.027	29	41.44	49.33	0.386	4
意大利	1.936	27	2.054	30	51.65	48.69	–0.118	–3
匈牙利	2.152	31	2.101	31	46.47	47.60	0.051	0
西班牙	1.981	29	2.221	32	50.48	45.02	–0.24	–3
墨西哥	2.920	41	2.426	33	34.25	41.22	0.494	8
越南	2.426	35	2.458	34	41.22	40.68	–0.032	1
葡萄牙	2.563	37	2.481	35	39.02	40.31	0.082	2
巴西	2.421	34	2.521	36	41.31	39.67	–0.1	–2
印度	2.790	40	2.530	37	35.84	39.53	0.26	3
尼日利亚	2.691	39	2.575	38	37.16	38.83	0.116	1
埃及	3.004	43	2.585	39	33.29	38.68	0.419	4
智利	2.402	32	2.602	40	41.63	38.43	–0.2	–8
韩国	2.534	36	2.719	41	39.46	36.78	–0.185	–5
乌克兰	2.940	42	2.933	42	34.01	34.09	0.007	0
希腊	2.583	38	2.973	43	38.71	33.64	–0.39	–5
瑞士	3.102	44	3.418	44	32.24	29.26	–0.316	0

数据来源：根据世界银行数据、联合国人类发展指标数据测算。

9.2.5　人力资源健康培育指数

2016 年人力资源健康培育指数最高的国家是法国，指数高达 97.87 分。

2010—2016 年人力资源健康培育指数提升较大的国家是南非（8.49 分）、阿根廷（5.54 分）和中国（3.95 分）；降低较大的国家有英国（–4.03 分）、荷兰（–2.34 分）。

从排名上看，排序提升的国家有阿根廷（+6）、沙特阿拉伯（+6）和新西兰

（+5）等国家；排序降低的国家有英国（–8）、希腊（–6）、意大利（–4）等国家。

2016 年中国人力资源健康培育指数为 76.45 分，比 2010 年提高指数 3.95 分，排名第 34 位，与 2010 年持平（见表 9.9）。

表 9.9　各国人力资源健康培育指数

国家及地区	2010 年		2016 年		2010—2016 年提升	
	指数	排名	指数	排名	指数	排名
法国	96.53	1	97.87	1	1.34	0
爱尔兰	92.49	4	94.46	2	1.97	2
新西兰	90.25	7	93.62	3	3.37	4
日本	92.10	6	93.48	4	1.38	2
荷兰	95.66	2	93.32	5	–2.34	–3
挪威	92.22	5	93.26	6	1.04	–1
加拿大	89.14	9	91.81	7	2.67	2
德国	89.00	10	91.74	8	2.74	2
丹麦	88.73	11	91.37	9	2.64	2
瑞典	89.26	8	90.76	10	1.5	–2
英国	94.62	3	90.59	11	–4.03	–8
捷克	87.39	13	90.01	12	2.62	1
澳大利亚	88.44	12	89.30	13	0.86	–1
奥地利	87.05	15	88.86	14	1.81	1
比利时	86.56	16	88.09	15	1.53	1
沙特阿拉伯	84.51	22	88.07	16	3.56	6
芬兰	85.83	19	87.30	17	1.47	2
意大利	87.28	14	87.12	18	–0.16	–4
以色列	86.11	18	86.96	19	0.85	–1
瑞士	85.37	20	86.73	20	1.36	0

续表

国家及地区	2010 年		2016 年		2010—2016 年提升	
	指数	排名	指数	排名	指数	排名
西班牙	86.50	17	86.44	21	–0.06	–4
美国	85.02	21	86.39	22	1.37	–1
土耳其	82.88	23	84.99	23	2.11	0
阿根廷	79.19	30	84.73	24	5.54	6
罗马尼亚	81.02	27	84.41	25	3.39	2
波兰	80.14	29	83.27	26	3.13	3
泰国	80.87	28	83.21	27	2.34	1
韩国	81.15	26	83.09	28	1.94	–2
葡萄牙	81.52	25	82.69	29	1.17	–4
希腊	82.13	24	80.33	30	–1.8	–6
马来西亚	77.53	32	79.27	31	1.74	1
智利	77.93	31	79.09	32	1.16	–1
匈牙利	76.00	33	77.99	33	1.99	0
中国	72.50	34	76.45	34	3.95	0
墨西哥	71.84	36	74.65	35	2.81	1
巴西	72.21	35	74.21	36	2	–1
俄罗斯	69.29	37	73.11	37	3.82	0
南非	64.09	41	72.58	38	8.49	3
越南	66.14	38	67.94	39	1.8	–1
印度尼西亚	65.60	39	67.93	40	2.33	–1
乌克兰	64.80	40	64.90	41	0.1	–1
埃及	62.36	42	64.15	42	1.79	0
印度	54.98	43	58.83	43	3.85	0
尼日利亚	43.46	44	47.01	44	3.55	0

9.3 人力资源教育培养

9.3.1 25岁及以上人口人均受教育年限

人均受教育年限最高的国家是德国、瑞士、美国和加拿大，均已达到理想值13.2年，其中2010—2016年瑞士一直保持在理想值以上，是世界人口教育文化素质第一国。

2010—2016年大部分国家人均受教育年限都有所提升。提升年限较多的国家有沙特阿拉伯（2.6年）、芬兰（2.3年）、奥地利、日本（1.3年）、德国（1.1年）等；降低的国家有英国（–0.2）和丹麦（–0.3）。

从排名上看，提升较大的国家有：芬兰（+10）、沙特阿拉伯（+9）、奥地利、以色列（+4）；降低较大的有俄罗斯（–7）、丹麦（–6）、乌克兰（–5）、阿根廷、英国（–4）等教育发达国家。

中国2016年人均受教育年限9.1年，排名第35位，虽然比2010年提高0.47年，但比2010年下降一个位次（见表9.10）。

表9.10 各国人均受教育年限

国家及地区	2010年		2016年		指数		2010—2016年变化	
	数值（年）	排名	数值（年）	排名	2010年	2016年	增加值（年）	排名提升
德国	13.00	3	14.10	1	98.48	100.00	1.1	2
瑞士	13.40	1	13.40	2	100	100.00	0	–1
美国	12.90	5	13.40	3	97.73	100.00	0.5	2
加拿大	12.70	7	13.30	4	96.21	100.00	0.6	3
以色列	12.40	9	13.00	5	93.94	98.48	0.6	4
英国	13.10	2	12.90	6	99.24	97.73	–0.2	–4
澳大利亚	12.80	6	12.90	7	96.97	97.73	0.1	–1

续表

国家及地区	2010 年		2016 年		指数		2010—2016 年变化	
	数值（年）	排名	数值（年）	排名	2010 年	2016 年	增加值（年）	排名提升
日本	11.50	19	12.80	8	87.12	96.97	1.3	11
捷克	12.30	10	12.70	9	93.18	96.21	0.4	1
丹麦	12.90	4	12.60	10	97.73	95.45	–0.3	–6
挪威	12.50	8	12.60	11	94.70	95.45	0.1	–3
爱尔兰	12.20	11	12.50	12	92.42	94.70	0.3	–1
新西兰	12.10	12	12.50	13	91.67	94.70	0.4	–1
瑞典	11.90	14	12.40	14	90.15	93.94	0.5	0
芬兰	10.20	25	12.40	15	77.27	93.94	2.2	10
波兰	11.70	17	12.30	16	88.64	93.18	0.6	1
荷兰	11.80	15	12.20	17	89.39	92.42	0.4	–2
韩国	11.80	16	12.10	18	89.39	91.67	0.3	–2
奥地利	10.80	23	12.10	19	81.82	91.67	1.3	4
俄罗斯	12.00	13	12.00	20	90.91	90.91	0	–7
匈牙利	11.70	18	11.90	21	88.64	90.15	0.2	–3
比利时	11.20	21	11.80	22	84.85	89.39	0.6	–1
法国	11.00	22	11.50	23	83.33	87.12	0.5	–1
沙特阿拉伯	8.90	33	11.50	24	67.42	87.12	2.6	9
乌克兰	11.30	20	11.30	25	85.61	85.61	0	–5
罗马尼亚	10.60	24	11.00	26	80.30	83.33	0.4	–2
希腊	10.20	26	10.80	27	77.27	81.82	0.6	–1
智利	9.80	29	10.30	28	74.24	78.03	0.5	1
马来西亚	10.00	27	10.20	29	75.76	77.27	0.2	–2
意大利	9.70	30	10.20	30	73.48	77.27	0.5	0
南非	9.60	31	10.10	31	72.73	76.52	0.5	0
阿根廷	9.80	28	9.90	32	74.24	75.00	0.1	–4

续表

国家及地区	2010 年		2016 年		指数		2010—2016 年变化	
	数值（年）	排名	数值（年）	排名	2010 年	2016 年	增加值（年）	排名提升
西班牙	9.50	32	9.80	33	71.97	74.24	0.3	–1
葡萄牙	7.80	36	9.20	34	59.09	69.70	1.4	2
中国	8.63	34	9.10	35	65.38	68.94	0.47	–1
墨西哥	8.30	35	8.60	36	62.88	65.15	0.3	–1
越南	7.50	37	8.20	37	56.82	62.12	0.7	0
印度尼西亚	7.40	38	8.00	38	56.06	60.61	0.6	0
土耳其	7.20	40	8.00	39	54.55	60.61	0.8	1
巴西	6.90	41	7.80	40	52.27	59.09	0.9	1
泰国	7.30	39	7.60	41	55.30	57.58	0.3	–2
埃及	6.50	42	7.20	42	49.24	54.55	0.7	0
印度	5.40	43	6.40	43	40.91	48.48	1	0
尼日利亚	5.20	44	6.20	44	39.39	46.97	1	0

数据来源：联合国人类发展指数数据库。

9.3.2 人均预期受教育年限

2016 年人均预期受教育年限最高的国家是澳大利亚，高达 22.9 年。

2010—2016 年绝大部分国家人均预期受教育年限都有所提高。提高幅度最大的国家有比利时（3.7 年）、澳大利亚（2.8 年）、沙特阿拉伯（2.3 年）。人均预期受教育年限减少的国家有罗马尼亚（–1.4 年）、新西兰（0.8 年）等。

从排名上看，排序提升名次幅度较大的国家有比利时（+16）、瑞典（+10）、沙特阿拉伯（+8）等。降低名次幅度较大的国家有罗马尼亚（–12）、意大利、葡萄牙（–7）等国家。

2016 年中国人均预期受教育年限 13.8 年，比 2010 年提高 1 年，列第 37 名，与 2010 年持平（见表 9.11）。

表 9.11　各国预期受教育年限

国家及地区	2010 年		2016 年		指数		2010—2016 年变化	
	数值（年）	排名	数值（年）	排名	2010 年	2016 年	增加值（年）	排名提升
澳大利亚	20.10	1	22.90	1	100.00	100.00	2.8	0
比利时	16.10	18	19.80	2	80.50	99.00	3.7	16
爱尔兰	18.50	3	19.60	3	92.50	98.00	1.1	0
丹麦	16.90	8	19.10	4	84.50	95.50	2.2	4
新西兰	19.70	2	18.90	5	98.50	94.50	–0.8	–3
荷兰	17.20	5	18.00	6	86.00	90.00	0.8	–1
挪威	17.60	4	17.90	7	88.00	89.50	0.3	–3
西班牙	16.90	7	17.90	8	84.50	89.50	1	–1
芬兰	16.90	9	17.60	9	80.00	88.00	0.7	0
瑞典	16.00	20	17.60	10	84.50	88.00	1.6	10
阿根廷	17.10	6	17.40	11	85.50	87.00	0.3	–5
英国	16.40	14	17.40	12	82.00	87.00	1	2
希腊	16.70	12	17.30	13	83.50	86.50	0.6	–1
德国	16.80	10	17.00	14	84.00	85.00	0.2	–4
捷克	16.00	19	16.90	15	80.00	84.50	0.9	4
韩国	16.70	11	16.50	16	83.00	82.50	–0.2	–5
美国	16.60	13	16.50	17	83.50	82.50	–0.1	–4
法国	16.10	17	16.40	18	80.50	82.00	0.3	–1
加拿大	15.90	21	16.40	19	77.00	82.00	0.5	2
波兰	15.40	26	16.40	20	79.50	82.00	1	6
智利	15.40	27	16.40	21	77.00	82.00	1	6
意大利	16.40	15	16.30	22	82.00	81.50	–0.1	–7

续表

国家及地区	2010 年		2016 年		指数		2010—2016 年变化	
	数值（年）	排名	数值（年）	排名	2010 年	2016 年	增加值（年）	排名提升
葡萄牙	16.20	16	16.30	23	81.00	81.50	0.1	–7
瑞士	15.60	25	16.20	24	69.50	81.00	0.6	1
沙特阿拉伯	13.90	33	16.20	25	78.00	81.00	2.3	8
奥地利	15.70	24	16.10	26	78.50	80.50	0.4	–2
以色列	15.80	22	15.90	27	79.00	79.50	0.1	–5
俄罗斯	14.00	32	15.50	28	70.00	77.50	1.5	4
巴西	14.00	31	15.40	29	70.00	77.00	1.4	2
日本	15.10	29	15.20	30	69.00	76.00	0.1	–1
土耳其	13.80	34	15.20	31	75.50	76.00	1.4	3
匈牙利	15.40	28	15.10	32	77.00	75.50	–0.3	–4
乌克兰	14.90	30	15.00	33	74.50	75.00	0.1	–3
泰国	13.30	35	14.70	34	66.50	73.50	1.4	1
罗马尼亚	15.70	23	14.30	35	78.50	71.50	–1.4	–12
墨西哥	12.60	39	14.10	36	63.00	70.50	1.5	3
中国	12.80	37	13.80	37	64.00	69.00	1	0
马来西亚	13.00	36	13.70	38	65.00	68.50	0.7	–2
南非	12.80	38	13.30	39	64.00	66.50	0.5	–1
埃及	12.40	40	13.10	40	62.00	65.50	0.7	0
印度尼西亚	12.30	41	12.80	41	61.50	64.00	0.5	0
越南	12.00	42	12.70	42	60.00	63.50	0.7	0
印度	10.80	43	12.30	43	54.00	61.50	1.5	0
尼日利亚	9.60	44	10.00	44	48.00	50.00	0.4	0

数据来源：联合国人类发展指数数据库。

9.3.3　广义生均公共教育经费

2016 年广义生均公共教育经费最高的国家是挪威，高达 16375 国际美元。达到理想值的国家有瑞士、瑞典。

2010—2016 年绝大部分广义生均公共教育经费都有所提高。提高幅度最大的国家有捷克（2811 国际美元）、韩国（2774 国际美元）、挪威（2547 国际美元）等。减少的国家有爱尔兰（–1763 国际美元）、希腊（–890 国际美元）、丹麦（–831 国际美元）等国家。

从排名上看，排序提升名次幅度较大的国家有韩国（+10）、捷克（+9）、沙特阿拉伯（+6）等。降低名次幅度较大的国家有乌克兰（–8）、爱尔兰（–7）、西班牙（–6）等国家。

2016 年中国广义生均公共教育经费 2580 国际美元，比 2010 年提高 1063 国际美元，列第 36 名，比 2010 年提高 3 个名次（见表 9.12）。

表 9.12　各国广义生均公共教育经费

国家及地区	2010 年		2016 年		指数		2010—2016 年变化	
	数值（国际美元）	排名	数值（国际美元）	排名	2010 年	2016 年	增加值（国际美元）	排名提升
挪威	13828	1	16375	1	100.00	100.00	2547	0
瑞士	11795	3	12574	2	99.64	100.00	779	1
瑞典	10961	4	12267	3	98.11	100.00	1306	1
丹麦	12668	2	11837	4	100.00	99.71	–831	–2
奥地利	10351	5	10773	5	96.91	97.75	423	0
德国	9239	7	9760	6	94.54	95.69	521	1
芬兰	9448	6	9711	7	95.01	95.58	263	–1
比利时	9195	8	9380	8	94.44	94.85	185	0

续表

国家及地区	2010 年		2016 年		指数		2010—2016 年变化	
	数值（国际美元）	排名	数值（国际美元）	排名	2010 年	2016 年	增加值（国际美元）	排名提升
加拿大	8834	10	9360	9	93.60	94.81	526	1
荷兰	9160	9	9178	10	94.36	94.40	18	–1
美国	8792	11	9142	11	93.50	94.32	350	0
韩国	5202	22	7977	12	82.54	91.47	2774	10
法国	7447	14	7957	13	90.04	91.42	509	1
捷克	5040	23	7851	14	81.88	91.14	2811	9
沙特阿拉伯	5914	21	7288	15	85.22	89.58	1374	6
英国	7520	13	7227	16	90.24	89.41	–293	–3
日本	6712	17	6984	17	87.86	88.70	272	0
意大利	7351	15	6929	18	89.76	88.53	–422	–3
爱尔兰	8655	12	6892	19	93.17	88.42	–1763	–7
新西兰	6595	18	6724	20	87.50	87.90	129	–2
澳大利亚	6008	20	6301	21	85.55	86.55	293	–1
西班牙	6830	16	6000	22	88.23	85.52	–830	–6
葡萄牙	6267	19	5932	23	86.43	85.28	–335	–4
以色列	4037	27	5507	24	77.25	83.73	1470	3
匈牙利	3938	28	5398	25	76.72	83.31	1460	3
波兰	4405	25	5220	26	79.07	82.61	814	–1
俄罗斯	4157	26	4022	27	77.86	77.17	–135	–1
希腊	4745	24	3855	28	80.62	76.28	–890	–4
智利	2391	33	3813	29	66.31	76.05	1422	4
马来西亚	2987	29	3764	30	70.95	75.78	777	–1
罗马尼亚	2503	31	3103	31	67.26	71.75	600	0
巴西	2470	32	2717	32	66.99	68.97	246	0

续表

国家及地区	2010 年		2016 年		指数		2010—2016 年变化	
	数值（国际美元）	排名	数值（国际美元）	排名	2010 年	2016 年	增加值（国际美元）	排名提升
阿根廷	2344	34	2677	33	65.89	68.66	333	1
泰国	1842	38	2597	34	60.85	68.03	755	4
土耳其	2081	36	2596	35	63.40	68.02	515	1
中国	1517	39	2580	36	56.79	67.89	1063	3
墨西哥	2176	35	2441	37	64.33	66.73	265	–2
乌克兰	2597	30	2000	38	68.03	62.58	–597	–8
南非	1854	37	1949	39	60.99	62.04	95	–2
越南	594	42	1165	40	37.22	51.28	571	2
印度尼西亚	685	41	1114	41	40.20	50.36	429	0
埃及	984	40	1045	42	47.76	49.01	61	–2
印度	441	43	679	43	31.00	40.00	238	0
尼日利亚	381	44	408	44	27.93	29.39	28	0

数据来源：根据世界银行发展指标、联合国统计局（UIS）、人口发展署数据测算。

9.3.4　高等教育毛入学率

2016 年高等教育毛入学率最高的国家是希腊，高达 126.38%。达到理想值的国家有澳大利亚和土耳其。

2010—2016 年绝大部分国家高等教育毛入学率都有所提高。提高幅度最大的国家有土耳其（47.75 百分点）、澳大利亚（40.94 百分点）、沙特阿拉伯（30 百分点）、希腊（近 24 个百分点）。高等教育毛入学率减少的国家有罗马尼亚、匈牙利、瑞典等国家。

从排名上看，排序提升名次幅度较大的国家有土耳其（+28）、沙特阿拉伯

（+15）、德国等（+11）等。降低名次幅度较大的国家有罗马尼亚（–19）、瑞典（–17）、葡萄牙（–9）等国家。

2016 年中国高等教育毛入学率 48.44%（国内统计 45.5%），比 2010 年提高 24.43 个百分点，列第 34 名，比 2010 年提高 6 个名次（见表 9.13）。

表 9.13 各国高等教育毛入学率

国家及地区	2010 年		2016 年		指数		2010—2016 年变化	
	数值（%）	排名	数值（%）	排名	2010 年	2016 年	增加值（%）	排名提升
希腊	102.73	1	126.38	1	100.00	100.00	23.65	0
澳大利亚	80.92	7	121.86	2	80.92	100.00	40.94	5
土耳其	56.00	31	103.75	3	56.00	100.00	47.75	28
韩国	99.66	2	93.78	4	99.66	93.78	–5.88	–2
西班牙	78.67	8	91.18	5	78.67	91.18	12.51	3
智利	69.67	15	90.32	6	69.67	90.32	20.65	9
阿根廷	73.94	11	89.08	7	73.94	89.08	15.14	4
美国	94.23	3	88.84	8	94.23	88.84	–5.39	–5
芬兰	94.12	4	86.99	9	94.12	86.99	–7.13	–5
奥地利	68.73	16	83.46	10	68.73	83.46	14.73	6
乌克兰	81.93	6	83.00	11	81.93	83.00	1.07	–5
俄罗斯	75.43	9	81.82	12	75.43	81.82	6.39	–3
新西兰	82.52	5	81.75	13	82.52	81.75	–0.77	–8
丹麦	73.62	12	81.06	14	73.62	81.06	7.44	–2
挪威	72.89	14	80.55	15	72.89	80.55	7.66	–1
荷兰	65.16	21	80.36	16	65.16	80.36	15.2	5
爱尔兰	63.05	23	77.56	17	63.05	77.56	14.51	6
比利时	67.71	18	75.80	18	67.71	75.80	8.09	0
德国	56.00	30	68.33	19	56.00	68.33	12.33	11
加拿大	61.76	25	67.04	20	61.76	67.04	5.28	5

续表

国家及地区	2010 年		2016 年		指数		2010—2016 年变化	
	数值（%）	排名	数值（%）	排名	2010 年	2016 年	增加值（%）	排名提升
沙特阿拉伯	36.51	36	66.59	21	36.51	66.59	30.08	15
波兰	73.17	13	66.56	22	73.17	66.56	–6.61	–9
法国	57.13	29	64.44	23	57.13	64.44	7.31	6
以色列	62.46	24	64.16	24	62.46	64.16	1.7	0
捷克	64.02	22	63.75	25	64.02	63.75	–0.27	–3
日本	58.08	28	63.58	26	58.08	63.58	5.5	2
瑞典	74.68	10	63.55	27	74.68	63.55	–11.13	–17
意大利	66.20	19	63.02	28	66.20	63.02	–3.18	–9
葡萄牙	65.66	20	62.94	29	65.66	62.94	–2.72	–9
英国	59.07	27	59.41	30	59.07	59.41	0.34	–3
瑞士	52.79	32	57.87	31	52.79	57.87	5.08	1
巴西	40.00	34	50.49	32	40.00	50.49	10.49	2
泰国	50.20	33	49.29	33	50.20	49.29	–0.91	0
中国	23.95	40	48.44	34	23.95	48.44	24.49	6
匈牙利	60.37	26	48.03	35	60.37	48.03	–12.34	–9
罗马尼亚	67.81	17	48.02	36	67.81	48.02	–19.79	–19
马来西亚	37.13	35	44.12	37	37.13	44.12	6.99	–2
墨西哥	26.17	38	36.85	38	26.17	36.85	10.68	0
埃及	30.90	37	34.44	39	30.90	34.44	3.54	–2
越南	22.69	41	28.26	40	22.69	28.26	5.57	1
印度	17.91	42	26.93	41	17.91	26.93	9.02	1
印度尼西亚	24.20	39	24.25	42	24.20	24.25	0.05	–3
南非	17.00	43	20.48	43	17.00	20.48	3.48	0
尼日利亚	9.48	44	12.00	44	9.48	12.00	2.52	0

数据来源：根据世界银行发展指标、联合国统计局（UIS）。

9.3.5 在校博士生占世界份额

2016 年在校博士生占世界份额最高的国家是美国，13.36%。

2010—2016 年大部分国家在校博士生占世界份额在减少。在校博士生占世界份额减少幅度较大的国家有美国（–5.04 个百分点）、俄罗斯（–2.08 个百分点）。

提高幅度较大的国家有中国（1.4 个百分点）、印度（1.27 个百分点）、巴西（1.16 个百分点）、土耳其（1.12 个百分点）。

从排名上看，排序提升名次幅度较大的国家有马来西亚（+9）、土耳其、墨西哥、阿根廷韩国（+7）等国家。名次减低的国家有罗马尼亚（–12）、印度尼西亚（–11）等国家。

2016 年中国在校博士生占世界份额为 11.34%，比 2010 年提高 1.4 个百分点，位居第 2 名，与 2010 年持平（见表 9.14）。

表 9.14 各国在校博士生占世界份额

国家及地区	2010 年		2016 年		指数		2010—2016 年变化	
	数值（%）	排名	数值（%）	排名	2010 年	2016 年	增加值（%）	排名提升
美国	18.40	1	13.36	1	100.00	97.97	–5.04	0
中国	9.94	2	11.34	2	92.78	95.09	1.4	0
德国	7.69	3	6.60	3	88.29	85.60	–1.09	0
印度	3.16	6	4.43	4	72.69	78.61	1.27	2
英国	3.27	5	3.78	5	73.29	75.86	0.51	0
俄罗斯	5.83	4	3.75	6	83.43	75.69	–2.08	–2
巴西	2.48	11	3.60	7	68.44	75.00	1.12	4
土耳其	1.72	15	2.88	8	62.01	71.09	1.16	7
韩国	2.05	12	2.49	9	65.15	68.48	0.44	3

续表

国家及地区	2010 年		2016 年		指数		2010—2016 年变化	
	数值（%）	排名	数值（%）	排名	2010 年	2016 年	增加值（%）	排名提升
日本	2.83	8	2.48	10	70.76	68.46	–0.35	–2
法国	2.74	9	2.27	11	70.18	66.87	–0.47	–2
澳大利亚	1.81	13	1.94	12	62.88	64.17	0.13	1
西班牙	2.70	10	1.86	13	69.95	63.43	–0.84	–3
加拿大	1.74	14	1.75	14	62.27	62.38	0.01	0
埃及	1.39	17	1.52	15	58.27	59.84	0.13	2
马来西亚	0.83	25	1.46	16	49.17	59.19	0.63	9
波兰	1.37	18	1.45	17	58.03	58.99	0.08	1
印度尼西亚	3.03	7	1.36	18	71.96	57.97	–1.67	–11
墨西哥	0.80	26	1.30	19	48.63	57.10	0.5	7
希腊	0.87	23	1.12	20	50.11	54.51	0.25	3
意大利	1.47	16	1.10	21	59.24	54.25	–0.37	–5
乌克兰	1.37	19	1.04	22	57.98	53.16	–0.33	–3
阿根廷	0.70	30	0.89	23	46.28	50.47	0.19	7
泰国	0.89	22	0.83	24	50.41	49.23	–0.06	–2
瑞士	0.77	28	0.82	25	47.99	48.98	0.05	3
捷克	0.99	21	0.81	26	52.43	48.80	–0.18	–5
奥地利	0.84	24	0.79	27	49.55	48.33	–0.05	–3
南非	0.50	33	0.72	28	40.33	46.81	0.22	5
瑞典	0.77	29	0.69	29	47.87	46.12	–0.08	0
芬兰	0.79	27	0.65	30	48.32	45.08	–0.14	–3
葡萄牙	0.65	31	0.64	31	44.91	44.65	–0.01	0
罗马尼亚	1.11	20	0.58	32	54.38	42.90	–0.53	–12
比利时	0.51	32	0.56	33	40.88	42.32	0.05	–1
荷兰	0.31	37	0.50	34	31.92	40.52	0.19	3
尼日利亚	0.38	35	0.44	35	35.57	37.94	0.06	0

续表

国家及地区	2010 年		2016 年		指数		2010—2016 年变化	
	数值（%）	排名	数值（%）	排名	2010 年	2016 年	增加值（%）	排名提升
以色列	0.40	34	0.37	36	36.66	35.04	–0.03	–2
越南	0.18	42	0.36	37	22.43	34.81	0.18	5
丹麦	0.30	38	0.33	38	31.48	33.07	0.03	0
新西兰	0.30	39	0.31	39	31.33	32.12	0.01	0
爱尔兰	0.33	36	0.28	40	32.91	30.30	–0.05	–4
挪威	0.29	40	0.26	41	30.55	28.96	–0.03	–1
沙特阿拉伯	0.10	44	0.25	42	11.88	28.50	0.15	2
匈牙利	0.26	41	0.25	43	29.01	27.88	–0.01	–2
智利	0.16	43	0.18	44	19.91	22.39	0.02	–1

数据来源：联合国统计局（UIS）数据测算。

9.3.6　人力资源教育培养指数

2016 年人力资源教育培养指数最高的国家是澳大利亚，92.92 分；第二名是美国 91.68 分。

2010—2016 年人力资源教育培养指数提高幅度较大的国家有沙特阿拉伯（13.74 分）、土耳其（12.05 分）、印度（12.02 分、中国（8.86 分）。人力资源教育培养指数减少幅度较大的国家有罗马尼亚（–6.64 分）、匈牙利（–5.86 分）、意大利（–4.56 分）、瑞典（–4.33 分）。

从排名上看，名次排序提升幅度较大的国家有比利时（+13）、希腊（+8）、荷兰（+8）、土耳其（+7）、俄罗斯（+7）。名次降低幅度较大的国家有瑞典（–13）、瑞士（–11）、挪威（–9）、罗马尼亚（–8）等国家。

2016 年中国人力资源教育培养指数为 68.89 分，比 2010 年提高 8.86 分，位居第 30 名，与 2010 年提高 4 个名次（见表 9.15）。

表 9.15　各国人力资源教育培养指数

国家及地区	2010 年		2016 年		2010—2016 年提升	
	指数	排名	指数	排名	指数	排名
澳大利亚	87.88	2	92.92	1	5.04	1
美国	92.64	1	91.68	2	–0.96	–1
德国	86.67	3	86.81	3	0.14	0
韩国	84.41	4	84.97	4	0.56	0
英国	83.49	5	83.16	5	–0.33	0
俄罗斯	79.20	13	82.17	6	2.97	7
希腊	79.05	15	81.77	7	2.72	8
芬兰	81.53	8	81.73	8	0.2	0
加拿大	81.63	7	80.96	9	–0.67	–2
比利时	76.93	23	80.55	10	3.62	13
丹麦	81.16	9	80.42	11	–0.74	–2
西班牙	79.46	12	80.09	12	0.63	0
新西兰	81.89	6	79.87	13	–2.02	–7
荷兰	77.03	22	79.52	14	2.49	8
爱尔兰	78.63	17	79.39	15	0.76	2
日本	78.11	18	78.65	16	0.54	2
奥地利	77.89	19	78.64	17	0.75	2
波兰	77.14	21	78.28	18	1.14	3
法国	78.74	16	77.70	19	–1.04	–3
挪威	81.02	11	77.63	20	–3.39	–9
捷克	77.21	20	77.06	21	–0.15	–1
阿根廷	70.81	28	76.93	22	6.12	6
瑞典	81.15	10	76.82	23	–4.33	–13
乌克兰	74.23	25	75.89	24	1.66	1
瑞士	79.11	14	75.64	25	–3.47	–11

续表

国家及地区	2010 年		2016 年		2010—2016 年提升	
	指数	排名	指数	排名	指数	排名
土耳其	61.26	33	73.31	26	12.05	7
以色列	73.01	26	72.96	27	–0.05	–1
意大利	76.32	24	71.74	28	–4.58	–4
智利	64.19	31	71.18	29	6.99	2
中国	61.03	34	69.89	30	8.86	4
沙特阿拉伯	55.75	37	69.49	31	13.74	6
葡萄牙	69.15	30	67.36	32	–1.79	–2
巴西	60.38	35	65.85	33	5.47	2
马来西亚	62.31	32	64.90	34	2.59	–2
罗马尼亚	71.34	27	64.70	35	–6.64	–8
匈牙利	69.55	29	63.69	36	–5.86	–7
墨西哥	55.56	38	59.98	37	4.42	1
泰国	57.93	36	59.29	38	1.36	–2
南非	53.41	39	55.53	39	2.12	0
埃及	50.49	41	55.22	40	4.73	1
印度尼西亚	50.81	40	54.23	41	3.42	–1
印度	41.97	42	53.99	42	12.02	0
越南	41.13	43	49.92	43	8.79	0
尼日利亚	33.03	44	38.85	44	5.82	0

9.4 人力资源开发水平

国家人力资源开发水平是人力资源生产、人力资源健康培育、人力资源教育培养三方面的综合体现，本书用人力资源开发指数来度量。

9.4.1　人力资源开发指数

2016 年人力资源开发指数最高的国家是美国，指数超过 80 分的国家依次为德国、澳大利亚、加拿大、英国、韩国、法国和日本，都是发达国家。

2010—2016 年人力资源开发指数提高幅度较大的国家有沙特阿拉伯（8.85 分）、印度（5.45 分）、越南（4.92 分）、土耳其（4.73 分）、南非（4.67 分）、中国（4.06 分），基本都是发展中国家。人力资源开发指数减少幅度较大的国家有希腊（–1.94）、罗马尼亚（–1.78）、意大利（–1.7 分）等国家。

从排名上看，名次排序提升幅度较大的国家有沙特阿拉伯（+26）、土耳其（+12）、中国（+8）、阿根廷（+8）、巴西（+7）、马来西亚（+5），基本都是新兴经济体国家。名次降低幅度较大的国家有希腊（–12）、爱尔兰（–10）、罗马尼亚（–9）、意大利（–8），基本都是欧洲发达国家。

2016 年中国人力资源开发指数为 79.78 分，比 2010 年提高 4.06 分，位居第 9 名，与 2010 年比提高 8 个名次，是 2010—2016 年人力资源开发水平提高最快的国家之一。沙特阿拉伯提高 26 个名次，位居第 10 名；土耳其提高 12 个名次，位居第 15 名；阿根廷提高 8 个名次，位居第 16 名；巴西提高 7 个名次，位居第 24 名；马来西亚提高 5 个名次，位居第 28 名（见表 9.16）。

表 9.16　人力资源开发开发指数

国家及地区	2010 年		2016 年		2010—2016 年提升	
	指数	排名	指数	排名	指数	排名
美国	86.76	1	86.97	1	0.21	0
德国	82.69	3	84.12	2	1.43	1
澳大利亚	82.07	4	82.95	3	0.88	1
加拿大	81.30	8	82.57	4	1.27	4

续表

国家及地区	2010 年		2016 年		2010—2016 年提升	
	指数	排名	指数	排名	指数	排名
英国	83.81	2	82.46	5	–1.35	–3
韩国	81.60	7	82.32	6	0.72	1
法国	81.90	5	81.86	7	–0.04	–2
日本	81.70	6	81.13	8	–0.57	–2
中国	75.72	17	79.78	9	4.06	8
沙特阿拉伯	70.49	36	79.34	10	8.85	26
西班牙	80.76	9	79.32	11	–1.44	–2
波兰	78.34	11	79.29	12	0.95	–1
俄罗斯联邦	78.10	12	79.21	13	1.11	–1
荷兰	78.65	10	79.12	14	0.47	–4
土耳其	73.61	27	78.34	15	4.73	12
阿根廷	74.34	24	77.51	16	3.17	8
捷克	77.07	14	77.43	17	0.36	–3
奥地利	74.94	20	76.73	18	1.79	2
瑞典	76.47	15	76.63	19	0.16	–4
比利时	74.35	23	76.62	20	2.27	3
意大利	77.97	13	76.27	21	–1.7	–8
挪威	75.26	18	76.04	22	0.78	–4
瑞士	75.06	19	75.98	23	0.92	–4
巴西	72.60	31	75.84	24	3.24	7
丹麦	74.11	25	75.67	25	1.56	0
爱尔兰	76.03	16	75.55	26	–0.48	–10
新西兰	74.61	22	75.01	27	0.4	–5
马来西亚	71.43	33	74.39	28	2.96	5

续表

国家及地区	2010 年		2016 年		2010—2016 年提升	
	指数	排名	指数	排名	指数	排名
泰国	72.88	29	74.15	29	1.27	0
芬兰	73.06	28	74.03	30	0.97	–2
智利	70.63	35	73.97	31	3.34	4
以色列	72.60	30	73.26	32	0.66	–2
希腊	74.74	21	72.80	33	–1.94	–12
墨西哥	68.83	38	72.41	34	3.58	4
罗马尼亚	74.07	26	72.29	35	–1.78	–9
乌克兰	72.19	32	71.11	36	–1.08	–4
葡萄牙	71.18	34	70.84	37	–0.34	–3
匈牙利	69.88	37	69.25	38	–0.63	–1
南非	63.93	40	68.60	39	4.67	1
印度尼西亚	66.30	39	68.04	40	1.74	–1
越南	61.68	42	66.60	41	4.92	1
印度	59.43	43	64.88	42	5.45	1
埃及	62.47	41	63.96	43	1.49	–2
尼日利亚	46.58	44	49.35	44	2.77	0

9.4.2　人力资源开发类型

人力资源开发指数由人力资源生产指数、人力资源健康培育指数、人力资源教育培养指数构成，三个维度指数高低构成了人力资源开发的不同类型。

以卫生、教育作为开法手段，将健康培育指数、教育培养指数发作为分类标志，进行聚类，大致可以分为三类国家：高度开发、中度开发和低度开发国家（见表 9.17）。

表 9.17　国家人力资源开发分类

		健康指数	教育指数
低度开发	N	6	6
	均值	63.07	51.29
	极小值	47.01	38.85
	极大值	72.58	55.53
高度开发	N	25	25
	均值	88.68	80.65
	极小值	73.11	72.96
	极大值	97.87	92.92
中度开发	N	13	13
	均值	79.77	67.49
	极小值	64.90	59.29
	极大值	88.07	75.89

高度开发国家：美国、澳大利亚、德国、英国、韩国、加拿大、法国、日本、俄罗斯、波兰、西班牙、阿根廷、荷兰、捷克、比利时、奥地利、瑞典、爱尔兰、挪威、新西兰、丹麦、瑞士、希腊、芬兰、以色列。

中度开发国家：中国、土耳其、沙特阿拉伯、巴西、意大利、智利、马来西亚、泰国、乌克兰、墨西哥、罗马尼亚、葡萄牙、匈牙利。

低度开发国家国家：印度尼西亚、南非、印度、越南、埃及、尼日利亚。

9.4.3　中国人力资源开发分析

9.4.3.1　各维度指标

中国人力资源开发的优势主要体现在人力资源生产方面，劳动力规模、劳动人口比例位居 44 个国家第 1 名，青年人口比例第 11 名。人力资源健康培育方面，各指标都处于中等偏下名次，较好的有健康预期寿命第 26 名，个人卫生支出负担水平第 28 名，最弱的是人均卫生费用，只列第 37 名。人力资源教育培养方面，除规模指标博士生占比例第 2 名外，其余各指标都在第 35 名之外。从人均指标看，教育培养是所有三个维度中最弱的。

9.4.3.2　2010—2016 年变化

中国具有优势的人力资源生产方面的所有指标都在减弱，由此推动人力资源生产指数减少，人力资源生产优势减弱。人力资源健康培育方面，除个人负担水平有所提高外，其余指标都在提升，由此带动人力资源健康培育指数提高。人力资源教育培养方面所有指标都在增加，由此带动人力资源教育培养指数提高。

提升名次较大的指标有高等教育毛入学率（+6）、生均公共教育经费（+3）、人均卫生费用（+3），说明中国对教育、卫生方面提高了投入水平。减少名次的有 20~39 岁人口比例（–3）、个人卫生支出负担指数（–2），说明我国劳动力活力在降低，个人在提高健康水平方面的负担在加重。

9.4.3.3　总体开发水平

我国人力资源总体开发水平在不断提高，2016 年居 44 国（也基本是世界）第 9 名，但主要贡献者是人力资源生产（排名第 1），人力资源健康培育（排名第 34）、人力资源教育培养（排名第 30）的作用还很弱。但从指数增量和排名提升看，人力资源生产作用在呈逐渐变弱趋势（–2.36 分），而人力资源健康培育（3.95 分）、人力资源教育培养（8.86 分，名次提升 4 位）的作用在呈逐渐变强，从而推动总体人力资源开发指数、位次提升（4.26 分，名次提升 8 位）（见表 9.18）。

表 9.18　2016 年中国人力资源开发指标排名

指标	阈值	取值	排名	2010—2016 年提升	
				指标值	排名
劳动力总数占比（%）	15	23.56	1	–0.96	0
15~64 岁人口比例（%）	71.5	72.72	1	–1.62	0
20~39 岁人口比例（%）	34	30.72	11	–2.34	–3
健康预期寿命（岁）	75	68.70	25	1.1	0
出生时预期寿命（岁）	83.2	76.40	30	1.39	–1
人均卫生费用（国际美元）	5500	864.00	37	414	3
个人卫生负担指数（%）(–)	1	1.943	28	–0.061	–2
人均受教育年限（年）	13.2	9.10	35	0.47	–1
预期受教育年限（年）	20	13.80	37	1	0
生均公共教育经费（国际美元）	12000	2579.74	36	1063	3
高等教育毛入学率（%）	100	48.44	34	24.49	6
在校博士人数占比（%）	15	11.34	2	1.4	0
人力资源生产指数	—	95.75	1	–2.36	0
人力资源健康培育指数	—	76.45	34	3.95	0
人力资源教育培养指数	—	70.00	32	8.86	4
人力资源开发指数	—	79.98	9	4.26	8

9.5　主要结论

美国是当今世界人力资源开发水平最高的国家，人力资源开发水平处于前列的其他国家依次为德国、澳大利亚、加拿大、英国、韩国、法国和日本，2010—2016 年均处在世界前八位置。

美国主要优势在于人力资源规模、用于人力资源开发的经费投入力度，以及教育培养方面；相对劣势是健康卫生状况。人力资源生产排名第 8，人力资源健康培育排名第 22、人力资源教育培养排名第 1，综合开发指数第 1 名。

德国主要优势在于人力资源规模、用于人力资源开发的经费投入力度，健康负担系数低以及教育培养方面；相对劣势是人力资源年龄结构及活力。人力资源生产排名第 20，人力资源健康培育排名第 8、人力资源教育培养排名第 3，综合开发指数第 2 名。

澳大利亚主要优势在于健康、教育状况；相对劣势是人力资源规模、年龄结构及活力，健康负担系数。人力资源生产排名第 26，人力资源健康培育排名第 13、人力资源教育培养排名第 2，综合开发指数第 3 名。

加拿大主要优势在于健康、教育状况比较好；相对劣势是人力资源规模、活力，健康负担系数。人力资源生产排名第 21，人力资源健康培育排名第 7、人力资源教育培养排名第 8，综合开发指数第 4 名。

英国主要优势在于教育状况；相对劣势是人力资源结构、活力，健康负担系数，高等教育毛入学率。人力资源生产排名第 19，人力资源健康培育排名第 11、人力资源教育培养排名第 7，综合开发指数第 5 名。

韩国主要优势在于人力资源结构、健康状况、高等教育发展；相对劣势是健康卫生投入、健康负担系数。人力资源生产排名第 19，人力资源健康培育排名第 11、人力资源教育培养排名第 7，综合开发指数第 6 名。

法国主要优势在于人力资源健康培育综合实力；相对劣势是人力资源结构、活力、教育状况。人力资源生产排名第 27，人力资源健康培育排名第 1、人力资源教育培养排名第 19，综合开发指数第 7 名。

日本主要优势在于人力资源健康培育综合实力；相对劣势是人力资源结构、活力、教育状况。人力资源生产排名第 25，人力资源健康培育排名第 4、人力资源教育培养排名第 18，综合开发指数第 8 名（见表 9.19）。

表 9.19　2016 年排名前列国家指标排序情况

指标	美国	德国	澳大利亚	加拿大	英国	韩国	法国	日本	中国
劳动力总数占比（%）	3	11	26	23	13	17	15	7	1
15~64 岁人口比例（%）	22	26	24	12	33	2	40	43	1
20~39 岁人口比例（%）	27	42	20	25	32	18	41	43	11
健康预期寿命（岁）	27	21	8	5	18	7	4	1	25
出生时预期寿命（岁）	24	21	5	9	15	10	6	1	30
人均卫生费用（国际美元）	1	6	13	10	15	21	12	14	37
个人卫生负担指数（%）(–)	26	12	25	19	16	41	4	15	28
人均受教育年限（年）	2	1	7	4	6	19	23	8	35
预期受教育年限（年）	16	14	1	18	11	17	20	30	37
生均公共教育经费（国际美元）	11	6	21	9	16	12	13	17	36
高等教育毛入学率（%）	8	19	2	20	30	4	23	26	34
在校博士人数占比（%）	1	3	12	14	5	9	11	10	2
生产指数	8	20	26	21	19	12	27	25	1
健康培育指数	22	8	13	7	11	28	1	4	34
教育培养指数	1	3	2	8	7	4	19	18	32
开发指数	1	2	3	4	5	6	7	8	9

自中华人民共和国成立以来，中国人力资源开发水平得到极大提高，但与发达国家相比，我们始终处于追赶状态。2010 年追赶至第 17 名，2016 年追赶至第 9 名。虽然进入前 10 名行列，但中国人力资源主要是通过劳动力规模、结构和活力来推动的，人力资本方面的健康、教育方面的推动力比重还较小。2016 年人力资源生产排名第 1，人力资源健康培育排名第 34、人力资源教育培养排名第 32，综合开发指数第 9 名。

中国主要优势在于人力资源规模优势、结构优势、活力优势。其他方面，特别是人均教育指标基本都在第 35 名左右，用于人力资源开发的经费投入力度相对很低，人均卫生费用第 37 名，生均公共教育经费第 36 名，是所有指标中最低的两个。人力资源生产排名第 1，人力资源健康培育排名第 34、人力资源教育培养排名第 32，综合开发指数第 9 名（见表 9.20）。

表 9.20　2016 年中国人力资源生产指标比较

项目	劳动力占比（%）	劳动人口结构（%）	青年人口比例（%）	生产指数
发达国家（21）	0.68	64.86	26.02	65.44
次发达国家（8）	0.49	66.64	28.85	69.25
其他国家（14）	2.31	66.53	31.97	79.58
中国	23.56	72.72	30.72	95.75
总计（44）	1.68	65.89	28.53	71.32

注：其他国家不含中国。

人力资源生产方面，在所有 44 个样本国中，中国生产指数以 95.75 分得高分（相当于实现综合理想值的 95.75%）远超各国家群体的平均水平，分别比发达国家、次发达国家、其他新兴经济体国家、样本国平均水平高 30.31 分、26.5 分、16.17 分和 24.43 分。表现人力资源生产的三个指标中，只有青年人口比例（活力）略低于其他新兴经济体国家平均水平。

人力资源健康培育方面，在所有 44 个样本国中，中国健康培育指数 76.45，高于其他新兴经济体国家平均水平；但低于发达国家、次发达国家所有样本国家的平均水平，分别低 13.67、5.07 和 6.1 分。

在人力资源健康培育方面四个指标中，健康预期寿命、预期寿命远高于其他新兴经济体国家平均水平，略低于次发达国家和样本国平均水平，但远低于发达国家平均水平。

人均卫生费用低于所有国家群体平均水平，分别只相当于发达国家、次发达国家、其他新兴经济体国家、样本国家平均水平的 19.33%、50.12%、96.8% 和 31.42%。

个人卫生支出负担水平仅比次发达国家略低，高于其他国家群体平均水平，属于负担水平较高的国家（见表 9.21）。

表 9.21　2016 年中国人力资源健康培育指标比较

项目	健康预期寿命（岁）	预期寿命（岁）	人均卫生费用（国际美元）	个人卫生支出负担（%）	健康指数
发达国家（21）	72.51	82.18	4468.10	1.73	90.12
次发达国家（8）	69.00	78.58	1723.63	1.98	81.63
其他国家（14）	62.99	71.48	892.57	1.78	72.17
中国	68.70	76.40	864.00	1.94	76.45
总计（44）	68.75	77.99	2749.52	1.79	82.55

注：其他国家不含中国。

人力资源教育培养方面，在所有 44 个样本国家中，中国教育培养指数 69.38，高于其他新兴经济体国家平均水平；但低于发达国家、次发达国家所有样本国家的平均水平，分别低 14.03、3.81 和 4.96 分。

在人力资源教育培养方面五个指标中，博士在校生份额远高于其他国家群体平均水平，这体现了中国创新人才培养的规模优势。在其他 4 个人均指标方面，人均受教育年限、人均预期受教育年限、生均公共教育金费、高等教育毛入学率，仅略高于其他新兴经济体国家平均水平。

预期受教育年限低于所有国家群体的平均水平，说明中国教育普及层次还有较大提升空间，需要大力发展（见表 9.22）。

表 9.22　2016 年中国人力资源教育培养指标比较

项目	受教育年限（年）	预期受教育（年）	生均公共教育金费（国际美元）	高等教育毛入学率（%）	博士在校生份额（%）	教育指数
发达国家（21）	12.40	17.58	8993.08	76.88	2.06	83.41
次发达国家（8）	10.48	15.96	4638.14	74.82	1.08	73.19
其他国家（14）	9.10	14.03	2466.36	47.05	1.52	61.74
中国	9.10	13.80	2579.74	48.44	11.34	69.38
总计（44）	10.93	16.07	5978.83	66.37	1.92	74.34

注：其他国家不含中国。

练习与思考

1. 分析一下进步最快的几个国家：土耳其、沙特阿拉伯、阿根廷
2. 分析一下退步最快的几个国家：罗马尼亚、希腊、爱尔兰
3. 比较一下金砖五国人力资源开发情况：中国、巴西、俄罗斯、南非、印度
4. 比较一下中、美人力资源开发水平，估计一下差距?

参考文献

杜栋，庞庆华，吴炎 . 现代综合评价方法与案例精选 [M]. 北京：清华大学出版社，2015.

王素，等 . 国际比较视野下的中国人力资源竞争力研究 [J]. 教育研究，2013（11）：143-152.

谢炜 . 人力资源强国战略：内涵、挑战及路径选择 [J]. 云南社会科学，2011（3）：19-23.

杨晓明 . SPSS 在教育统计中的应用 [M]. 北京：高等教育出版社，2013.

UNITED NATIONS DEVELOPMENT PROGRAMME(UNDP).Human development report[EB/OL].（2010-02-25）[2019-10-15]. http://hdr.undp.org.